全米ナンバーワンビジネススクールで教える起業家の思考と実践術

——あなたも世界を変える起業家になる

山川恭弘 著

大前智里 ストーリー・構成

東洋経済新報社

目次

序　章　世界を変える起業家になる

「今、世界はこれまでにない**先行き不透明な状態にある。そんな時代を生き抜くカギは、自分のしたいことを意識して行動できるかどうか**や。自分が自分らしく問題に取り組むことで、変化に翻弄されることなく、自ら変化を創ることができる。世界をより豊かな社会へと変えることができるんや。**『やりたいことをやる』——それがこれからの時代、会社が倒産したとしても、リストラにあったとしても、どんな逆境に遭遇したとしても、独自に生きていける力になる**んや」

Dr. Failureなる男からはじめてこれを聞かされたときに、新田一歩《にったいっぽ》は思った。

やりたいことをやることが、生き抜く力になる？

そんなうまい話があるもんか。

だがそれから一年後、一歩は世界を変える起業家の仲間入りを果たすこととなった。職なし、金なし、アイデアなし、人脈もなければ、才能もなかった一歩。

一年前は、そんな自分が起業するなんて思いもしなかった。

もっとも、Dr. Failureのいう「やりたいことをやって世界を変える」というのは、なにも起業をしなければ実現できないことではない。**会社員であっても、公務員であっても、専業主婦であっても、どんな職業であっても、実現は可能なのだ。**

一歩がDr. Failureと出会ったのは、都内のある場所でのことだった。のちに知ったのだが、そのDr. Failureは、アメリカは東部、マサチューセッツ州ボストン郊外にある「バブソン大学」という知る人ぞ知る大学の教授だった。

バブソン大学（Babson College）とは、起業家・経営学者ロジャー・バブソンによって一九一九年に創立された、起業家教育に特化した大学だ。

その分野では、世界的に高い評価を受けていて、実に二十七年連続、アントレプレナーシップ教育（ＭＢＡ）のランキングで全米一位（U.S. News & World Report）に輝いているという。

ファミリービジネスにも強みをもち、世界中の有名企業家や大富豪が卒業生に名を連ねている。一歩は知らなかったが、実は日本の名だたる実業家、たとえば、村田機械会長の村田純一、イオン社長の岡田元也、スパークス・グループ創業者の阿部修平、トヨタ自動車社長の豊田章男、佐藤製薬社長の佐藤誠一なども、そこで学んでいた。

最近では、京都和束町《わづかちょう》の日本茶を世界ブランドにすべく起業したD-matcha創業者の田中大貴《たなかだいき》。アパレル業界の人材マッチングサービスを提供するMESHWell創業者の窪田光平《くぼたこうへい》。肌にも環境にも優しいナチュラルスキンケアブランドの展開に加え、障害児サポート等のソーシャルビジネスにも力を入れるMS Inc.の共同創業者である鈴木美貴子《すずきみきこ》。イノベーション創出コミュニティ事業としてベンチャーカフェ東京を立ち上げた小村隆祐《こむらりゅうすけ》と漆原琢雄《うるしはらたくお》など、世に新たな価値を生み出そうとする起業家たちが卒業している。

ちなみにDr. Failureは、この大学で「Failure is Good（失敗は素晴らしい）」という講義をはじめとして起業学・失敗学を中心に教えている。

「失敗＝悪（避けるべきもの）」という考えが刷り込まれていた一歩には、にわかに信じがたいことだったが、Dr. Failureの講義もしかり、バブソン大学では、失敗を必然として歓迎し、そこからなにをどう実践的に学ぶかが重要視されているようだ。そのため、学生は、失敗に遭遇すれば、それをチャンスとして受け入れ、さらに進んだ挑戦が繰り返せるようになるのだ。

そうして卒業したバブソン大学の卒業生は、スタートアップの起業家として、企業内起業家として、社会起業家として、または非営利団体の代表として、業界のゲームチェンジャーとして、今もなお、大学で培《つちか》った「宝物」ともいえる力をもとに世界中で活躍している。

そしてなぜか、バブソン大学の卒業生でもなく、起業や学問とは無縁だったはずの一歩も、思いがけず、その「宝物」を手にすることになったのだ。

「『こうしたい』という思いで踏み出す一歩。それが世界を変えていくんや」

Dr. Failureは、その宝物ともいえる力を「**世界を変える力**」だといっていた。

独自に生きていける力とは、すなわち、世界を変える力なのだと。

そしてその「**世界を変える力**」**は誰にでもある**のだと。

一歩はDr. Failureのその言葉を思い出しながら、「不思議な巡り合わせもあるもんだ」とあらためて、これまでの奇妙な出会いや出来事を振り返ってみることにした。

第一章　起業家のように考え、行動する

Change the world!
Entrepreneurship is about changing the world——to better the world.
You can always start with changing **your** world.
世界を変える！
起業道とは、世界を変えることだ。まずは、身のまわり、あなたの世界（家族、友人、同僚、コミュニティ、社会）から始めよう。あなた自身なら今すぐにでも変えられるはず。

Dr. Failureと出会う少し前、新田一歩は、スポーツ専門商社「とどろきスポーツ」の営業マンだった。

「よし！　結婚しよう！」

一歩は、力強くそういった。

すると、先ほどまでにこやかな表情だった女性が、急に顔をこわばらせ、そばにいる警備員に目をやった。

警備員も怪訝な顔をして、一歩を見た。

「あ。すみません、なんでもないです」

一歩は慌てて、その受付の女性と警備員に頭を下げ、受付前の長椅子から逃げるように立ち去った。

ここは東京は虎ノ門の、とあるオフィスビル。

一歩は、とどろきスポーツの二代目社長、轟《とどろき》光太郎《こうたろう》のお供として、このビルにある食品研究所を訪れていた。

研究所との打ち合わせはとうに済ませたのだが、同行した社長から、「このビルに知り合いの会社が入ってってね。挨拶してくるから、ちょっと待ってて」といわれて待っているうちに、考えごとに没頭しすぎたようだ。たった今、決心したことが思わず口からもれ出した。

「いや待て。受付で待つようにといわれたから、帰るわけにもいかないし」

引き返してきた一歩が、先ほどの受付嬢と警備員からの視線に、なすすべなくうろたえていると、後ろから声がした。

「おーい。新田君、悪い。待たせたね」

振り返ると、階段を下りてきた轟がいた。

「轟社長、遅いですよ！」

「どうかしたの？」

「いえ別に。さ、行きましょう！」

一歩は、轟を急き立てるようにしてそこを出た。

「はは、そりゃあ、変な奴だと思うよね」

歩きながら一歩から事情を聞いた轟は笑った。

「ですよねー」

「でもまた、急に決めたもんだね、結婚なんて」

「え？　まあ。同期の軽部《かるべ》も結婚しましたし、僕もそろそろって」

軽部というのは、一歩と同じ寮に住んでいた同僚のことだ。一歩はとどろきスポーツに入社すると同時に、埼玉の実家を出て、東京の本社近くの寮に住み始めた。もう三年になる。営業部の一歩とシステム部の軽部とは、仕事ではまったく接点はなかったが、不思議と気が合って親しくしていた。その軽部がひと月前に結婚をして寮を出た途端、一歩には急に寮生活がわびしく感じられるようになったのだ。

「なんだかこのままではいけないと思って。僕もちゃんと家庭をもって、気を引き締めて、働こうって」

それに一歩には大学時代から交際している白石《しらいし》美月《みづき》という恋人がいる。もし、結婚するなら、美月以外には考えられないし、仕事にも慣れてきた今が一番、いいタイミングに思えてきたのだ。

考えれば考えるほど、「結婚するなら今しかない！」と勇んで思わずつぶやいてしまったのだ。

「なるほど、『ちゃんと』……ねえ」

轟は、一歩を連れて甘味処に入っていった。街中には多くのカフェがあるのに、轟は決まって甘味処を選ぶ。それは轟が無類のあんこ好きだからだ。

「おはぎ、ふたつね」と轟は注文した。

その轟は、登山とスキーを愛し、多忙でも毎朝十キロのジョギングを欠かさないスポーツマン。だが、見た目は溌剌《はつらつ》とした体育会系というよりは、頑固でストイックな職人といった風だ。普段は四十七歳という年齢に比べて若くも見えるが、眼鏡をかけて静かにこうして甘味をたしなんでいるときなどは、年寄りくさくも見える。

それでいて新しいことには目がない。轟は、五年前に社長に就任してから新規事業を次々と立ち上げている。次は、「アスリートのためのスイーツ事業」を立ち上げるつもりでいて、その主力食品を「スポーツおはぎ」にしようというのだ。「おはぎはいいぞ。ラグビー選手の勝負飯ともいわれているからな。この和の温もりある菓子が、選手の心と身体にエネルギーを与えるんだ」と轟は力説する。ちなみに社内でのこの事業への賛同者は、まだいない。だが、着々とプロジェクトは進められている。先ほど、食品研究所を訪れていたのも試作品の成分調査結果をもらうためだ。一歩はなぜか、轟に気に入られ、こうして新規事業チームのメンバーとして同行している。チームといってもメンバーは、轟社長と、一歩のふたりきりだが……。

おはぎがふたりの前に運ばれてきた。

轟は、そのおはぎを皿ごと恭《うやうや》しく持ち上げ、愛《め》でるようにしげしげと見つめていた。

「いいねえ。実にいい艶《つや》だ。この輝きがたまらないね。なあ、新田君」

「え？　あ、そうですね」

一歩は食べかけのおはぎを、慌てて置いた。

「あれ、もう食べちゃってるの？」

「や。すいません。つい」

だって、社長がおはぎを眺め出すと長いんだもの。

「君ねえ、これもリサーチのうちなんだから。真剣にやってくれないと困るよ！」

「す、すみません。味のほうは、これ、甘くない分、小豆《あずき》の素朴な美味しさがしっかり伝わってうまいです！」

「うん。小豆に自信があっての製法なんだろうな。その年々の第一級品の大納言小豆を、わざわざ仕入れているそうだからね」

それでも轟は、一歩の感想に満足そうにうなずいた。

「社長、スポーツおはぎの小豆は、やっぱり一級品を使うんですか？」

「当たり前じゃないか」

「今日、社長と会社を出ようとしていたときに徳川常務にいわれましたよ、その……『おまえら、これ以上、会社を食いつぶすな』って」

「気にするな。彼はなにをやっても反対するんだ。『前例がない』『成功するわけがない』、そんな意見を聞いていてはなにもできやしない。妥協はしない。なにかひとつでも新事業を軌道に乗せないとダメなんだ。できるできないじゃなくて、やるかやらないか、だ」

「それはまあ……はい」

一歩はこの轟社長が好きだ。

頑固で不愛想だが、チャレンジ精神旺盛で、実は面倒見もいい。一歩のような新人社員の意見にも耳を傾けてくれるし、希望する仕事も可能な限り任せてくれる。

だが、社内では、この轟をよく思っていない社員が少なくない。その大半は、古くからいる社員だ。とどろきスポーツは、従業員数七十人の小さな会社で、創業五十年の歴史がある。先代社長が創業者で、もとは野球用品を中心に全国のスポーツ用品店に広く品物を卸していたが、近頃は大型量販店の攻勢により、町のスポーツ用品店が激減し、とどろきスポーツは何度も経営危機に陥った。それでも現在は先代社長のコネクションを活かした、人気ブランドの独占販売契約などで、経営を維持している。

轟は、その先代社長のひとり息子で、先代の死後、勤めていた大手商社を退社し、二代目社長となっていた。だが、先代のつくった慣習を「非効率だ」と廃止してしまったり、独断で新規事業に手を出しては失敗してばかりのため、古参社員たちから「アホぼん」「ダメ社長」と陰口を叩かれている。

とはいえ、新規事業なしには、会社がジリ貧になる一方であることは、社歴の浅い一歩でもわかる。そして、一歩にできることといえば、今、目前にある仕事を一生懸命にやることくらいだ。

ただ困るのは、最近、聞く耳をもたない轟社長を攻撃しても仕方がないと思ってか、古参の徳川常務らが、一歩に「おい、ダメ社長の腰巾着《こしぎんちゃく》、社長を黙らせろ」とか「アホぼんのいうことにしたがうな」などと無茶ぶりをしてくることだ。まったく嫌になる。

「うーん。じゃあ、次は半殺しにしてみようか」と轟がいった。

「ええ？　常務をですか」

「おはぎだよ。試作品第二弾の」

「ああ……そっちですか」

一歩は理解して、うなずいた。

「半殺し」というのは、おはぎの中の米の状態をいう。米を完全に滑らかな餅の状態にまで潰すことを「皆殺し」、つぶつぶが残る程度に潰すのを「半殺し」というのだ。試作品第一号は完全な餅の状態「皆殺し」でつくっていた。

「わかりました。次は『半殺し』でつくってみます」

おはぎの試作品をつくるのは、一歩の仕事だ。

「頼むよ」と轟は笑みを浮かべていった。


店を出ると、轟は一歩にいった。

「君は、先に会社に戻るといいよ。僕はまだ回るところがあるからね」

「あ、はい」と一歩は応じた。

轟のスケジュールは過密だ。今日は、轟の起こした新規事業のひとつである輸入雑貨店の様子を見に行くのだという。それ以外でも、轟はほとんど会社にいることはない。社内のことは徳川常務らに任せて、改革のヒントがないかと飛び回っている。それがまた、常務らにしてみれば「身勝手だ」「本業をおろそかにしている」と不満の種になっているのだが……。

「そこの角まで一緒に行こう」と歩き出した轟は、一歩に尋ねた。

「それはそうと新田君。さっきの結婚の話だけど」

「え？　はい」

「新田君は将来、どうなりたいんだい？」

「え？　将来、ですか」

「将来、どんな仕事をしていたいとか、どういう働き方をしたいとか、あるだろ？」

一歩は言葉に詰まった。

どんな仕事？　働き方？　意味がわからない。

今どきひとつの会社に長く勤めるということもないと、思ってはいるが……。

「えっと。普通に働いて、普通に結婚して、普通の家庭がもてればなあって。あんまり先のことは、深く考えたことないです」

先行きが不透明なこの時代に、あまり先のことを考えても仕方がない、その日その日を楽しんだほうがいいじゃないか、と一歩は思っていた。

特別な才能もスキルもない自分にできることといえば、会社という船に乗って、ひたすら漕ぐしかないのだ。いわれるままに、行き先もはっきりと知ることもなく……。

それでも、自分は恵まれているほうだと思っている。社長の轟を尊敬しているし、轟が舵をとる船で働くのは嫌ではない。とどろきスポーツの「人々の健康を支える」という会社理念も嫌いではないし、やりがいもそこそこ感じている。

「おいおい。そんなことではガッカリだよ、新田君！」

「え？」

「会社という船に乗ったら先のことを考えなくなってしまうのか。それじゃ、せっかくの君の良いところが死んでしまうじゃないか」

「え？　どういうことですか」

「だいたい、僕が、なぜ君を採用したと思う？」

「ええ……と。面接でサッカー談義が盛り上がったから？」

「じゃないよ。はは、ホントにわかってないんだな」

「ええ……？」

「採用試験の日、君、遅刻したろ？」

「ええ？　はい、まあ……」

採用試験の日、一歩はたしかに遅刻した。駅から会社に向かう途中で、ちょっとした人助けをしたからだ。朝のラッシュ時に道に倒れていた妊婦に、一歩が気づいて救急車を呼んだのだ。大事にはいたらず、妊婦は助かった。

だが、そのため一歩は、採用試験に一時間半遅刻し、危うく試験が受けられないところだった。一歩には、ここを逃すと受験できる会社は、もう残っていなかった。そこで、「一生のお願いです。なんとか試験を受けさせてください！」と一歩は会社の受付で、べそをかきながら、必死に土下座したのだった。

「今、思い返しても恥ずかしい……」

「『人助けをして遅れた』と毅然といえばよかったんだ」

「でも、妊婦さんの名前も聞かなかったし、そういえば、証拠もなにもないと気がついて。ただの嘘っぽい言い訳になるかなって」

結局、その採用試験については、偶然、一歩が救急車を呼んだのを目撃していた社員がいたおかげで、一歩は試験を受けることができた。

「人助けをしたから採用してもらえたんですか?」

「というより僕が注目したのは、君はきっと大事なときに、ルールや常識に惑わされずに、正しい判断をする人間じゃないかと思えたことかな」

「えっ」

「あのとき、君は『ここを逃すと就職ができないかもしれない』というほどの大事な予定を抱えていたんだ。一生を左右するかもしれないほどの予定をね。にもかかわらず、君はあっさりと目前の妊婦を助けた。多くの場合、それほど大事な予定を抱えているときは、『ほかの人が助けるだろう』『命には別状がないはずだ』と都合よく考えて見過ごすところをね」

「あーでもそれは」

一歩は少し居心地が悪くなった。それは単に、一歩には、ああいうときに目前の人を放っておけない特殊な事情があるからだ。

「買いかぶりです。結局、僕も『試験を受けられないのは困る!』って、あれだけ焦って取り乱したんですから。僕だって相手があそこまで苦しそうでなかったら見過ごしてたかも」

「ははは。いいんだよ。自分の行動に自信をもて。できればこっちのことも信頼して『人助けのほうを優先すべきだから遅れたんだ!』と堂々と主張してほしかったね。きっと本心ではそう思っていたのだろうから。でも、そういうところも君らしいな。君は、きっといわれたことを盲目的に守る人間じゃない。会社に染まると、どうしても**会社の常識を世の中の常識より優先させてしまう人が多くなる。**だけど君なら、正しい判断ができる人になってくれるんじゃないかと思ってね」

「そうだったんですか」

「だからこそ、僕は君には、自分で考えて行動することを止めてほしくないんだよ。**型どおりの指示やルールにしたがうことだけに一生懸命になってほしくない。**なぜそのルールや指示があるのか、ちゃんと本質を見て、正しく動ける人であってほしい」

「はあ……」

「これからもよろしく頼むよ。じゃあ、僕はこっちだから」と轟は去っていった。

一歩は嬉しかった。自分を認めてくれる轟のために、一層、この新規事業の実現に向けてがんばろうと決心した。だが、その事業は結局、日の目を見ることはなかった。

二週間後、事件が起きた。

「え？　倒産！」

一歩が朝、出社すると、急遽、社員集会が開かれ、とどろきスポーツが破産申し立てをしたことが知らされた。社員は全員解雇になるという。

「えええー」

思わず一歩は、轟を見ようとしたが、その場に轟の姿はなく、常務である徳川がいつもの渋い表情で淡々と説明を続けていた。

「万策尽きて資金繰りがどうにもならなくなった。まさに断腸の思いだ」

悪いことが重なった。もともと業績が芳しくない中、轟が手掛けていた新規事業のうち、インストラクター育成事業について、提携先の倒産で二億円の赤字という打撃を受け、さらに、とどろきスポーツの売り上げの四割を占めていた主力のアウトドアブランド「やまき」の販売代理店のライセンス契約が来期以降、更新されないことになったのだ。

「おかしいじゃないか！　なぜ長いつき合いの『やまき』が契約更新しないなんてことになるんだよ。なぜ許したんだ！」

「先代からのつき合いだぞ！　そんなことがあってたまるか！」

社員らが怒号をあげると、徳川が答えた。

「これについては、何度も再考を願い出たが、先方の判断は変わらなかった。聞いたところによると、今後はうちの競合会社の豊臣商会が、『やまき』の独占販売を行うという話だ」

「なんだって？　豊臣なんかに出し抜かれたってことか」

「社長は？　社長はどこ行ったんだ！」

社員たちは次々に声を荒らげた。

「社長は不在だ」と答える徳川に、「社長、逃げたのか！」と社員たちは怒鳴った。

徳川がそれを否定せず、

「いいたくはないが、社長が本業を軽んじて余計なことばかりするから、こんな顛末になったんだ！　あの男が潰したんだ。私たちが先代社長と必死につくり上げた、このとどろきスポーツを！」

と吐き捨てるようにいったため、社員たちは次々に、「逃げやがってあの野郎！」「卑怯だ」「俺たちに謝れ！」と轟のことを罵り始めた。

徳川は、とどろきスポーツの創業時から先代社長の右腕となって会社を支えてきたという自負もあり、二代目轟とは、犬猿の仲だった。日ごろは社員の手前、轟を遠回しに皮肉るのが常だったが、今日は「破綻の責任はあの二代目にある！」と轟のことを徹底的に非難していた。

「……轟社長だけが悪いのかな」と一歩がボソリというと、隣にいた軽部が、「そりゃ、そうじゃない？　大体、この場にいないなんて、無責任すぎるだろ」と答えた。

「でも轟社長がなにもしなかったら、いずれにしても会社は死に体だったんだろ？　『やまき』の販売だけに頼っていてはいけないという認識はあったわけで」

「でも新規事業に失敗したうえに、足をすくわれてライバル会社に『やまき』をとられたのも、やっぱり悪いのは社長だろ？」

「ええ？　ライバル会社に奪われたのは、社長のせいだけじゃないだろ。現場だって、一体なにやってんだって話じゃない？」

「でも社長自ら逃げてんじゃん。自分が悪いってわかってるからだろ？」

「それは……。ちえっ。なんだよー、なんでいないんだよ、轟社長！」

一歩には、この一大事に、轟が姿を見せないことが腑に落ちなかった。このようなときに「知らぬふり」をするような轟だとは思えないし、思いたくなかった。轟だって誰よりもこの会社のことを必死に守ろうとしていたように思う。

「逃げるだろ。だって、徳川常務たちが反対した事業に、轟社長は個人的に借金してまで投資していたと聞くぞ？　あいつ、人生詰んだな。最低だ。今頃、借金取りから逃げ回ってんじゃない？　一家離散か、もしくは今頃、東京湾に沈められてんじゃね？」

「まさか」

社員集会が終わると、一歩ら若手社員は早々に会社を追い出された。


一歩と軽部は会社を出た。

ふたりは割と冷静だった。

「どうすんだ？　俺たち」と一歩。

「就活するしかなくない？　あー。嫁、ビックリするだろうな」

軽部はスマートフォンを取り出し、早速、妻に連絡をしている。

一歩も思わず恋人の美月に連絡をしかけるが、「待て待て」と思い止まる。

美月は、民間シンクタンクに勤める真面目な研究員。実は一歩より学歴も高く、優秀で、今は出張続きで忙しいといっていた。

「……」と一歩は考え直し、とりあえず母に知らせることにした。

「倒産？　どこの会社が？」とのん気に尋ねる母に、「うちの会社」と一歩は答えた。

「あらぁ……」、さすがの母も電話口で絶句していた。

「そのうち寮も追い出されるからさ。近いうちに、そっちに帰る。うん、まあボチボチ就活するよ。大丈夫だから」

なるべく明るくいって、一歩は電話を切った。

一歩は、早くに父を病で亡くしており、家族は埼玉の実家にいる母の妙子《たえこ》と、すでに結婚して家を出た姉の尚美《なおみ》のみ。家族を頼るわけにもいかず、早く再就職しなければならない。

「また就活か」と一歩は凹《へこ》んだ。

「俺、もう転職サイトにエントリーした」と軽部はスマートフォンを操作しながらいった。

「早っ！」

新卒のとき、売り手市場といわれていた就職市場だったが、大した学歴も資格も取り柄もない一歩は、それなりに苦労したので、気が重い。

「そういえば、一歩、あれ、どうしたの？　指輪」

一歩は婚約指輪を買うにあたって、軽部に相談していた。

「まだ買ってない。月末に美月に会うからそれまでにって思ってたけど。……もう、プロポーズどころじゃなくなったな」

一歩はSNSで美月にメッセージを送った。「ごめん。月末の約束、延期にしていい？　仕事、入った」と送信する一歩。

「倒産のこと、いわないいんだ？」と軽部が突っ込んだ。

「うん。……転職、決まってからにする」

「まあ、わからなくもないけどね」

しばらくして、「了解。お仕事、がんばって」と美月から返信があった。

「はい。……仕事、ね」と一歩は、ため息をついた。

一歩は、翌日から、就職活動を開始した。

「またこんなに履歴書を書く羽目になるとは思ってなかった」とぼやきながら、次の面接までの待ち時間に、履歴書を書く場所を求めてファーストフード店を訪れる。だが、満席で入れない。

仕方なく、その店の前の公園を訪れると、そこではB級グルメのイベント「ご当地フードフェスティバル」が開かれていた。

一歩が、空いているテーブルで、会社ごとに志望動機を書き分けるのに四苦八苦していると、風で履歴書が飛んでしまった。慌ててそれを追いかけた。

その履歴書は、そばのベンチに座る、ある中年紳士の顔を直撃した。「あ！」と一歩が見ると、その男は顔をしかめて、飛んできた履歴書に目を落とした。

男は仕立てのいいスーツに身を包み、一見、品のいい紳士にも見えるが、その顔つきやガタイに、独特の迫力がある。

「……なんや、これは」

予想以上にドスの利いた男の声に、一歩は、思わずドキリと、身を引いた。

「す、すみません！」

まずい。これは目を合わせたらダメなやつ。

一歩は、とっさに男から目を逸《そ》らし、手早く履歴書を拾い集めた。だが、男の手にある履歴書は回収しきれない。

「君はなんや。仕事探しをしとんのか」と男は、履歴書を、ジッと見ていた。

「ええ、まあ」

「ふうん。こっちの履歴書では、『家電の未来にかけたい』、こっちでは『マンション販売にロマンを感じる』。ホンマ？　これ。なんやねん。君は一体、なにがしたいねん」

「えっと、なんでもいいからとりあえず営業の仕事を」

「とりあえずやと？」

男は、ジロリと一歩を睨《にら》みつけた。

「は？　はい！　だ、だって」

一歩は、慌てて説明した。

「会社が倒産して、貯金もないし、早く職に就きたいんです！　それに自分には特に取り柄もないし、仕事をえり好みしている場合じゃないんです」

一歩がそう叫ぶと、男は、はじめて笑みを浮かべて、

「ほう、会社が潰れた？　そらおめでとう！」と、一歩の履歴書を放り投げた。

「え？　なにがおめでたいんすか。つか、なにするんですか！」

「結構なことやないかい！　人生を見直すチャンスや、青年！　『なんでもええ』っちゅう仕事なんかしてたらアカン。今こそ『やりたいこと』をやるチャンスや」

「ええ？」

「よう考ええ。人生100年時代や。あんたいくつや。あと八十年は生きなあかんねんで。今日明日を急いで、『とりあえず』なんて仕事についてどないすんねん！」

男はベンチから立ち上がり、一歩の前に立ちはだかった。

「!?」と一歩は思わず救いを求めて周りを見た。

だが誰もこちらを気にしている様子はないし、助けてくれる気配もない。

仕方なく、一歩は、男に向き直った。

「『やりたいこと』?」

一歩はその言葉に引っかかった。

一歩の友人・知人にも「今の自分は自分じゃない」とばかりに、「自分探し」のため、職に就かずにぶらぶら放浪し、一体なにをしているのかわからない人がいる。そんな経済的余裕と時間的余裕のあることを羨ましく思いながらも、そんな余裕のかけらもない一歩にしてみれば、ただの甘えや現実逃避にしか思えない。

「あの……、僕そんな『自分探し』をする余裕も興味もないんで……とりあえず、仕事に就きたいんです! では、失礼しま――」

「待て。『自分探し』? そんなんとちゃう。それよりなんや、さっきから、なんべんもなんべんもその『とりあえず』っちゅうんは。そんなんでホンマにええと思っとんか」

「ええ? だって……」

「仕事っちゅうのは四六時中やることやろ? そこで『人生をかけてどうしてもやりたいこと』『好きなこと』をしないで、どないすんねん。人生の大半をその『とりあえず』の仕事でムダにするつもりか」

「ええー」

「ええか。大事なんは『できそうなこと』をやるんやない。**『やりたいこと・ワクワクすること』**

をやることや。それがこの人生という大海原に漕ぎ出す強固な指針になる。この先行き不透明な時代を生き抜く力となるんや」

「……はあ」

「**そしてそれが、不便・不条理な世の中を変えていく力、世界を変えていく力になるんや。未来を創るんは誰でもないオノレ自身**やからな」

「えーっと」

困惑する一歩。こっそりその場を去ろうとするが、「待て」と男にしっかり首根っこをつかまれる。

「青年。これから必要なんは『**こうしたい**』**という指針をもって生きることや。コンパスの示す方向が定まらんとなにも始まらん。重要なのはオノレがなにをしたいかや**」

「……（なに、この人!!）」

一歩が声にならない悲鳴を飲み込むと、

「ええか？　よう考ええ」と男は、一歩から手を離した。

「助かった！」

一歩が逃げようとすると、「待て」と再び男の声。

「まだなにか!?」

「これ、やる」と男は一歩に、名刺を渡した。そこには「カフェ・カオス」オーナー、矢弦《やづる》恭《きょう》一《いち》とあった。あらためて一歩はその矢弦を見た。

カフェのオーナー?·?·?　ヤヅル?·?·?

そんな人に、なぜ、こんな説教を受けなきゃいけないんだ⁉

この人、ホント何者⁉

などと思っていると、グルメイベントの会場のほうから、軽い身のこなしの東南アジア系の男が走ってきた。

「矢弦さん、お待たせしました。行きましょう」

と男は矢弦に頭を下げた。

その男の目つきが鋭く、一歩はまた、「誰？」と身構えた。

「おう」と、矢弦はその男に応じながら、一歩にいった。

「もし、君が『やらねばならないこと』より『やりたいこと』に挑戦するっちゅうなら、相談にのるで。まあ、気が向いたら遊びにきてや」

矢弦はそういって、去っていった。

「変なおっさん」

一歩はポカンとそれを見送った。


一歩は就職活動を続けた。だが、なかなか決まらず、選択肢は安月給に長時間労働を強いられるとの噂のブラック企業ばかりになる。

「安月給に長時間労働？　ＩＴ業界は、そんなのザラだけどね。ブラックでもとりあえず入ってみて、本当にダメならじっくり行き先を選び直せばいいじゃん？　入ってみたら、ほかよりずいぶんマシってこともあるかもしれないしさ」

いち早く、中堅システム会社に転職を決めた軽部が一歩にいった。

「いいなあ。SEはわかりやすいスキルがあって。営業の俺なんて……」

一歩は、仕方なくブラック企業と悪名高い会社の面接を受けに行ってみた。

面接は圧迫面接を想像していたが、予想に反してフランクなものだった。

「うちの会社で一緒に夢を叶えよう！　うちでは未経験の君でもすぐ責任者になれる。活躍の場はたくさんあるし、やる気さえあれば高収入も可能だからね」

面接官はあからさまなつくり笑顔でいった。だが、その日は笑っていなかった。

悪くない話のようだが、元社員の口コミでは、すぐに責任の重い仕事をさせられ、想像以上の長時間労働を強いられ、残業代は「役職付だから」「君の仕事が遅いだけだから」という理由で支払われないとのことだった。

「はあ……」と一歩は、ひと通りの面談を終えて、その場を後にした。

だが、途中で入館証を返し忘れたことに気づいて引き返すと、先ほどのつくり笑いの面接官が、部下と思しき青年を、「コラ！　てめぇ！　契約もとれねえ分際で休むんじゃねえ。このボケが！」と蹴り飛ばしているのが目に入った。

「……」と一歩は、そっとその場を立ち去った。

そして、そこで休みなくこき使われる自分の姿を想像してゲンナリしてしまった。

――どうせ長時間、安く働くなら、好きなことがしたい。

一歩はふと、先日の矢弦の「もし、君が『やらねばならないこと』より、『やりたいこと』に挑戦するっちゅうなら、相談にのるで」という言葉を思い出す。

「『やらねばならないこと』より『やりたいこと』……か」

一歩は、半信半疑ながら、にわかに気になって、矢弦に会いに行こうとも思うが、

「いや、でもあの妙な威圧感――もしかしたら、ヤバいヤクザかもしれないしな。外国人の手下みたいなのも連れてたし」

目つきの鋭い東南アジア人のことを思い出しさらに迷う。

「うーん。いいや。めんどくさい！　考えない、考えない！」

と一歩は、矢弦や「カフェ・カオス」のことを考えるのはよそうと決めた。

だが、その翌日、一歩は思いがけず、そこを訪れる羽目となった。


その日、就活帰りの一歩は、オフィス街に、バインミーのイラストの描かれたキッチンカーが停まっているのを見かけた。

「お。バインミーだ。うまいんだよなー、あれ」

バインミーとはベトナム風サンドイッチで、一歩の好きな食べ物のひとつでもある。

「営業してないのかな？　配達用の車なのかな？」

一歩が見ていると、運転席から男が出てきた。

見覚えのある、目つきの鋭い東南アジア風の男だ。

「ええ!?　あのおっさんの手下！」

一歩は公園での矢弦との出来事を思い出し、思わず身構えた。

だが、男は一歩に気づくでもなく、バインミーの入ったケースをもって、そのオフィスビルの

一角にあるカフェの中に入っていった。

そのカフェには「カフェ・カオス」という看板が掲げられていた。

『カフェ・カオス』？」と一歩は思わずつぶやいた。

それはガラス張りの明るい店だった。

賑やかになにかのイベントが開かれているのが外からでも見える。

そっと一歩は入ってみた。

中央に小さな演壇が設けられていて、若者や年配の人たちが入れ代わり立ち代わり演壇に立ち、ショートスピーチをしていた。

「私はファッションで、子どもを貧困から救います。それを実現するのはこのアジア原産の素材で――」

「僕はアートで、目の見えない人の生活を支援してみせる。そのアートとはどういうものか。それは――」

その人たちは、夢を語り、その夢をどう実現するかを説明しているようだった。

一歩が見ていると、眼鏡をかけた小柄な年配の女性、光代《みつよ》が声をかけてきた。

「あんたも参加すんの？　やるならさっさと演壇、立ってんか」

進行役の光代は、一歩を演壇のほうにうながした。

「いや、僕は（関係ないので）」

答えきらないうちに一歩は、演壇に押し出された。

「はい！　実現したいアイデアを簡潔に！　三分で」

「え？　僕⁉」

「はい、スタート」

光代は時間をはかり出した。

「実現したいこと？　いや、別に、そんなのないです。フツーに働いて、フツーに家族をもって、フツーに生きられればそれで……いいです」

夢や志あるプレゼンターたちの中で、ひどく浮いてしまった一歩のその発言に、シンと静まり返る会場。

「なんや、それ」と光代も呆れている。

「だから僕はいいっていったじゃないですか！」

一歩が演壇を降りると、先ほどからプレゼンターたちに惜しみない拍手を送っていた男、矢弦がニヤニヤと笑みを浮かべて一歩を見ていた。

「あのときの！」

「ようきたな、自分、名前は？」

「新田一歩です……これはなんですか。なんの集まりですか」

「ここは、起業家や起業したい人、彼らを支援したい人の集まる交流場所や」

「起業家……？」

起業家といっても、そこにいるのは一歩の想像していた天才起業家といった風の人ばかりではなかった。週末だけ起業しているという普通の会社員やＯＬ風の人もいれば、六十歳で塾を開いたおばあちゃん、大学を中退して通販サイトを立ち上げたフリーター、留学中に起業したアジア人学生、自宅で料理教室を開いた主婦など、さまざまな人がいた。また、公園で矢弦といた東南アジア人は、ベトナム人のファンという、自国の食文化を日本に紹介し浸透させたいという起業家だった。

「それでバインミー……手下じゃなかったのか」

一歩はそこにいる一見「普通」の人々の姿に驚く。普通の主婦でも、お年寄りでも、大学生の若者でも起業をしている。

また、そんなこと以上に一歩が驚いたのは、みなが一様に、イキイキとしていることだった。プレゼンテーションの後は懇親会となり、一歩は矢弦に誘われるままにその場に居残った。一歩は、矢弦にもう少し質問をしたかったが、矢弦は他の参加者たちに囲まれ、一歩の入り込む余地はなかった。

そこにいる人々に少し興味の湧いた一歩は、先ほどの光代に、

「ここは会員制？　どうやったら参加できるんですか？」と尋ねてみた。

「会員制ちゃう。起業したい人、起業家のような生き方を実践したい人なら、いつでも誰でも来てかめへん」

「起業したい人、か。起業はさすがに無理だしなあ」

すると、矢弦が一歩のその言葉を聞き逃さなかった。

「なんでや？　一歩。できないなんて誰が決めてん？」

「いや、でも、無理でしょ、普通。起業なんて」

「普通ってなんや。なにかやりたいと思って、来たんとちゃうんか。こうしたい、ああしたい

と思うなら、なんでも、やったらええねん。行動ありきや、一歩」

「はあ、でも常識的に考えて」

「『普通』『常識』なんてものを言い訳にすな。できないというなら、なぜできないのか、疑問をもて。考えたらいくらでも乗り越える方法はあるのに、なにもせえへん奴ほど『普通』『常識』を言い訳に動こうとせん」

「えー……」

「大体、会社にいたって明日はどうなるかわからんっちゅうことを、君は身をもって知ったんとちゃうんか。今、世界はこれまでになく変化の激しい、予測不能な状況にある。そのうえ、医療や技術の進歩で多くの人は百歳まで生きる勢いや。そんな時代を長く生きていくのに起業家も会社員も関係あれへん。**肝心なのは、自分のしたいことを意識して行動してるかどうか**や。ビジョンをもって自分のやりたいことを実践して生きる。それは、会社でやってもいいし、会社ででけへんかったら、起業したらええ。手段が違うだけや。自分の人生は自分で決められるのに、人のせい、環境のせいにするな。それに、変化を拒んでいてはアカン。変化を自ら創っていくんや」

「とはいっても」

「**『やりたいことをやる』。それは、会社が倒産しても、リストラにあったとしても、自ら辞表を出すことになるとしても、これからの時代、どんな逆境のもとでも独自に生きていける術になる**」

「生きていく術?」

「それだけやない。**自分が自分らしく、さまざまな問題に取り組むことで、自分もハッピーになるし、より豊かな社会をつくり上げることだってできる。Action trumps everything! Change the world! Change your world!や、まず自分の世界を変えていく。そうして一歩踏み出すことで世界を変えていくんや**」

その矢弦を囲む、夢や志を実現した人、またこれから実現しようとしている人々。

「うーん……」

一歩は圧倒されて帰っていった。

「っていうか、あのおっさん、何者なんだ?」

数日後、一歩は、寮を引き払い、埼玉の実家に帰省していた。

その日は、結婚して近くに住む姉の尚美が、小学生と幼稚園児の息子たちを連れて、母、妙子の様子を見に来ていた。母は今でも近くの建設会社の事務員として働いているので、留守番の一歩と姉が夕食をつくりながら、母の帰りを待っていた。

一歩が、作業の手を止めてスマートフォンで、矢弦のことをＷＥＢ検索していると、姉が話しかけてきた。

「一歩。会社、倒産したんだって、大変ね。ちゃんと再就職できそう?」

「うん、まあ、まあ」

「全然うまくいってない返事よね。それ」

「ね。起業家ってどう思う?」

一歩は話を逸らした。

「なに？　唐突に」

「起業って、俺でもできるかな」

「え？　いや、絶ーっっっ対、無理でしょ。あんたなんて、職なし、金なし、才能なし、学歴なし、資格なし、アイデアなし、人脈なし、なにもないのに、起業なんてできるわけないじゃない」

「でも普通の人だって、起業してるだろ？　高卒とかでもさ」

「そういうのは普通の高卒じゃないでしょ？　どうせ、大学中退とかで、ビル・ゲイツみたいな天才のことでしょ？」

「いや、そんな人ばっかじゃなくて」

一歩は「カフェ・カオス」で会った起業家たちの話をするが、

「そういうのって、たまたま成功した人が集まってるだけじゃないの？　そうしたサクラで気を引く、起業セミナー風の詐欺もあるって聞くよ」

「そんなんじゃねえし。あれ？　え？」

一歩は、スマートフォンに表示された矢弦と「カフェ・カオス」の検索結果を見ていた。

矢弦は、アメリカ、ボストンにある起業家教育で有名な大学の教授のようだ。

そして、「カフェ・カオス」は、イノベーションを支援するために設けられた米国発のコミュニティプログラムだとのことだ。

「え？　あれが教授？　ないない、あり得ないでしょ」

「なにが？　なに、あんた、ブツブツいってんの？」

「別に？　ええっと？　ええー？」

あの得体の知れないヤクザ風のおっさんが起業家教育の先生だと？

「……調子狂う」と一歩は脱力して、スマートフォンをテーブルに軽く放り投げた。

「ちょっとお。ちゃんとやってよ。料理するの？　しないの？」

「あ。ごめん。……えーと。なにすんだっけ？　野菜、切るんだっけ？」

「あのさ。就職がなかなか決まらなくて不安なのはわかるけど。変なことに惑わされないでよ。どうすんのよ、美月ちゃんとのこれからのことだって」

「失業してんのに、結婚もなにもないでしょ！」

投げやりに一歩はいった。

「おお、わかってるじゃん。じゃあ起業なんてとぼけたことといってないで、さっさと就職しよう！　凡人は凡人らしく。サラリーマンとして清く正しく賢く生きよう！」

「凡人は凡人らしくって。なんだよ」

文句をいいつつ、一歩は翌日から再び就活へと向かった。

その日は、建築関係の出版社、「現代建築社」を受けに行ってみた。そこはホテル、レストラン、ファッションストアなどの経営者向けに『商空間』という空間・店舗デザインの月刊誌などをつくっている会社だ。そのほかにもリフォーム雑誌など、建築情報誌や書籍を幅広く取り扱っている。

普段は目を向けない業界だが、「広告営業部員、急募！」とあったので受けに行ってみた。店舗デザインの情報誌を発行している会社なだけあって、現代建築社は、瀟洒《しょうしゃ》な内装のオフィスだった。受付後、すぐに面談となったが、業界研究も甘く、一歩の自己PRは空回りに終わろうとしていた。

あまりの手ごたえのなさに、一歩が凹んでいると、人事部長の茶谷《ちゃたに》と名乗っていた男性が、「ほかに、なにかいっておきたいことなどありますか。たとえば、わが社の既存業務にかかわらず、あなたが新しくやってみたいこととか」と尋ねて、一歩の個性を引き出そうとしてくれた。

だが、その質問に一歩は戸惑った。

「『やりたいこと』ですか……」

一歩は、矢弦と出会ってから、「やりたいこと」という言葉に敏感になっていた。そのとき、一歩の脳裏に、「カフェ・カオス」で見た起業家たちの姿が蘇った。

「そりゃできることなら、世界を変えるようなすごいことをやってみたいです。どうせやるなら、多くの人に役立って、多くの人に喜んでもらえるようなことを生涯かけてやってみたいです！」と答えてみる。

するとシン、とその場が静まり返った。

ハッと一歩が我に返ったとき、「へー、どうやって？」と冷ややかな声が返ってきた。広告営業部長の黒田と名乗っていた男だ。

「え？」

「そのためになにができるっていうんだ？　君にどんな能力がある？　ぜひ、それを聞かせてほしいね」

「はあ……（ですよね）」

黒田は、苛立った様子で、一歩を睨みつけていた。

「まったく話にならないね。そもそも君、会社ってのは君らのやりたいことをやる場所だと思ってる？」

「え……？」

空気を読む一歩。

「違うと……思います」

すると、人事の茶谷が、「いや、そんなことはないよ」と口を挟もうとするが、黒田がそれをさえぎって、

「だよな？　やりたいことをやるっていうならよそでやってくれ。君はこの会社から給料をもらうんだよな？　それに対して君はなにをする？　なにをしてくれる？　なにができる？」

「えっと。できる限りのことを」

黒田がバンッと机を叩いた。

「バカか！　それをはっきりさせろっていってるんだよ」

「あ……はい、すみません」

「ここで働く以上、君の義務はこの会社の利益に貢献することだ。違うか。君がこの会社に対して、どんな貢献ができるか。それをはっきりさせなくてどうすんだ。あんた、なにしに来たんだ」

「は、はい。そういうことなら、自分は前職で培った営業の——」

「それは聞いた！　それ以外になんかあるかって聞いてんだ！　何度も同じことといわせるな！」

「すみません」

「だいたいその程度にしか自分を売り込めないようじゃ、あんたの営業能力なんてしれてるよ」

「はい……」

「もういい。次（の人）」

黒田は吐き捨てるようにいい、一歩は静かに退室した。

部屋を出た後に、黒田が「こんな奴、書類見てダメだってわかるだろ。大した学歴も職歴も資格もない、無能に決まってる！　おまえもくだらん質問すんな！　時間の無駄だ」と茶谷に文句をいっているのが一歩の耳まで届いた。


「……なにやってんだ、俺」と一歩は、現代建築社を出てため息をついた。

やりたいこと——。あの質問は、会社研究をどれだけやってきたかを試すためのものだ。会社の特性を踏まえて、こんな事業をしてみたい、今この会社で取り組んでいるこのプロジェクトに加わりたい、そういうことを答えるのだ。

あんなふうに、個人的な漠然とした希望や夢を答えるところじゃない。

「ああーー、バカだ。失敗した！　ホント、バカだ。俺、どうかしてる」

一歩が凹んでいると、後ろから「別にいいじゃん。あんな会社落ちたって」と声がした。振り返ると、一歩と一緒に面接を受けていた青木という青年がいた。わけあって転職活動中だという青木は、そうはいいながらも、一歩の何倍も理路整然とした志望動機や自己PRを語っていた。

「あの黒田とかいう奴、超うざかったなー。あいつが欲しいのは結局、いうなりに動く『兵隊』なんだよ。でも、ここって、給料は大したことないし、休みも少ないし。出版なんて将来性もどうなんだって話だよ。そのくせ偉そうに。正直、受かってもウンザリだよな」と青木がこぼすと、

「そうなんだ。にしても『会社は君らのやりたいことをやる場所じゃない』か。じゃあ、なんのために働くんだ、俺たち。金のためか、会社のためか」と一歩もぼやいた。

そのとき、一歩にまた、矢弦の言葉が蘇った。

「青年。これから必要なんは『**こうしたい**』**という指針をもって生きることや。コンパスの示す方向が定まらんとなにも始まらん。重要なのはオノレがなにがしたいかや**」

矢弦はこうもいっていた。

「**起業家のように考えて起業家のように行動する――これを仮に**『**起業道**』**としよう。それは、特別な人だけのものじゃない。**誰だって『あれ？　これはこれでいいのかな？』『俺はこうしたいのに』『こうすればもっといいのに』と思うことがある。**それを起業家のように実践する。これを日常生活や日々の仕事に使えば、誰もが世の中を変えられる。そしてその力は、自分たちが世の中を生き抜く力の源にもなる**」と。

その起業道（起業家的思考と行動法則の習得）というマインドセットは、起業することに役立つのみならず、大企業で働いていたとしても、中小企業、非営利団体にいても、あるいは学校や部

活動であっても、つまり日々、さまざまに日常生活を送るうえでも役立つものだ、と矢弦はいっていた。

「『世の中を生き抜く力』というのは、『世界を変える力』のことや。そしてその『世界を変える力』というんは誰にでもあるねん」

「『起業道』――独自に生きていける力――世界を変える力、か」

一歩は、その足で「カフェ・カオス」へと向かった。

すると、その日の「カフェ・カオス」では、矢弦が、起業家志望の若者たちに、「ビジョン」の大切さについて語っていた。

「イソップ童話の三人のレンガ職人の話、知ってる?」と矢弦は尋ねた。

「?」と一歩も混じって聞き入った。

「ここでは、説明のために四人にするで。……ある旅人が街を歩いていると、レンガを積んでいる四人の職人に出会いました。旅人は尋ねました。『あなたはなにをしているんですか』と」

職人の答えは、

職人1「レンガを積んでいるんだよ」

今、なんの作業をしているかということしか見えていない

職人2「壁をつくっているんだよ」

完成図に向けての意識があるも、そこまでの道のりでしかない

職人3「教会をつくっているんだよ」
　完成図そのものに言及しているが、そもそもの目的を理解していない
職人4「苦しんでいる人たちを救うための場所をつくっているんだよ」
　問題を主体としたビジョンが明らかになり、レンガは方法論に過ぎない

矢弦は、ホワイトボードに書いた職人4を指し、「大事なんは、このビジョンをもっちゅうことや」と解説した。

「えーー俺、たぶん、職人1だ。めっちゃ楽しく、レンガを積んでそう……」

「一歩？　よう来たな」

「はい。でも、たとえば職人1であっても、楽しく仕事をしてたらそれでいいんじゃないんですか。レンガを積むこと自体が楽しいって人もいるでしょ？」

「ホンマにそれでええと思うんか」

「え？　はい。……自分は、がんばってせいぜい、職人3の『教会できるぜ、よっしゃー』って思うくらいですよ。でも、みんなそんなもんじゃないですか。それくらいの考え方では、なぜダメなんですか」

「『**なぜ？**』か。**ええ質問や、一歩。『なぜ？』と問いかけることを忘れるな**。せやな、たとえば、この場合、このレンガを積み上げた結果としてできる建物が、人を救う教会でなく、ひどい公害を招く工場であったり、大量虐殺をするための施設であったりしても、ホンマにええか」

「え？　いや、それは嫌ですよ！」

「せやろ？　大事なんは、この教会をつくって『苦しんでいるものたちを救う』っちゅうビジョンのほうや。自分の行動の結果が、世の中にどう影響を与えるか。そこまで考えなあかんやろ？　**重要なんはビジョン。自分はなんのために行動するのか。自分の生涯をかけてなにを成し遂げるんか。そういう『ビジョン』を描くことが一番大切**なんや」

「なるほど！」

「楽しくレンガを積むんもええ。けど、そこにビジョンがなかったら、あかん。仕事っちゅうのは、与えられたことを漫然とやってたらええっちゅうもんとちゃうやろ？　**自分の人生や。自分が人生をかけてなにを成し遂げるのか、ちゃんとビジョンをもって働くことや**」

「へえー」

「**そして、より良い世界を創っていく。未来を創っていくんは他の誰でもないあんた自身**」

矢弦の言葉に、一歩は心打たれた。

矢弦の話を聞き終えた参加者たちが帰っていく中、一歩は矢弦のもとに駆け寄った。

「矢弦さん！　僕も『やりたいこと』を実践して生きたいです！　僕にも起業、できますか」

「『できる』『できない』やない。『やる』か『やらん』かや、一歩。自分が『どう生きるか』『なにをして生きたいか』、それを考え、実践していくのは、すべてオノレ自身や」

「どう生きるか――。自分もやります！　僕に起業道を教えてください！」

「よっしゃ。一歩。Action trumps everything!　行動ありき。とにかくやってみよう。Change the world! Change your world!　世界を変えていこう。まずは自分の世界から変えていくんや」

「はい！」

そして今度は矢弦が、一歩に尋ねた。

「起業をしたいっちゅうのは、わかった。ところで、自分、起業してなにがしたいねん?」

「え?」

早速、一歩は最初の難問にぶち当たった。

解説 VUCAの時代に新しい世界を創る「起業道」

先行き不透明な時代を生きるヒント

今の私たちは、まさに「VUCA《ブーカ》の時代」にいます。

VUCAとは、Volatile(不安定)、Uncertain(不確実)、Complex(複雑)、Ambiguous(不明瞭)の四つの単語の頭文字を組み合わせた言葉で、変化が激しく先行きが不透明な社会・経済情勢のことを示します。

その中で成長を続け、生き残るために対応を迫られるのは企業だけではありません。個人についても同じです。パンデミックなどによる世界的な混乱、日本の終身雇用・年功序列制度の崩壊、「人生100年時代」を想定したキャリア形成など、多くの課題を抱えたうえで、働き方や生き方を模索しなければなりません。

そうした不安定で不確実、複雑で混沌としたＶＵＣＡの時代においてこそ、本書を、自身の生き方を考えるためのヒントとして活用していただきたいと思います。

ChangeをChanceにするマインドセット

変化のめまぐるしい先行き不透明な時代だからといって、悲観することはありません。Change（チェンジ）とChance（チャンス）とではたった一文字、異なるだけ。予測不能な時代こそ、世界をより良く変えるチャンスでもあります。

ＶＵＣＡという言葉の頭文字を、Vision（ビジョンをもって）、Understanding（理解し合い）、Clarity（明快に）、Agility（迅速に行動する）と読み替える。それだけで、予測不能な世界がチャンスに見えてきます。あとは、あなたが行動を起こせば、世界は変わる、あなたと身近な人を幸せにすることにつながっていきます。そうしたマインドセットを醸成してほしいと思います。

起業道とは起業家の思考と行動法則の獲得

本書では、アントレプレナーシップ教育（起業家教育）の名門として全米ナンバーワン（U.S. News & World Reportの世界大学ランキング）であり続けるバブソン大学で教えている、世界を変える力、アントレプレナーシップを、起業のみならず、会社での業務や日常生活でも使えるように伝授していきます。

バブソン大学では「起業家精神（Entrepreneurship）とはなにか」や「起業家（Entrepreneur）と

はどういう人?」と考えていくのではなく、「Entrepreneurial」という形容詞にのっとって「Entrepreneurial Thought & Action®（ET&A™）：どうしたら起業家的な思考と行動法則が獲得できるのか」というアプローチで学びを深めていきます。

これによって誰でも起業家の「思考」と「行動法則」を得ることができる。これがバブソンの考え方です。

この起業家の「思考」と「行動法則」を両輪にもつ**「起業道」**を実践する。それが、混沌とした変化の激しい現代で、**あなたの個としての自立をうながし、真の強さと信念をもってさまざまな問題を乗り越えて生き抜いていく力、新しくより良い世界を創ってゆく力**になることと期待します。

では「起業道」（起業家のように考えて起業家のように行動する）とは具体的にどのようなことなのか。次章から解説していきます。

第二章 「己を知る」ことこそが成功への第一歩

Entrepreneurship is about exploring one's self. Self-understanding is the primary driver for successful and sustainable entrepreneurship.

起業道とは、自己の探求・模索である。

己を知ることこそが持続的な成功に向けての第一歩・原動力である。

「起業して、あんたは、なにがしたいねん?」

矢弦に問われて、一歩は、言葉に詰まった。

なにがしたい? したいこと?

「い、いきなりそういわれても。そもそも僕には起業できるような、才能とか、専門的な知識や技術なんてないですし」

「ちゃう。わしが聞いたんはそんなんとちゃう。あんたが『やりたいこと』や。なんかないんか。世界一おもろい街をつくりたい、ロケットを飛ばしたい、人を感動させる音楽をつくりたい。なんでもええ。夢中になれること、明けても暮れてもやれること、長い時間やり続けても苦にならないこと、あるやろ?」

「……ないです」

「ないんかい」

「あらためて考えたこともないですし」

「まず、それを探すんや。特に起業家になるっちゅうなら、二十四時間三百六十五日、四六時中、事業のことを考えることになる。だから、好きなことじゃないと続かへん」

「やりたいこと……」

一歩は、就活に必要で、場当たり的に「やりたいこと」を考えたことはあるが、四六時中やりたいこと、寝食を忘れて無我夢中になれるようなことを考えたことがない。

「ぜひ**『夢中になれること・ワクワクすること』を追求して、行動を起こしてほしいね。世界を変えるにはまず己を知ること。それがすべてのスタートや。自分がなにをしたいのか。社会にどのようなインパクトを与えたいのか。その欲望を知ること。**それがわからんと、なんも始まらん」

そして矢弦は、あらためていった。

「自分を知る。自分はどう生きたいのか、一体なにをして生きたいのか。まずそれを知る。なによりはじめに『やりたいこと』を明確にする」

「やりたいことを明確に……」

一歩は矢弦のその言葉にあらためて頭を悩ませた。

「子どもの頃、なんでもできると思ってたやろ？　朝から晩までやりたくて自然とやっていたことがあるやろ？　できる、できへん、なんの疑いもなく、お金のことも関係なく、自然とやっていたことが」

「子どもの頃……」

「もしくは、世の中の仕事が、すべて給料一律やとしたら、なにがしたい？」

「うーん」

一歩は目を閉じて考えてみた。

「どや？」

なにも思いつかない。

「あの、『できること』より、『好きなこと』。ホントに、そんなのでいいんですか。夢中になれることなら、たとえば、ただゲームしたいとか、カラオケが好きとか……でもいいってことですか？」

「ゲームにカラオケな」

顎をなでる矢弦を見て、一歩は、やっぱり、と思いながら尋ねた。

「ダメですよね？」

「いや。ええねん。それがホンマに四六時中夢中になれるほど『好き』なことやったらな」

「え？」

『好き』は特技になる。人は、好きで好きでしゃあないことのためなら、自然と努力ができる。時間を忘れるほど没頭することができる。好きが高じて知識も増え、マスターにもなれる。なにより行動の原動力になる」

「でもそれって結局、プロのゲーマーとか、歌手になれるほどずば抜けて歌がうまいとか、その分野ですごく『才能のある人』『デキる人』しか、それを仕事にすることはできないってことですよね？」

「そんなことあれへん。野球が好きならプロ野球選手になる以外に、スポーツ記者や評論家、トレーナーになったり、道具をつくる人になったり、草野球チームをもったり、関わり方はいろいろあるやろ？」

「ああ、なるほど」

「せやな。ここで、もぅひとつ、大事なことをいぅと」

Entrepreneurship is problem driven. Be aware of problems around you. Appreciate the problems around you. Engage in problem-solving!

起業道、そのすべての道は問題から。問題を意識し、感謝し、解決に向けて尽力する。

「ぷろぶれむ……」と一歩はかろうじて聞き取れた言葉を口に出す。

「なにがしたいのかというのと同時に、『一体どんな問題を解決したいか』というのがとても重要なんや。『ゲームが好き』というんは、ええ。ゲームが好きなら、ゲームで生きていくことを考えてみよう。ただ、それを仕事にするなら、ビジョンがいる。ゲームが楽しい。それは結構。だが、ゲームをすることでなにを成し遂げる？　好きなことで起業したい、行動を起こしたいといっても、なんの問題に取り組んでいるかが明確でない限り、社会に貢献するものも、それに対する対価もなんも生まれへんし、その意志は継続せえへん」

「はあ」

「だから、起業したいという人に、わしは必ず尋ねる。『君はなんの問題を解決したいんや？』とね」

「解決したい問題？」

「せや。日本やと、やりたい仕事を考えるときに、『なにになりたいか？』、弁護士とか医者とかいう職業を考えてしまうやろ？　だが、そうやなくて**『なんの問題を解決するプロになりたいか？』『なんの問題を解決して経済的対価を得たいのか』というふうに考える**んや」

「問題を解決するプロ？」

一歩が首を傾げると、

「たとえば――」

矢弦は解説を続ける。

マイクロソフトの創業者ビル・ゲイツは、世界一のソフトウェア帝国を築いて巨万の富を得たが、現在は、マラリア撲滅という問題に取り組むために、第四世代原子炉による発電に大規模投資をしている。

「マラリア撲滅を達成するとひとくちにいっても、その関わり方はひとつやない。医者になる、新薬を開発する研究者になる、病院をつくる建設者になる……など、さまざまにある。実際に、いろいろな取り組みが行われているが、ブレイクスルーできなかったのが電気の問題」

「電気？　どういうことですか？」

「なにをするにも電気は必要やろ？　病院施設の建設にも、医療機器の使用にも、上下水道の整備にも電気がいる。世界で当たり前に使われている電気が、発展途上国では安定供給されてへん」

「ああ、そうか」

「で、ビル・ゲイツが考えたのは、まずはエネルギー（電気）を供給することや。電気の安定供給がない発展途上国に、最新技術を駆使して安心安全安価な電力を供給する。それには第四世代の原子炉が必要やったというわけや」

「へえ。なるほど！」

「『マラリアを撲滅したい！』という問題意識をもった人間には、これらさまざまな職業が選択肢としてあるんや」

「そうか。そういうふうに考えると、ビジョンがひとつでも、なりたいものの幅はどんどん広がるってことですね」

「せや。だから『なにになりたい？』よりも『なんの問題解決に従事したい？』と考える。そうしたほうが、しっかりとした理念があるし、一貫性もあって、持続性も出る。選択肢も広がる。共感を呼んで人もついてくる。手段としても、なにも起業にこだわることもない。ボランティアで関わる、会社員のまま関わる、出資する、などやり方はいろいろや」

「なるほど、そういうことですか」

「わかったか」

「ええ、でもなんだか難しそうですね。その『問題』を探すのが」

「そんなことあれへん。問題はそこらじゅう、いろんな形で、それこそ世界中に存在する。貧困を救う、戦争を止めさせる、地球温暖化を防ぐ……もっと身近な問題で、ゴミのポイ捨てを止めさせる、雨漏りを止める、なんぼでもあるがな」

「なるほど」

「大切なんは、その問題を意識することとや。今は便利な社会で、なんでも簡単に手に入るし、なんでも簡単にできる。それを便利で当たり前やと思ってしまうと、問題っちゅうもんが見えなくなる。便利なことを当たり前やと思うんやなくて、**『なぜ便利なのか』『どうしてこんなことができるのか？』と考える習慣をつけるんや。『なぜ』『どうして』と物事に対して疑問をもつ、好奇心をもつ。常識についても鵜呑《うの》みにせずに『本当にこれでええんか？』と疑ってみる。**そういう姿勢が大事なんや」

「そうか……『なぜ』と問い続ける」

「せや。それに、『できること』より『やりたいこと』がなぜ重要かといえば、『やりたいこと』、つまり自分の欲望、夢や志がすべての原動力になるからや。たとえば、あそこにいるふたり」

矢弦は、カフェにきていた男女ふたりの起業家を呼び寄せた。

男性のほうは、カジュアルなシャツを着こなした三十代前半くらいの青年だ。

「こちらの高橋君。彼はまさに、『ゲーム』が好きすぎて『ゲームをすること』を仕事にするために起業したんや」

「ええ？」

半信半疑の一歩に矢弦がいうには、その高橋は、ゲームが好きすぎて公務員を辞めて起業したそうだ。今では故郷のN県F市でeスポーツのイベントを企画・運営する会社を経営している。eスポーツとは、「エレクトロニック・スポーツ」の略で、コンピューターゲームやビデオゲームを使ったスポーツ競技だ。

「好きなゲームを使って、高橋君は、町おこしをしている。F市でeスポーツの祭典を開催することで、若者や観光客を呼び寄せ、『過疎化』という問題を解決しているんや。好きなことに、そうした問題解決を組み合わせることで、世界をより良くすることができるし、好きなことを継続してやることができるようになるんや」

そういえば、一歩もF市がeスポーツで有名な「ゲームの町」ということは知っていた。それが、この高橋が起こした行動の結果だということを知って、「へえ！」と驚いた。その一歩に高橋は笑っていった。

「矢弦さんに出会うまで、僕も、『好きなことをやるためには、収入を別に確保しないといけない』と思っていたんだ。ゲームを存分にしたいなら、その金を稼ぐために仕事をやる、とかね。だって、プロのゲーマーになれるほどゲームがうまかったわけではなかったから。それにゲームを『つくる』ことにはあまり興味はないから、今あるゲーム会社に就職する、ということにもあまり惹かれなくてね」

「そうなんですか」

「それでも矢弦さんは、そんなに好きなら、『ゲームをすること』自体を仕事にしてみろっていうんだ。無茶だろ？『そんな仕事はありません』っていったら、『ないなら創ればいい』っていうんだ。はじめは、『なにいってんだ？』って思ってたんだけど」

矢弦が口を挟む。

「日本人は、すぐ、仕事と好きなことを分けよる。好きなら、まずそれを仕事にすることを考えて、動けばええのに、そう考えることすら、放棄してるんや、サボタージュや」

高橋は苦笑して、一歩にいった。

「だって好きなことを仕事にできる人なんて、そうそういないし。でも、そういわれて、僕も思い直して……はじめは、公務員をやりながら、ゲームの実況中継をYouTubeで配信して小遣い稼ぎをしていたんだ。でも、次第にそれでは物足りなくなって、『世の中の役に立ちたい』『日本にもプロのゲーマーを定着させる』と結局、起業することにしたんだ」

「お、思い切りましたね」

「うん。そのとき、もともと勤めていた市役所のあるF市の過疎化の問題にeスポーツを絡めれば、うまくいくんじゃないかと思いついてね。いい町なんだけど、目玉がなくて。eスポーツなら、人を呼びたいという町のニーズにも応えられるし、場所も使い放題だし、これはいけるかもしれないって」

「でもそれって、公務員のままじゃできなかったんですか」

「僕の場合は、辞めたほうが、思いっきり好きなようにできると思ったんだ。実際、公務員のままじゃ、ここまで機動的には動けなかっただろうしね。それに、僕はなにもF市だけにとどまるつもりもないし。日本中にｅスポーツを定着させることが僕の夢なんだ」

「そうか。そういうことですか。なるほど、そういうふうにしていけば、好きなことを仕事として実現できるし、拡大していけるわけですね？」

「せや。そうして好きなことと問題解決とを関連づけることで、自分もワクワクするし、周りもワクワクする。自分も周りの世界も、少しずつよくなるやろ？　そうして世界を変えていく」

「なるほど」

「で、こちらの林さんは」

矢弦は、高橋の隣にいた、優しそうな女性に目を向けた。

「彼女は、好きなことというより、先に問題にぶち当たって、その問題解決のために動いたんや」

「林です。今、ハウスキーパー派遣のマッチングサイトをやってます」

林の運営するサイトは一歩も聞いたことのある、家事代行・家政婦のマッチングサービスだった。林は、にこやかに自分の事業のことを話してくれた。

「もとは、経営のケの字も知らないシステムエンジニアだったんです。結婚・出産後もあるメーカーで働いてたんですが、子どもがいるからといって仕事を減らすことも、働く時間を選ぶこともできなくて。それで残業や休日出勤に振り回された挙句に身体まで壊してしまって。そのとき『今の社会は、なんて育児と仕事の両立がしにくいんだ』って我慢できなくなって！」

「は、はあ」

一歩は、力説する林に圧倒される。

「それで『会社にいては仕事と育児をうまく両立できない。それなら、自分で両立できる環境をつくる！』と起業したんです」

「すごいですね」

そして林は、同じ問題を抱える働くママを集めて会社を興したそうだ。これまで一般的に高価格で利用しにくかったハウスキーピングサービスに『短時間』で『格安』のサービスを設けた。そうすることで、働くママにとって、気軽に利用しやすいサービスになり、また一方で、隙間時間を活かして働きたい専業主婦に、気軽にハウスキーパーとして働ける場所を提供したのだった。

「それはいい方法ですね！　でも、やっぱり起業ってそうした頭の良さとか知恵がないと、難しそうですね」と一歩が不安げにいうと、林は首を振って、いった。

「必要に迫られた仲間で欲しいものを突き詰めていった結果、そうなったって感じです。それに、できないことまで、自分で抱え込む必要もないしね。できる人の知恵や手を借りたっていいんだから」

矢弦がうなずいていう。

「林さんは『働くママにとって働きにくい環境』という問題にぶち当たって、その問題を解決するために立ち上がった。結果として、彼女の会社は、働くママと、働きたくても働く場所のなかった専業主婦にとっても、ハッピーな結果を生んだんや」

「今は、念願通り、家族との時間を十分にとれているし、そのうえ、自分の好きなシステムの仕事で女性の働きにくい環境を変えることができて、とても幸せです」

「すごい」

一歩が、高橋と林の話に感じ入っていると、矢弦がいった。

「ええやろ？　**誰にでも、世界を変える力はあるねん。その原動力は『こうしたい』『こうあってほしい』という自分の欲求や。だから『できること』より、『やりたいこと』が重要**になってくる」

「なるほど。そういうことですか」

「そうした『やりたいこと』に気づくためにも、納得がいかないことや、腹が立つことにぶち当たったときに、その不条理に心が動いたのはなぜなのかを、キチンと考えることや。考えることを止めたらあかん。腹が立つんは、『こうあってほしい』という世界があるからやろ？『こんな世界おかしい』と思ったら、自分の思い描くビジョンの実現に向けて自分が動く。林さんのように、『働きやすい世界をつくる』と志を抱いて、自分で世界をよくしていけばええねん」

「はあ」

「与えられるのを待つのではなく、自分の欲しいものを手に入れる、なければつくる、という発想に変えていくんや。やれることは無限にある。高橋君のように、好きなことになにか問題解決をくっつけてもええ。林さんのように、問題にぶち当たって、その憤りを志に変えて、問題解決に働きかけるんでもええ。**『これが不便』『おかしい』と文句や愚痴ばっかりいってないで、それを夢や志に変えて自分の思うように世界を変えていく**んや」

「文句や愚痴……そっか、そういうときにこそ、問題がそこにあるってことか」

一歩は目から鱗《うろこ》が落ちる思いがした。

「わかってきたやないか」

「まずは、そうした問題が身近にあることに気づく。そうしてやりたいことを見つけられれば、どんどん実現できると」

「せや。いずれにしても、成功する起業アイデアっちゅうのは、リアルな問題を解決しているもんや。それだけやない。成功する起業アイデアは、往々にして世の中に新しい価値観を生み出しているもんや。この高橋君や、林さんのようにな。だから、**昔からの常識、業界のしきたり、型、思い込みにとらわれず、それをぶち破ることを恐れるな。『違和感』を大事にするんや。Comfort zone is a wonderful place but nothing grows there. 恵まれた安心の境地、心地良さからはなにも生まれへんから、一歩を踏み出してみる！**」

「はい！」

一歩はワクワクしてきた。

そんな働き方があったのか。

「まあ、まずは、『自分はどのような人間なのか』『なにをしたいのか』を自問し、己を理解すること。自分の欲求をはっきりさせる。それがすべてのはじまりや」

「はい！」

一歩に希望が芽生えた。

自分はなにをしたい？　なんの問題を解決したい？

解決したい問題さえ見つければ、自分は好きに生きられる。

「よし！　やるぞ！」

一歩はやる気に満ちあふれて、カフェを飛び出した。

その数日後、意気消沈してここに戻って来るとはこれっぽっちも思わずに――。

解説

「できる」より「やりたい」を突き詰めよう 起業家精神はあなたにも宿っている

バブソンでは次の問いから起業道が始まります。

If you could solve one world problem, what would it be?
世界中にある問題のうち、あなた自身がひとつを解決できるとすれば、それはなんですか？

「なんの問題に取り組むか」の決心が固まったとき、すなわち欲望が確定したとき、自己理解が深まり、起業道の大きな第一歩を進み始めた、ということです。

そしてこの言葉と対になるのが次のフレーズです。

There is an entrepreneur in all of us.
起業家精神はみんなに宿っている（あなたにも）。

起業道というのは特別な人のものではありません。

誰にでも世界は変えられるのです。


「あなたは誰？」——この問いこそが、行動を始めるのに必要不可欠な質問、起業道の出発点です。すべての起点は「なにをしなければならないか」「なにならできるのか」ではなく、「私は誰か」「なにをしたいのか」「なにを知っているのか」「誰を知っているのか」です。

この自らの欲望を明らかにすることが、起業活動を円滑に進め、動機を持続させ、事業を成功と繁栄に導くための気力・体力・行動力・瞬発力・持久力・忍耐力・回復力などの原動力を大きく左右します。

「やりたい」「好き」が「すべき」「できる」よりも優先

やりたいことを追求しても、実践することは現実的に難しい——日本のビジネスパーソンはそう考えるかもしれません。終身雇用の慣習がいまだに根強く、転職や起業に馴染みも薄いため、彼らには「自分がなにをしたいのか」「社会にどんなインパクトを与えたいのか」を自分自身に問う習慣がありません。ぜひこれを機に、「自分が一体なにをしたいのか」、そして「それが現実として叶っているか」を、自問自答していただきたいと思います。

そして、自身の幸せのために働く。それがこの予測困難な時代に生き抜く手段となります。

会社都合や、転職、起業などによって、より過酷な労働条件を強いられることがあっても、人は「好きなこと」「やりたいこと」をやっている限り、不平不満を口にすることはほぼありません。

決して脱サラを勧めているわけではありません。目的意識がキチンとあり、社会に役立っている自負や日々の充実感があるのであれば、現在お勤めの組織でのさらなる飛躍を目指していただきたいと思います。

ただ、近年は、ひとつの企業で勤め上げるという意識が薄れてきています。副業規制も緩和され、転職率も高く、起業に対するインフラも強化されつつあります。そうした環境を活かして、「やりたいこと」を実行し、その先を、世の中に蔓延する問題の解決につなげていくことも可能です。そうすれば、仕事が大好きな人間が増え、生産性も上がり、社会が活気にあふれ、世の問題の多くが解決されることでしょう。

これが、「世界が変わる」ということです。

起業の世界では「Change the world!（チェンジ・ザ・ワールド）」あるいは「Better the world!（ベター・ザ・ワールド）」というフレーズをスローガンとして使うことが多いのですが、その茨の道も一歩から。世界を変えるには、まず己を知ることが大切です。

第三章　自問自答と多聞多答

「あああーーー。困った」

数日ぶりに「カフェ・カオス」を訪れた一歩は、入り口のテーブルで、しかめっ面をしていた。

「ちょっと。そんな辛気くさい顔して入り口に居座るの、止めてんか。お客さんが気味悪がるやろ」

スタッフの光代が来て、文句をいう。

「はあぁぁぁぁーー。困った困った」

頭を抱える一歩。

「その変な鼻息に独り言、なんやねん、さっきから」

「ため息です。あああああ。もう！」

そのとき、外での講演を終えた矢弦が店に入ってきた。

「矢弦さん！」

「なんや」

一歩は矢弦のもとに駆け寄った。

「困りました。『なにをしたいか』『なんの問題を解決したいか』、なかなかこれといったものが見つからなくて」

「日本のビジネスパーソンっちゅうんは、『自分のやりたいこと』を考える習慣がないというからな」

「そもそもですけど、『己を理解する』――自己理解って、なんですか。どういうことですか」

「『自分がなにをしたいか』『自分はなにが好きか』『なにをしているときが幸せか』『なにが得意か』。自分自身の性格や気質、好き嫌い、得意不得意、強みや弱み、特有の考え方や価値観を知ることや」

「ええ、ええ。なんとなくはわかります。でも、なんとなく好きなものはあっても、そんなに強固な『これがしたい！』『これが好き！』なんていうもの、みんなもってるもんですか」

「ないわけない。意識しているか、していないかの違いや。大人になると当たり前に諦めていることが多いからな。いずれにしても、自分のしたいこと、夢中になれることは、自分自身にしかわからんことや」

「そうはいっても、世の中、『好きなこと』『やりたいこと』をはっきりともっていない人が大半だとも聞きますよ？」

「そら残念な世の中やな。わしにいわせれば、それは『なりうる自分』にフタをしてるも同然や」

「なりうる自分?」

「せや。せっかくやから、自己理解の方法をひとつ、教えとく」

矢弦は、ある方法を一歩に伝授してくれた。

「これはこれから起業道を実践するうえで、いろいろな局面で何度も使うことになる方法や」

それは「リフレクション」と「フィードバック」。

〈リフレクション〉振り返る、顧みる作業。自分の決断や行動について振り返る方法
〈フィードバック〉他人からの批評。知人、友人、家族から、意見を求めてみる方法

「リフレクションは、自問自答といってもええな。自分にしかわからない主観的な自己理解や。たとえば欲望について、とかな。フィードバックは、いわば多聞多答や。他人との対話からしかできない客観的な自己理解や。自分にも他人にも知り得なかった自分を見つける」

「はい」

「ひとつずつ見ていこう。まずはリフレクション。これは内省、内観という言い方もある。マクロ的には自分の人生を振り返ってみるんでもいい。ミクロでは自分の行為ひとつひとつを振り返る。これは、これから起業道を実践していくうえで、折に触れて、自分の失敗を振り返ったり反省したりして次に活かすためにも使える」

「はい」

「たとえば、自分がどういうふうに生きてきて、なににワクワクするのか、どういうことに充実感を抱くのか、夢中になれるのか。また、他人と比べて、どんなことがうまくできて、なぜそれが人よりよくできたのか、自分の強みを紙に書き出してみるなり、とにかく言語化してみる」

「はい」

「それで、考察をしていく。リフレクションは、そうした自由な切り口で、自分に問いかけてみる。たとえば『人生において最も印象的な出来事』を考えてみる。大きな辛いことや、大きな失敗、逆に大きな成功や喜びから強い動機が生まれることもあるからな。『家族を病気で亡くしたから病気をなくす仕事に就きたい』とか、『貧乏でお金に困ったからお金に困らない世の中にしたい』とか、『スポーツで優勝したからもっと極めてみたい』とかあるやろ」

「なるほど、人生において最も印象的な出来事」

「思い当たることがあるか」

「あるといえばあるような、ないような……」

一歩は、幼いときに、父を亡くし、その後、自分を母とともに育て上げてくれた祖母も亡くしている。身近にいた大切な家族を亡くす経験が続いたせいか、「目前の人や家族、仲間を大事にしたい」「今、家族や仲間と一緒にいる時間を大切にしたい」という思いが人一倍ある。だが、それがどう『志』や『やりたいこと』につなげられるのか、よくわからないでいる。

返事に窮していると、矢弦が別の提案をした。

「ここでは、自分の『強み』も理解するために、切り口はこれでいこう」

矢弦は、ホワイトボードに「功績」と書いた。

「功績?」

「せや。まずは、①**功績を五つ、リスト化する**。それをプライオリティ順にランクづけする」

「えーと。功績っていわれても。大したことはなにも。俺、普通のことしかやってないし」

「またそれや」

「どれです?」

「あんたのいう、それ。その『普通』ってなんやねん」

「……どうってことのない、『平凡な』って意味です」

「あのな、起業は、学歴が高いからとか、特殊な才能があるから成功するっちゅうわけじゃないねん」

「え? そうなんですか」

「もっというと、『起業家に向いてる性格』っちゅうのもない。ひとりひとりバラバラ。多種多様や。でも必ずその人なりの強みがある。『普通』という言葉でフタをするな。自分の個性とちゃんと向き合おう。個性は武器や。自分の個性を活かすも殺すも自分次第や」

「はあ。でも功績っていってもなあ」

ホワイトボードに向かう一歩。

「自分なりに達成感のある行動でもええねん。さっさと出していこう」

「えー」

「なんやねん、歯切れ悪いなあ。ここで、謙遜してもしゃあないねん。ここは、自画自賛劇場でええねんで?」

「自画自賛劇場？」

「俺めっちゃすごい！　こんなんできた！　大なり小なり、バンバン出していこ」

「っていわれても」

一歩は、考えて、功績を書き出す。

●高校のサッカー部で、弱小高だったが、その高校初の全国大会出場をはたした
●大学時代、居酒屋のアルバイトで、店舗別奨励賞をもらった
●大学時代、ボランティア活動で、児童養護施設から感謝状をもらった
●前職のとどろきスポーツで、社員で唯一、新規事業の担当に抜擢された
●子どもの頃、道に迷って帰れなくなったお年寄りを助けて感謝状をもらった

我ながら、しょぼい、と一歩が思っていると矢弦がいった。

「ちゃんと、あるやんけ。では、これで進めていこう。次に、**②それぞれの功績のもととなった自分の資質についてリスト化していく**。たとえば、知識とかスキルとか、経験とか」

「知識とかスキル？」

「『なぜ』それができたのかを考えて、その要素を書き出してみる。それぞれの功績について、あんたは『なぜそれを成し遂げられたか』、どんな能力が役立ってどんな貢献をしたか。あるいは、『なぜ、それをやったか』という動機でもええ。とにかくそこには、あんたの強みや性質や、自己理解の要素が詰まってるんや」

「ああ、なるほど」

●高校のサッカー部で、弱小高だったが、その高校初の全国大会に出場をはたした
【なぜできたか、なぜやったか】
先輩後輩、監督、チームに恵まれた
守備が得意。ムードメーカーとして監督に重宝された
入部動機は、サッカーが好きだから
【活かされた能力】
小回りが利く身体能力、しぶとい体力・忍耐力、普段から他人のことをよく見ている観察・分析力、みんなをまとめる協調性

●大学時代、居酒屋のアルバイトで、店舗別奨励賞をもらった
【なぜできたか、なぜやったか】
アルバイトとしての日々の努力が店舗売り上げに貢献したと評価された（メニューの開発を手伝ったり、クレーマー対策をしたり、アルバイトの連携をよくしたり）
アルバイトの動機は、料理が好きだから。仲間とわいわい働きたかったから
【活かされた能力】
料理が得意なこと、周りをよく見ている観察・分析力、誰とでも仲良くなる協調性、仲間うちでの調整役、怒ったお客さんをなだめる交渉力

●大学時代、ボランティア活動で、児童養護施設から感謝状をもらった
【なぜできたか、なぜやったか】
災害地域の窮状をテレビで見て、ジッとしてられずに復興ボランティアに参加
崩壊した施設の一部を、学生チームの知恵と体力を結集して建て直した
ボランティアの動機は、なにか役に立つことがやりたかったから
【活かされた能力】
夏の暑さに負けない粘り強さ・体力、どこでも寝られる図太さ、苛立つ仲間を励ましなだめる協調性、どんな環境でも、あるものだけで工夫ができる柔軟性

●前職のとどろきスポーツで、社員で唯一、新規事業の担当に抜擢された
【なぜできたか、なぜやったか】
積極的に仕事のアイデアを出していた姿勢が評価された？
独身寮で、料理をつくっていたのが、食品開発をしたい社長の目にとまった
営業成績の良さや、部門間の調整能力も評価されていた？（と思いたい）
【活かされた能力】
積極的に課題に取り組む行動力、対立する人同士を調整する能力、料理好き、正直にものをいう力？

●子どもの頃、道に迷って帰れなくなったお年寄りを助けて感謝状をもらった
【なぜできたか、なぜやったか】
同じ道を行き来するお年寄りに違和感を抱いて声をかけ、認知症で家に帰れないのだと察して、近所の人と警察に連絡した。迎えが来るまで一緒に待機した
近所の大人たちにも助けられ、無事対応できた
【活かされた能力】
人見知りしない、物おじしない、適切な判断力と行動力

「こんな感じですかね……」と一歩。

「ふうん。なるほど。次は、**③共通項を探す**」

「共通項？」

「せや。それで、**④それらを統合して、自分という人間を表現するテーマを三つ見つける**」

「自分という人間を表現するテーマ？」

「せや。たとえば、これから自分自身を表現する機会がなんぼでもある。自分の事業を紹介したいとき、仲間を得たいとき、事業資金を調達するとき、そんなときに自分ってどんな奴か、短く紹介できるようにしとくねん。そのための自分を表す三つの特性や」

一歩は、いわれた通りに、まとめてみようとホワイトボードを見直す。

「なるほど三つ……。『協調性』が多いな。どんなときも盛り上げ役、調整役というか」

「出てきた数で決めんでも、自分の特性として強いと思うものをピックアップしてええねん

で？　自分が自己紹介するときに『自分はこんな人間』とワクワク紹介できる内容になるとええ」

「たとえば、僕、チームをまとめる力があります。自分勝手な人間がいても、おとなしすぎて意思のわかりにくい人がいてもうまく意見を吸い上げて、メンバーの士気を高めて、チームで居酒屋の売り上げを過去最高に上げたり、ボランティアで壊れた設備を改修して感謝状をもらったり、お年寄りを助けたりしたんです――とかそういうことですか」

「ええやん。そうやって具体的にあげていこう」

「三つですよね？　あとふたつ。たとえば料理が得意です。これは母が忙しくて昔から祖母と一緒につくっていたので、肉じゃが、きんぴら、ぶり大根、渋いものが得意です。昔ながらの文化も知ってます。それに、今ある材料だけで工夫してつくることができます。ああ、そういえば、料理をすることで、創意工夫をする力があります。中身だけでなく見栄えをよくするこだわりももってます。見栄えで味はもっと美味しく感じられますからね。相乗効果をよく理解しています」

「ええやん！」

「残りひとつ……。うーん。観察眼・分析力があるほうだと思います。人をジッと見る癖があるからだと思います。だから、相手の思っていること、特にこうしてほしいということを割と当てます。なので営業でも対面販売とか訪問販売が得意でした。それはチームメンバーの気持ちを汲んでチームをまとめる力にもつながってます。あれ、はじめの特性に戻っちゃった」

「ええねん。そうしてどんどん、磨いていくんや。自分がどういう人間でどういう特徴や特技をもっているか端的に説明する。相手によってアピールしたくなるポイントも違うからな。たとえばエレベーター内でばったり、イーロン・マスクに出くわした、限られた時間内で自己紹介するときに、どれを選ぶべきか」

「イーロン・マスク……なるほど」

一歩には、今ひとつ、ピンときていない。

「別に就活や合コンでもええけどな。あるやろ、短時間の自己ＰＲ」

「なるほど！　たしかに端的に、かつ印象に残るようにしないといけないですね！」

「せや。で、自分のことを表現する三つのテーマが定まったら、次は自分のやりたいことを表現する三つのテーマや」

「やりたいこと、ですか。それが難しいです。結局、僕、料理以外は、体力や忍耐力を活かした営業のようなことが得意なんですよね。好きというよりは、それしかないというか。でも結局、それが好きってことなんすかね」

「それも強みのうちやけど、もう少し掘り下げてみよか。それでも、夢中になってきたことはあるみたいやん。部活にバイトに仕事に」

「ええ、まあ」

「たとえば、このサッカーをやっていたというのはサッカーが好きということ以外に、『仲間とひとつのことに打ち込みたかった』という理由も考えられるやろ？」

「あ！　たしかに」

思えば、一歩にとって部活に夢中になれるポイントは「仲間と汗を流す」「仲間と喜びと苦しみを分かち合う」ことだった。サッカーはたしかに好きだが、それができれば、野球やバスケットボールやほかのスポーツでもよかったのかもしれない。

「なるほど、そうやって自己理解を深めていくんですね」

「せや。ひとくちにサッカーが好きといっても、サッカーのどういうところが、なぜ好きかと深めるだけでも、『負けず嫌い』とか『戦術を考えるのが好き』とか個性が出てくる。そうやって、『なぜ』『どうして』と掘り下げることで、自分のやりたいことがクリアになってくる。自分を知ることは、これから自分のやろうとすることにどれだけ熱意を注げるかを見極めるためにも重要なんや。チームワークが好きなのに、ひとりでなにかを成し遂げるフリーランスの仕事をし続けるのはしんどいやろ?」

「なるほど！　そうですね」

「たとえばここでひとつ、『仲間と一緒になにかをしたい』というのがわかった。じゃあ、仲間と『なにが』やりたい?」

「人の役に立つことがしたいです。『ありがとう』といってもらえるような仕事がいいというか」

「ふうん」

「まあ、解決したい問題を見つけて、その問題を解決するってことは、結果的に人の役に立ちそうですけど」

「社会貢献をしたいんか?」

「そんな聖人君子なことをしたいわけではないですけど……」

「じゃあ、たとえばどんなイメージ?」

「はあ。まあたとえば僕が、前職のとどろきスポーツの新規事業の仕事にやりがいを感じたのは『アスリートの健康に役立つものをつくる』というコンセプトがあったからで」

「ふうん。なるほどな。でも、ボランティアもやってるな?」

「……ええ、なんだかんだ長くやってましたけど」

でもそれは、美月がいたからかもしれない、と一歩は思った。一歩は他大学の美月と、ボランティアを通じて出会ったのだった。

「まあ『人の役に立つ』というのがキーとして、あとは夢中になれそうなジャンルがあれば、そこで人の役に立つことを探すっちゅう手もあるけどな」

「夢中になれるジャンル……?」

一歩はホワイトボードを見直す。

「スポーツとか料理とかですかね。スポーツはアウトドアなことが好きですけど、最近は観るばっかりかなあ。今は料理のほうがやっているかも。僕は味にうるさいっていわれるせいか、人より少しうまくつくれます」

「ええやないか」

一歩は、やりたいことを表す三つのテーマをまとめてみる。

「『人の役に立つことをする』『スポーツ』『食、料理』『チームで実現する』……あ、四つになった。うーん」

一歩は考えて、「人の役に立つこと」「食を活かす」「チームでなにかを実現する」の三つにまとめてみた。

「じゃあ、それをとっかかりにして動いてみよう。『食』の分野についてやりたい課題がないか探してみる、あるいは、人の役に立つことをしている企業をたくさん見て参考にしてみてもええし。できることから進めていく」

「はい！」

「あと、自己理解のもうひとつの方法はフィードバック」

「フィードバック……」

「フィードバックは、第三者からの意見や。第三者から一歩がどういう人か語ってもらう。そうすると自分で見えなかったものが見えてくる。あんたをよく知る身近な人に、『どんな人か』『なにがうまくできるか』など特徴、長所、短所をフィードバックしてもらうと、自分で気づかんかった自分のことが見えてくる。『人を説得するのがうまい』とか『絵がうまい』でもなんでも、第三者からのコメントをもらうと、自分では意識していないが人より自然にうまくできてしまっていること、得意なことに気づくことがある。人よりできることは達成感もあり、好きなことにもつながりやすいんや」

「へえ。なるほど」

「ちなみに、注意点としては」

「？」

「フィードバックっちゅうのは慣れていないと、時にケンカになることもあるからな。フィードバックを与える側、受け取る側にもマナーが必要や。フィードバックを与える側は単に『批評する』のでなく、受け手側の人間が実践しやすいように、建設的な助言・提案をする。そして、フィードバックを受けるほうも、フィードバックは己の敵でなく友だちやと思って受け止める。たとえ聞きたくないことでも、歓迎し、長くおつき合いをし、感謝するべきものとしてポジティブにとらえて学習するんや。フィードバックには『愛』があるんや」

「わかりました！　やってみます！」


その週末、一歩は、母と姉とで、父と祖母の墓参りに出かけた。その帰りに立ち寄ったファミリーレストランで、一歩はふたりに自分についてのフィードバックを求めてみた。

『俺のことをどう思う？』って、なに？　急に」と姉はいった。

「就活で必要なんだ。自己分析っていうやつ。で、なんでもいいから、思いつくままにいってよ。俺ってどんな奴？　なにをするのに向いてると思う？」

「ってか、まだ就職決まってなかったの？」

「ひとこと多いんだよ、姉ちゃんは」

「まあまあ。ふたりともケンカしないの。いいのよ、一歩はそんなに焦って決めなくても。幸い、住むところだってあるんだし。じっくり、いい就職先を探すのよ」

「母さん、またそうやって一歩を甘やかす」

「ねえ、母さんも、どう思う？　僕のこと」

「どうって……」

一歩は、母と姉の意見を聞いて驚いた。ふたりは、一歩の思っていた自分の印象とまったく違うことをいうのだ。

「え？　僕が頑固？　どこがだよ。いつだって姉ちゃんの横暴にしたがってきただろ？　おかげで従順すぎるくらいだ」

「はあ、なにいってんの。私のいうことなんて全然聞かないじゃん。昔っから、母さんに『黙ってて』ってことは全部バラすし」

「そりゃ、姉ちゃんが悪いんだろ？　嘘ついて学校サボったり、母さんに頼まれた用事を俺に押しつけたり」

「こっちにもいろいろ事情があんだって。ホント昔っから融通がきかない！」

「どんな事情だよ」

「まあまあ。でもまあ、一歩は頑固よねえ」

「母さんまで！」

「だって。筋の通らないことは嫌いだし」

「たしかにときどき『それはおかしい』『嘘つくな』とか頑固じじいみたいなこといい出す」

「そうだっけ？」

「そうよ。でも、その割には、嘘に騙されるよね。毎年エイプリルフールに騙されてんのあんたくらいよ」

「うっさいなあ」

「ほんとバカだよねー」

「姉ちゃん、『フィードバック』にはマナーが必要なんだよ！　もっと言い方、あるだろ？

『バカ』じゃなくて『人がいい』とかさ」

「なにが『人がいい』よ。それが人にものを頼む態度か」

「ちぇ。もういいよ」

「一歩はいい子よ。昔からよく人のことを見ていて、気配りのできる子だし」

「母さん！　もっといって！　フィードバックって、具体的な行動に基づいてコメントするのがいいんだって！　ただ誹謗中傷するだけじゃダメ！　根拠がないと」

「じゃあ、ただ『最高だね』って褒めるのも無意味なフィードバックなわけね」

「はい、褒めるときも、建設的、具体的な意見でお願いしやす！」

「具体的にっていってもねぇ、それより母さんが心配なのは、あなたが細かいことを気にしすぎるところ、心配性なところかなあ」

「心配性？　僕が？」

「そうそう、母さんが少し仕事で疲れて顔色が悪いと、ムダに騒いだり」

「お姉ちゃんが、ケガするとすぐ、病院行け行けと」

「ああー……そういうやつか」

それなら心当たりがある。というのもそれにはわけがあるからだ。

一歩は小学校二年生のとき、一緒に公園に遊びに出ていた父親が、目前で突然倒れ、そのまま救急車で運ばれ、亡くなった。急性心筋梗塞だった。

さっきまで、一緒に話していた父親が、急に帰らぬ人になったということが衝撃で、人はこんなにあっけなくいなくなるものかと、それ以来、一歩は目前の人の体調の変化に敏感になってしまった。とどろきスポーツの面接前に、妊婦が倒れているのを見たときも、このまま放っておくとヤバいという恐怖に襲われた。それで、その場を離れられなくなったのだ。

「でも一歩にはずいぶん助けられた。私もおばあちゃんも。一歩は小さい頃から家のことを、よく手伝ってくれたから」

「だよね！　姉ちゃんより、俺、思いやりあるし、家事うまいし」

「でもねえ。進んで手伝ってくれるのはいいけど、こちらから頼むとダメなのよねえ」

「そうそう。ふたつ頼むとひとつ忘れるね。昔は嫌がらせでやってんのかと思ってたけど」

「え？　そう？」

「単にキャパシティの問題だった」

「途中でほかのことに気をとられると、忘れてしまうのよねぇ。あとのことを」

「ええ？　それってなに？　記憶力が悪いってこと？　注意力散漫ってこと？　なんかポジティブな言い方にならない？」

「はい、無理」

「なんだよ」

「こんなのが就活に役立つわけ？」

「さあ……？」

そのとき、一歩のスマートフォンに着信があった。

美月からの電話だった。

「あ……」

「なに？　誰から？　出ないの？」と姉。

「……えーっと、どうすりゃいいんだ？　まだ失業中だし……」と一歩はスマートフォンを手に、その場を立って、店の玄関に向かった。

外に出ると、着信音は鳴りやんだ。

「……」と一歩は、ただその場に立ち尽くした。

解説

リフレクション&フィードバックを上手に取り入れる

あなたは誰？　なにがしたいの？　なにが欲しいの？

己を知ること、自己理解がなにをするにも重要な第一歩であることは前述した通りです。それでは、どのようにすれば自己の探求・模索ができるのか。ここではその一助となる手法を紹介しましょう。

リフレクション――振り返る、顧みる作業

自らの欲望を把握するふたつの方法のうち、ひとつはリフレクション。つまり「振り返る」「顧みる」作業です。自分の決断や行動について立ち返り、反省をし、学ぶこと。内省とも内観ともいいます。なにをどこで間違えたかを学習し、次に活かすことが重要です。

Self-reflection allows you to analyze where you came from (past), where you are (present), and where you want to go (future) and how.
リフレクションは過去の自分、現在の自分、これからなりたい自分とその方法を教えてくれる。

バブソン大学の授業では、リフレクションをArt（アート）としてとらえています。それは必ず目的意識と美的感覚をもって臨むべきプロセスであり、そのセンスも問われます。その過程で過去の自分を顧み、現在の自分と直面し、そして未来の自分の方向性を軌道修正していきます。より良い（理想の）自分へ、より良い未来へ。将来のことを悩み心配しすぎる前に、自分の決断や行動について振り返る・顧みることが大切です。そして学んだことをより良く次に活かしましょう。

フィードバック――他人からの批評

己を知るもうひとつの方法はフィードバック、つまり他人からの批評です。フィードバックの定義は、単に「批評すること」でなく、それによって受け手側の人間が行動修正することができ（実践的で）、最終的には本人のためになる（建設的な）助言・提案をすることです。

バブソンでは、フィードバックは己の敵でなく友だちだと教えます。それから逃げず、反撃せず、真摯に受けとめることが大切です。たとえ聞きたくないことでも、歓迎し、長くおつき合いをし、感謝するべきものとしてポジティブにとらえ、そこから学習するように促します。自分の言動の後、周囲の人間に「どうだった？」と聞く習慣をもつこと。そこから正直なフィードバックをもらうこと。それを受け止めて上達すること。いかなる行動に対してもフィードバックなくして改善はありません。なぜなら結果が良いか悪いか判断できなければ、上達の余地があるかどうかもわからないからです。

Feedback is your friend, not your enemy.
フィードバックは己の敵ではなく、友である。

リフレクションによって自分にしかわからない自分がいることがわかり、フィードバックによって他人からしか見えない自分もいることがわかります。自分のことを過大評価、あるいは過小評価している場合が往々にしてあるからです。自分だけにしかできないリフレクションという殻に閉じ籠もってしまうと見えないものがあります。フィードバックなくして十分な自己理解はあり得ません。内省・内観することで自分にも他人にも見えていなかった新たな自分の発見につながることが多々あります。

ただ厄介なのは、日本特有のカルチャーとして、フィードバックを批判・攻撃としてとらえ、結果的に防衛本能が働き、受け手側がバリアを張る傾向があることです。結果、聞く耳をもたない、変わらない、上達しない――これは悪い癖です。フィードバックは受け止めなければ意味がありません。

ジョハリの窓――対人関係における気づきのモデル

ジョハリの窓というコンセプトがあります。

これは、自分の知る自分、他人が知っている自分を四つの窓（カテゴリ）に分類して理解するという心理学でよく使われるモデルです（図表3―1）。

四つの窓とは、次のようなカテゴリを意味します。

開放の自己　自他ともに認知している領域
盲点の自己　自分は気がついていないが、他人から見えている領域
隠れた自己　自分だけが知っている秘密の領域
未知の自己　誰からもまだ知られていない領域

これらを図のように配置し、理解の度合いに応じて、窓の境界線となる格子を上下、左右に移動できるものと考えると、「開放の自己（自他ともに認知している領域）」が大きくなれば、それは自己をうまく開示できているととることができますし、「盲点の自己（自分は気がついていないが、他人から見えている自己）」が小さくなれば、それは自分の気づかなかったところを他人からうまくフィードバックしてもらえているということになります。

自己理解の一助として、こうしたフレームワークも、ぜひ活用していただきたいと思います。

自分の思い描いている自分像と、他人が受け取る印象は、必ずしも一致はしません。往々にし

図表3–1　ジョハリの窓

	自分が知っている	自分は知らない
他人が知っている	1. **開放の自己** 「自他ともに 認知している領域」 （Open self）	2. **盲点の自己** 「自分は気がついて いないが、他人から 見えている領域」 （Blind self）
他人は知らない	3. **隠れた自己** 「自分だけが知っている 秘密の領域」 （Hidden self）	4. **未知の自己** 「誰からもまだ知られ ていない領域」 （Unknown self）

出所：Luft, J. and Ingham, H. (1955). "The Johari Window, A Graphic Model of Interpersonal Awareness." Proceedings of the Western Training Laboratory in Group Development. University of California, Los Angeles.

て多少なりとも過大評価・過小評価が伴います。意識できている自分の言動と無意識のうちに出てしまっている言動、他人にはその両方が見えています。

それらすべてがホーリスティック（全体的）な意味で本来の自身の姿です。自己理解を深めるということは実はとても奥深く、難しいものです。だからこそ、意識していただきたい。起業道のみならず、日々生活する中でもとても重要なコンセプトです。

第四章 「変態」を五人集めて、組織文化をつくる

「会社がクッソつまんない！」

赤井春奈《あかいはるな》はそういって、ことのほか大きな声を出してしまったことに気がついた。

正面の美月も、春奈の声にちょっと驚いた顔を見せた。

丸の内のカフェテラスでのランチタイム。大学時代からの友人の春奈と美月は、それぞれ別の会社に勤務しているが、オフィスが近いので、こうしてときどき一緒にランチをとる。

「ごめん、ちょっと声がデカくなった」

「うん、大丈夫。ビックリしたけど」

春奈と美月は気を取り直して、食事を続けるも、春奈のぼやきは止まらない。

「あーあ。つまんないし、やる気が出ないし、転職しようかなぁ。ＷＥＢメディアとか、もっとクリエイティブな仕事に」

「いいじゃない。それ」
「簡単にいうね」
「『クッソつまんない』より断然いいと思うよ」
「そりゃそうだけど」
「けど？」
「あのね。美月は好きな仕事に就いてるからわかんないかもしれないけど。普通、仕事っての
は、面白いことばかりじゃないじゃん。クッソつまんなくても、転職するより今の会社のほうが
ずーっとよかったってことも十分考えられるわけで」
春奈の目前の美月は、某シンクタンクのリサーチャーをしている。勉強が好きで好奇心旺盛な
美月にはピッタリの職業だといえる。
一方の春奈は、現代建築社という出版社に、コンテンツづくりの編集職を希望して入社したの
だが、実際に配属されたのはシステム部だったのだ。
「春奈だって就職が決まったときは、『いい会社だ』って喜んでたじゃん」
「……はあ。そんなこともありましたっけね」
たしかに入社した三年前はそんな浮かれたことをいっていたかもしれない。でもそんな思いは
働くうちに消えてしまった。
とはいえ、今でも春奈は、自社の発行する『商空間』という雑誌が嫌いではない。超一流建築
家やデザイナーの作品を店舗経営者に紹介する雑誌だが、出てくる建築物やインテリアはすべて
斬新で美しく、見ていてまったく飽きない。自分も一度は編集部に所属して、毎日ああした世界

観に浸って仕事をしてみたいと思っていた。

だが、春奈は入社時に、当時の常務や編集局長からいわれてしまったのだ。

「君は編集には向いていない」と。

上層部にそう断言されてしまい、春奈には編集部行きの望みが絶たれたように思えた。そして実際、春奈はシステム部に配属となったのだ。

希望が叶う見込みもなく、即、辞めてしまおうかとも思ったが、偏差値高めの有名私大卒の春奈は、迷っている間に配属先の仕事を覚えてしまった。やってみると、ことのほか自分の性分に合っていたようで、先輩のつくったしょぼいプログラムをどんどん書き換え、あっという間にデキるSEとして、周りから一目置かれるようにもなった。……ただひとりだけ、春奈のことを絶対に認めない人物がいるにはいるけれど。

評価されているからといって、今の仕事に満足しているわけでもない。時折、「こんなはずじゃなかったのに」という思いがフツフツと湧き立つときもある。

それでも出版業界の中ではお給料もいいほうだし、楽だし、休みもとりやすいし、人に話すと「超ホワイト企業じゃん」「できることで評価されてるのになにが不満?」などといわれるので、転職する踏ん切りもつかない。

近頃は、自ら「会社員である限り、好きなことばかりやるわけにはいかない」「与えられた仕事を楽しくやるのが大人」「他社に行くよりマシかも」と自分に言い聞かせるようにもなってきた。

それでもなお、モヤモヤするときは「超絶つまらない!」と愚痴をこぼしてやり過ごすことにしている。

だが、美月のように、「好き」を仕事にするのが当然だと思っている人間に、この手の愚痴は理解されない。適当に相槌を打って受け流してくれればいいのに、そうした忖度《そんたく》もない。

でも今日の美月の様子はいつもと少し違っていた。

「興味深い発言ね。ねえ、『社員エンゲージメント』って知ってる？　こないだレポートで読んだのだけど」と美月はいい出した。

「ええ？　なに、ランチタイムに小難しい話されるの嫌なんだけど」

「じゃ、止めとく」

「……一応、聞いとく。なに？　それ」

春奈が尋ねると美月は説明した。

「社員エンゲージメント」とは、会社に対して自主的に貢献しようとする社員の意欲のことをいうそうだ。「エンゲージメント」が愛着や絆や思い入れを表すことから、会社に対して、どれだけ信頼しているか、どれだけ貢献したいと考えているかという愛着を表す概念ともいわれる。

「**日本は、その会社への愛着・熱意ともいえる『社員エンゲージメント』が世界最低レベル**なんだって」

「ふうん」

「日本は、離職率が低いから会社への愛着や忠誠心が高いと思われがちなんだけど、実際には、会社への忠誠心なんてほとんどない、やる気なんてないんだって。離職しないのは、ただ変化を拒んで動かないだけだろうって」

「へえ！　わかるー。別にないもん、忠誠心とか愛着とか熱意とか。会社なんて、どこ行っても所詮同じって思って転職しないだけだし」

「うん。それに**会社の『社員を活かす環境』も世界最低レベル**だって。だから、多くの人が辞めないとはいえ、優秀な社員は進んで辞めていくって。それが、会社にとっては大きな問題だって」

「え？　そうなの。やだな、なんだか『無能だから辞めない』みたいないわれ方で。でもその『社員を活かす環境』がないって話もわかるなあ。だから社員のモチベーションは下がる一方」

「会社にとっても社員にとってもなんだか不幸よね。とにかく**『社員エンゲージメントを高める』というのがこれからの課題**みたい」

「はあ……。高めてほしいね。モチベーション上がるものなら上げたいねー」

春奈はため息をついた。

なおもモヤモヤしてきて、なにか明るい話題に変えようとした瞬間、ふと思い出した。

「あれ、そういえば、美月、なにか相談したいことがあるっていってなかった？」

「うん？　それね。……別に大したことじゃないんだけど」

いつも冷静で淡々としている美月が相談なんて珍しい。

春奈は身を乗り出して、美月の話に耳を傾けたが、聞いた途端に拍子抜けした。

「彼氏と連絡がとれない？　彼氏ってあの……『新田一歩』って人？」

春奈は、目前でうなずく美月を、あらためて見てみた。

長い髪をキチンとまとめて姿勢も良い美月は、人目を引く美人だ。大学時代からとてもモテたし、勉強もできたし、今では好きな仕事にも就き、日々目標への努力を欠かさない。普段はほとんど悩みや愚痴もこぼさないし、なにもかもがキチンとしていて、「ほどほど」「適当」がモットーの春奈にはまぶしいくらいの存在だ。

その美月が、彼氏がひと月電話にも出てくれない、会ってくれない、くらいのことで悩んでいる。しかもその相手というのは、新田一歩とかいう、どこからどう見ても、平々凡々のどうってことのない青年なのだ。

「彼のなにがいいんだろう?」というのがずっと春奈の抱いている疑問でもある。

特別にかっこいいわけでもなく、中肉中背、平凡な顔立ち、特別な才覚を感じさせるわけでもなく、しゃべりも普通。あえて特徴をあげるとすると「人畜無害」「いい人」といったところか……。春奈から見れば、少々頼りなくも思え、いくらでも代わりはいそうに思うのに。

「そんなに悩むこと? そんな彼氏、もう別れちゃえばいいじゃん」と軽くいいたくもなるが、美月は人のアドバイスを深読みし、しかも記憶力もいいので、いつ誰がどんな状況でどんなアドバイスをしたか、ずっと覚えているのだ。迂闊《うかつ》なことをいうと、「なぜあなたは、あのときあんなことをいったのか」と後々しつこく聞かれたりして面倒だ。そう、美月は少々面倒な変わり者なのだ。春奈はつい、大学時代を思い出していた。

大学時代の美月は、「美人の白石美月さん」として有名だった。その美月と春奈は、女子の少ない学部に所属していたため、入学以来、一緒に行動することが多かった。その縁で、今でも親しくしているが、正直、はじめはあまりそばに寄りたくなかった。美月といると、見た目十人並みのこちらが、どうしても引き立て役になってしまうからだ。

だが、結局、大学四年間のみならず、卒業後もつき合いが続いている。というのも、美月は、少し人と変わっていて、その行為や振る舞いに「え？　なにこの人？」と春奈が何度も目を奪われるうちに、近くにいるのが普通になってしまったからだ。

今も昔も、美月は変人だ。

出会ったときの趣味は『写経』だった。出会って間もなく、「一緒に鎌倉に遊びに行かない？」と誘われたので、春奈は、インスタ映えのする観光スポットや美味しいものに出会えることを期待して一緒に出かけたのだが、美月が春奈を連れていったのは某お寺の、写経会場だった。

「写経？」と春奈は驚きつつも、はじめは「そんなのあるんだ」と好奇心から快く応じたのだが、辟易したのは、美月が続けて「写経」のはしごをしようとしたことだ。

「写経はもういいよ！　何件行くのよ！　美味しいもの食べようよ！　あじさい見ようよ！」と春奈が文句をいうと、「……では、ここからは別行動にしましょうか」と写経にすっかりテンションの上がっていた美月は、あっさり春奈を見捨てて、次の写経道場へと向かってしまったのだ。

「絶対、あの子とは友達になれない」と春奈はその後、美月とは距離をおくようにしていたが、忘れた頃に、「みんなでハイキングに行こうって話になったんだけど」と誘われ、「ほかの子もいるなら」とまたうっかり、同行してしまったのだ。

ハイキングで春奈が友人たちとランチを食べていると、美月の姿が見えなくなった。

「あれ？　白石さんは？」と、春奈が心配して探しに行くと、美月は昆虫採集をしていた。そのとき、美月は「昆虫食」に興味をもっていたようだ。

「これ、生で食べられるんだって」と、真面目な顔でセミをかじる美月を、春奈は慌てて止めた。美人がセミにかみつく姿は、まるでB級ホラーだ。

「止めなさいって！」

「良質のたんぱく質よ。世界の飢餓を救うかもしれないんですって、昆虫って」

「それでもとりあえず、人前でそれを食べるのはやめよっか。引くし」

「そうなの？」

「……白石さんって、相当ヤバいよね」

春奈は呆れて、美月を仲間のもとに連れ帰った。

その後、美月から再び声をかけられたのは、男子学生から飲み会に誘われて困っている、と相談されたときだった。「あたしが断ってやろうか？」と春奈は、その男子学生たちに直談判したが、逆に美月をどうしても連れてきてほしいと懇願され、行きたかったライブのチケットと引き換えに、引き受けてしまった。

「たまには、男子との交流も必要だって」と美月を強引に飲み会に連れていった。

美月の登場に、はじめははしゃいでいた男子たちも、美月の「般若心経を聞いていると心が落ち着く」「オオカマキリとハラビロカマキリの違いのわからない人に幻滅する」「セミは幼虫が美味しい」というクセの強い会話に、次第にシラけていった。

その後も、たびたび美月は、請われて合コンに参加することがあったが、はじめは美月狙いだった男性陣も、美月の変人ぶりがわかってくるや否や、普通の会話ができる春奈のほうに流れてきて、おかげで春奈の人脈は豊かになった。認めたくはないが、そうして出会った春奈の元カレも元々カレも、おそらくはじめは美月狙いだったに違いない。

たまに美月の特異な話に対応できるオタク男子や意識高い系男子が、果敢に交際を申し込んではいたが、美月が恋愛に興味がないせいか、ことごとく玉砕していた。

「普通の男子じゃ、とても美月の相手は務まらないんだって」と春奈が達観していたところ、美月の前にある男性が現れたのだ。

新田一歩。

災害地にボランティアに行ったときのことだ。

学生たちがテントを張って野宿していたところ、「見て、こんなに！」と美月は、いつの間にかたくさんのコオロギを集めてきた。焼いて食べようというのだが、もちろん断った。だが、その一歩という子が、「ちょっと貸して」とそのコオロギを持って行ってしまった。

「なんだあいつ？」

春奈たちがそう思っていると、一歩は、炊き出しの道具でラーメンをつくって持ってきた。

「せっかく麺があるのに出汁《だし》をとるものがなくて」

コオロギで出汁をとったというのだ。

「そんなの食べろっていうの⁉」と春奈が見ると、ゴマやショウガも入っていて、香りは美味しそうだ。とはいえ、コオロギがまんまの形で入っている。

「うえ〜……」

春奈は遠慮したが、美月は早速、喜んで食べ始めた。

「美味しい！」

「でしょ」

美月は普段あまり見せない笑顔で楽しそうに、その一歩と仲良くコオロギラーメンを食べていた。

その一歩という子は、実は春奈たちの大学の近くの、別の大学に通っているとのことだった。聞いたこともない大学だった。

だが、ボランティアを終えた後も、美月は、その一歩と会っているようだった。なにより、春奈が驚いたのは、一歩と会っているときの美月が女の子らしく見えることだ。

「胃袋をつかまれました」

そう美月から一歩とつき合い始めたことを聞かされたのは間もなくのことだった。

あれから五年もつき合ってることを思えば、よっぽど相性がいいようにも思う。

なにより衝撃なのはあの変人美月が、その一歩とつき合い始めたことで、「クリスマスプレゼントどうしよう」とか「夏休みどこ行こう」とか普通の会話もするようになったことだった。

「そういう意味では彼ほど、美月に合う人はいないのかもしれない」と丸の内のカフェテラスの春奈は考え直した。

そこで、春奈は美月に向き直り、

「よくわかんないけど、彼、忙しいだけじゃない？　会って話せないからヤキモキするのもわかるけど。美月だって、今、ジタバタしても仕方ないって思ってるから、なにもしないわけでしよ？」

「うん」

「じゃ、もう少し待ってみれば？　そのうち連絡あるかもしんないし、不安ならまた愚痴くらい聞くしさ」

春奈はそういった。

「うん。ありがと。そうする」

美月は笑みを見せた。

ふたりはカフェテラスを出た。

「じゃ、また、連絡するね」と春奈がいうと、

「うん。またね。春奈も仕事がんばって」と美月は応じて去っていった。

「……はい。さて、私もがんばりますか」と春奈も、大手町にある自分の会社へと向かった。

自社ビルに入ると、ロビーで、同じくランチから戻ってきた上司の涼子に出くわした。

「赤井さん、ちょうどよかった。話があるの」

そのまま春奈は会議室に連れていかれた。

「なんですか？」

「赤井さんに、経理システムのリニューアルの担当を任せたいんだけど。だから今の編集システムの仕事は後藤君に引き継いじゃって」

「ええ、嫌ですよ！　冗談じゃない」

春奈にとって、編集システムを通じて編集部と関わることが、好きでもない仕事を続ける中で

の唯一の救いだったのだ。

実際、編集システムは、部内で人気の仕事でもある。

「でも、赤井さんにはいろいろなことを経験してもらいたいのよ。それに、あなたなら安心して任せられるし」

「そんなの！　ひどいです！　それこそそんなの後藤先輩がやればいいじゃないですか！」

「後藤君は残業が多くて問題になってるから。リニューアルの仕事でこれ以上負荷をかけるわけにはいかないの」

「それは後藤先輩の仕事が遅いだけでしょう!?　そんな采配じゃ、仕事の早い人が損じゃないですか！　今の編集システムの仕事が楽になったのも、私がずいぶん編集システムを改善したからですよ。がんばって成果を出したのに嫌な仕事をさせるなんて！」

「そりゃ、あなたの力には感謝してるけど、編集システムの改善はあなたの力だけで成し遂げたわけじゃないでしょう？」

「ええ？　……でも」

「たしかに、あなたのプログラミング力は評価してる。でもシステムの仕事ってそれだけじゃないから。コミュニケーション力や交渉力や問題解決力やいろんなものが必要になるの。そうした力をぜひ、新しい仕事から学んでほしいわね」

システム部でこの涼子だけは、「与えられたことを早くこなすことだけが、『仕事ができる』ということではない」「自分だけで仕事が成り立ってると思うな」といって、めったに春奈のことを褒めたりしないのだ。

そのため春奈はこの上司が好きではない。

「嫌です！　絶対に！」

春奈は会議室を飛び出した。

翌朝、春奈は二日酔いで、丸の内のカフェでの朝活に参加していた。

昨日は、涼子からいわれた担当変更に腹が立って、別の部署の同僚とで居酒屋に行き、「バカにしてる！　社員のモチベーション下げるなっつうの」とさんざん愚痴って飲んで騒いだのだった。

朝活というのは、ビジネス書を読んで意見交換をするという読書会だ。自分の知らない書籍にも出会えるし、丸の内界隈の会社員が多く通うため、異業種交流もできるのが楽しく、半年前から通っている。

だが今日は、睡魔が勝って、なにも頭に入ってこない。

読書会が終わると、春奈は
「ダメだ、眠い！　十分だけ寝る！」

と小さなテーブルに突っ伏した。

だが、寝ようとすると落ち着かなくて、眠れない。

「あー。嫌だ……会社行きたくない」

春奈は思わずつぶやいた。

すると隣から「そらアカン」と声がした。

「はい？」

春奈が頭を上げると、妙に「圧」のある中年紳士が足を組んでタブレットPCを見ていた。男は、タブレットを置き、春奈の持つスティーブ・ジョブズの本を指差した。

「その著者もいうてたで、『毎朝起きて出勤する際、その日一日待ち受けている仕事に対してワクワクできるかを自問自答し、ノーという回答が続く場合は転職を考えたほうがいい』ってな」

「はあ……？」

「そんなにつまらん仕事なら、会社なんか辞めて好きなことをやればええやん」

……なに、このおっさん。

春奈がそう思っているとその男は畳みかけてきた。

「どないやねん」

「安易に会社を辞めてどうすんの？　って感じ。無責任なこといわないでください。好きなことをやるっていったって、食えずに失敗するのがオチでしょ」

「人生最大の失敗は、『好きなことをしない』ってことやと思うけどな」

「はあ？」

「もっというとやな。……これ知ってる？」

男は、タブレットを差し出した。

春奈が受け取って見ると、それは、ホスピスで死に直面している人々と接してきた看護婦が書き綴った「最も後悔していること」というリストだった。

春奈はそれを読む。

『他人の期待に応える人生ではなく、自分に正直に生きればよかった』『好きなものは好き、もっと感情表現すればよかった』『もっと家族や友人と過ごす時間を大切にすればよかった』『幸せになるとはどういうことか、という尺度で生きればよかった』『失敗を恐れず行動を起こせばよかった』」

「すなわち、自分の一度きりの人生で、一体なにがしたいのかを追求すること。それこそが、後悔なき人生に近づくカギである。なにをしているときが一番幸せなのか。なにがそれを実現させないのか。人は、自問自答・内省・内観すべき、ということや」

「ちょっとよくわかんない」

春奈はタブレットを男に返した。

男は立ち上がって去り際に、「これ、やる」と名刺を差し出した。

「いえ、いいです」

春奈は断ったが、男は名刺をテーブルに置いた。

見ると、「カフェ・カオス」とあった。男の名は、矢弦恭一というらしい。

「そこなら、ここよりもっと、ええ刺激を受けられるでぇ～」

と矢弦は去っていった。

「……変なおっさん」

春奈は首を傾げた。

春奈が出社すると、デスク前に涼子が仁王立ちになって立っていた。

「おはよう。赤井さん。待ってたわ」

「何度いわれても嫌です」

「そうじゃなくて。人事部に行ってきて。茶谷部長がお呼びよ」

「え!?」

春奈は青くなった。

経理システムの担当を拒否したからって人事で問題にしなくてもいいのに！

春奈は、去っていく涼子の後ろ姿を思わず睨んだ。

足取り重く人事部に行くと、人事部長の茶谷が笑顔で春奈を迎えた。

「おめでとう。君の希望が通って、新規事業プロジェクトのメンバーに選抜されたよ」

「え?」

「あれ？　部長から聞かなかった?」

「いえなにも。ただ、涼子先輩から経理システムをやれってことだけ」

「ああ。それとは別の話で、新規事業プロジェクトのチームにも入ってもらうことになったんだ」

「え――……?」

突然すぎて春奈は喜んでいいのかどうか、よくわからなかった。

同じ頃、社長室では、新規事業プロジェクトのリーダーとなる経営企画室の黄島《きじま》が、経営企画室長の灰田《はいだ》専務とともに、社長の金原《かねはら》の前に立っていた。

「黄島君は、前職で、新規事業を成功させたんだね？」

「はい、カマタ電機で、システムキッチンの販売・リフォーム事業を立ち上げまして……」

「今ではカマタといえば、システムキッチンというイメージだもんな」

社長は満足そうにうなずいた。

黄島は、つい先月、そのカマタ電機から転職してきたところだ。

四十を前に、まだ経験したことのない業界に挑戦してみたいと、現代建築社を受けてみたところ、新規事業を成功させたいと思っていた社長に、黄島の成功体験が買われたのだった。

「うちもこれまで、新たな収益の仕組みができないかと新規事業に取り組んできたのだが、なかなかうまくいかなくてね。やってみてもせいぜい新雑誌の刊行程度で既存事業の枠を超えるものが生まれない。今回、君に入ってもらう新規事業プロジェクトには大いに期待しているよ」と社長はいった。

「はい。ぜひ期待に応えたいと思います」と黄島も意気揚々と答えた。

そばで灰田専務もニコニコと笑みをたたえていた。

「とにかく、一刻も早く新たな収益モデルを打ち立ててもらいたい。そして、ぜひ会社の将来を担う人材も育ててもらいたいね。近頃の社員には、どうも情熱や覇気といったものが感じられない。あんな受け身でやる気のない仕事の仕方で彼らは満足なのかねえ。僕らの時代には考えられなかったよ」と社長はいう。

「なるほど、今回の新規事業プロジェクトには、社員のモチベーションを上げていくという目的もあるわけですね。であればぜひ提案したいのが……」

黄島が、早速進言しようとすると、

「まあ、よろしくやってくれ」と社長はそれをさえぎっていった。

「え？　あ」と黄島が戸惑っていると、横から灰田専務が「ええ。それはもう」と揉み手で愛想よく後を引き継いだ。

社長室を辞して、灰田と黄島は経営企画室に向かった。

「……新規事業プロジェクトで、どう社員のモチベーションを上げていくか、そこを考えていくのが大切だと思うのですが、そこは金原社長、なにもおっしゃらないんですね」

黄島がいうと、

「まあ、丸投げといっていいよ。僕も君に一任するから、よろしく頼むよ」

灰田は黄島の肩をポンと叩いた。

「ええ……？」と困惑する黄島に、灰田は続けていった。

「新規事業なんて、どうせ千に三つしか成功しやしないだろう？　社長だってそれは承知だ。だがこのご時世、なにもしないわけにはいかないからね。カマタ電機だって、たまたま、システムキッチンが当たっただけだろう？　ほかの新規事業は鳴かず飛ばずに終わったと聞いてるよ。あんなもの数撃って当たっただけだ」と笑う灰田に、「そんなことありませんよ！」と思わず黄島はムッとした。

「大きな期待はしないが、大きな失敗をして僕の顔に泥を塗るようなことはしないでくれたまえ」

「ええ……？」

灰田の言葉に、黄島は他の社員から聞いた灰田の評判を思い出した。

灰田は、時に「ミスターしょうがない」と異名をとるほどの**「事なかれ主義」**だという。灰田は、前例のないことを拒み、二言目には「しょうがないだろ。とにかく問題を起こさないのが一番だ」となにもしないのが常だというのだ。

「まあ、なにもしなくても時間が過ぎればプロジェクトは解散になる。大きな失敗をおかすよりは、時間が解決するのを待つのでもいいぞ。必要以上にがんばったところでしょうがないからな。では頼んだよ」

灰田は笑って去っていった。

「あんなのが新規事業の統括部長なんて」

黄島は、続く言葉を失ってその場に立ち尽くした。

そして、プロジェクト発足の日、会議室にプロジェクトメンバーが集められた。

メンバーは黄島を含めて四人だ。

年長の黄島のほかには、入社三年目、システム部の赤井春奈。先月入社したばかりで社会人歴五年目、広告営業部の青木《あおき》丈博《たけひろ》、入社八年目、経理部の緑川《みどりかわ》弘人《ひろと》。

「自己紹介をしてもらえるかな。自分の性格とか、得意なこととか、なにに興味があるか、教えてくれると嬉しいけど」

黄島の言葉に、春奈らは順に自己紹介を始めた。

「赤井春奈です。性格はせっかちでおしゃべりだっていわれます。得意なこと？　部での仕事はまあまあこなせているほうだと思います。あとスノボとかウィンタースポーツが得意です。一流建築家の建築物を見るのが好きです」

「青木です。仕事に関係ないことはいわなくていいと思うので省きます。前職はＩＴ企業の営業でした。データ分析を踏まえた営業が得意です。効率の悪いことは嫌いです。とりあえず今の広告営業の仕事に注力したいです」

「緑川です。この中では社歴が一番長いです。僕のいる経理は年齢層が高いので会社の古い事情にもくわしいです。なんでも聞いてください。性格は、えーっと、そうですね、穏やかなほうです。現在、絶賛子育て中なこともあって、ワークライフバランスの推進に興味あります。特技は……フラッシュ暗算ですかね」

「いや、どうもありがとう」

黄島はメンバーを見まわした。黄島は人事の茶谷から聞いた前評判を思い出していた。赤井春奈は、システム部でよくできると評判らしい。言葉が過ぎて同僚と衝突することがあるが、仕事は早いし正確だと聞いている。それを聞いて黄島は、「部署のエースを新規事業に出すなんて珍しいですね」と思わず茶谷に尋ねてしまったくらいだ。というのも、通常、「エース級の社員に現場を抜けられては困る」「エースにそんな事業で失敗させて傷をつけるわけにはいかない」と現場が新規事業にエースを出すことを渋るケースが多いからだ。「ええ。これは、彼女の上司からの要望です。彼女のモチベーションを下げないように、やりたいことをやらせようと考えたようですよ」と茶谷はいっていた。

黄島は、青木を見る。青木は、ずっとスマートフォンをいじっている。彼はデキる営業マンだということだが……。

「青木君、君の前職のＩＴ会社って具体的にどんな会社だったんだい？」

黄島は尋ねるが、

「ソフトウェア開発や中小企業向けのネットワーク構築が主でした。すいません。三十分後には部に戻りたいんで、本題いってもらえませんか」

青木はそっけない。

「……え、と」

黄島が青木の態度にあっけにとられていると、緑川がいった。

「しかし、たったこれだけの人数で、新規事業をしようなんて。会社はあまり力を入れる気ないんですね？」

「いや、そんなことはないよ。そもそも、これまでも新規事業プロジェクトが何度か立ち上がっていたんだよね。なぜダメになったと思う？」

「結局毎回決め手に欠けるというか……。冒険的で画期的な事業案は、『前例がない』『根拠が乏しい』と上層部の反対にあって潰されますし、かといって既存事業に似た案をあげたところで、あまり意味がないと却下されますし……」

「そうらしいね。まあこれまでの反省も踏まえて、今度こそは画期的な案をつくっていこうじゃないか。はじめは少人数で十分だよ。新規事業には当事者意識が大事だからね。僕たちで『こうしたい！』という強い共通認識をもって、それから仲間をどんどん巻き込んでいけばいいんだ」

黄島は、熱意を込めて語ったが、春奈も青木も緑川もピンときていないようだった。

その夜、決起会と称して黄島は三人を飲み会に誘うが、青木は「自分、そういうのはいいんで」とさっさと帰ってしまった。

去っていく青木を、黄島は唖然として見送った。

「まあ、いいんじゃないですか。彼、普段からあんな感じですし」という緑川のフォローにも、「そうなの?」と黄島はなおも納得がいかなかった。

結局黄島たちは、青木抜きで居酒屋へ行き、決起会を開くこととなった。

「彼、前職ではデキる営業マンだったんだよね? 今どきの営業マンってあんなに愛想ないんだ?」

黄島がいうと緑川が答えた。

「彼、前職では過労で身体を壊したそうですよ。で、うちでは『最低限の労力』しか使いたくないって」

「へえ。青木さん、ブラック企業からの転職なんだ? あの人なんか暗いよね」

春奈がそういうと、黄島は仕切り直すように、

「まあ、彼のことはおいておこう。ところで、赤井君と緑川君は、なにがやりたくて会社に入ったの?」

と話題を変えた。

「自分は別に。行きたい会社に落ちて、ここしかなかったからかなあ」

緑川はボソリといった。

「まただ。謙遜するなよ。緑川君は優秀な経理部員だと聞いたよ」

「いや、あの部署は若手社員がいないので、みんな僕を持ち上げてくれるんですよ。吸収力はそりゃそこそこあるとは思いますが。そうですね。やりたかった仕事というより、まあ、経理の仕事だったら、今後も潰しが利くかなとも思ったというのがあります」

「……そうなんだ。赤井さんは？」

「私は――」

春奈が真面目な顔をしてなにかをいいかけたので、黄島は耳を傾けたが、

「特にないです」

「え、そんなことないんじゃない？」

「ないです」

春奈は、話を避けるように、店員を呼んで、追加オーダーをした。

「ないってことないでしょ？　なにかいおうとしなかった？」

黄島がめげずに聞いてみると、

「とりあえず、『なにか』したいです。今の仕事は超絶つまらないんで」

春奈はそっけなくいった。

「……なんだか、みんなテンションが低いなあ」

黄島が思わずぼやくと、

「結局みんな、人事評価が心配っていうか」

緑川が答えた。

「人事評価？」

「はい、だって……これまで、新規プロジェクトで失敗した人たちはみんな『無能野郎』みたいにいわれているじゃないですか。成果が出せなかったことで悪目立ちしているというか。実際、査定も悪くなると聞いてますし」

「そうなんだ。それは会社が悪いね」

「僕、たしかに新しい仕事に挑戦してみたいとはいいましたけど、派手にやって派手に失敗して、あんな扱いになるのはごめんだな、って正直思ってます」

「……ええ？　そんな感じなの？」と黄島が呆れたようにいうと、

「えー？　そんなのどーでもよくない？」と春奈がいった。

「え!?」

黄島と緑川が春奈を見た。

「いいじゃん。いいたい奴にはいわせとけば。会社に私のなにがわかんのよ！」

「……赤井さん、酔ってる？」

黄島がいうと緑川もいった。

「そりゃ君は人目や評価なんて気にしないんだろうけど。でも青木君だってたぶん同じ思いだよ。下手に手間暇かけてマイナス評価だけ受けるんじゃバカバカしいって。彼は転職してきたばかりだし様子見って感じで、ほとんど関わる気ないと思うよ」

黄島は、そのとき、ふと灰田の言葉を思い出した。

灰田が、「広告営業部の青木という男には気をつけろ。あれは広告営業部長の黒田が、偵察のために送り込んできてるんだ。なにかミスをでっち上げて、僕の足を引っ張ろうって魂胆かもしれない」と警戒していた。

緑川はなおも、不安を語っていた。

「大体、僕たちプロジェクト専業じゃないしさ。兼業で仕事が増えて、がんばってマイナス査定ってどうなのさ。これって、貧乏クジっていわれちゃうとなあ。あたしも、結局、うまく経理システムの仕事を押しつけられただけじゃん！」

「貧乏クジって気がしない？」

愚痴ばかりの緑川と春奈を見て、

「……ダメだこりゃ」と黄島はため息をついた。


「君たちに見せたいものがある！」

居酒屋を出ると、黄島が「ついてこい」と春奈と緑川をある場所に連れていった。

「なに？　酔ったのかな？　黄島さん。ちょっとうざいかも」

春奈が見ると、そこは、「カフェ・カオス」だった。

「カフェ・カオス？　聞いたことあるような」

春奈は中に入って、思わず、あ、と驚いた。

矢弦が、勉強会を開いていたからだ。

「え？　あれって、こないだ名刺をくれたおじさん？？」

春奈たちは、勉強会に参加している人たちの最後列に加わった。

ひとりの学生が、矢弦に尋ねた。

「大学を卒業してやりたいことをやるのに、起業するのと、会社に行くのとでどちらがいいでしょうか？　迷っています。やはり起業したほうがいいんでしょうか？」

「それは、なにをやりたいか、なにをするか、によるな。別に無理に起業を勧めるわけやないで。会社に入って、やりたいことがやれそうなら、会社に入るのも、もちろんええ。会社に入って経験を積んだらええ。ただ、仮に会社に入ったとしても、社会人というのは、社会に対して貢献をするもので、会社を目的とするものではないということを覚えておいてほしい。**『会社人』になるな、『社会人』たれ**、や。会社はあくまでも個人が社会に貢献するための『乗り物』や。会社ありきじゃなくて、まず自分ありき。『自分がこういうことをしたいから』『自分が社会のこういう問題を解決したいから』会社を使う。そういう働き方を選択する。会社のリソースを使えば、個人ではできないこともできる。『会社人』になるのでなく、『社会人』として会社を使って仕事をするようであってほしい。会社人になってただ盲目的に会社に使われたらあかん」

「……へえ」

春奈は感嘆して見ていた。

「なにをするにも大切なんはビジョン。理想像をイメージすること、目的意識をもつことや。自分はなんのために働くか、を考える。会社にいるからといって、いわれた通りに仕事を右から左にこなすだけでは、ただの会社人や。社会人やあれへん」

「ふむ」と緑川も聞き入っていた。

「それに、や。この先行き不透明な時代、会社がいつ危機的状況に陥るかもわからん。そんな折、君らは突然、解雇されるという憂き目にあうかもしれん、一気に収入が激減するという窮地に陥るかもしれん。そうしたとき、受け身の『会社人』やと身動きできん。しかし、自分の意思で動く『社会人』なら、会社に関係なく自らやるべき仕事を新たにつくりだすこともできるし、会社を乗り換えて新たに働く場を確保することもできる。もしくは、君らが、画期的な行動を起こすことで、会社を救うかもしれん」

「……」と春奈と緑川はいつの間にか身を乗り出して矢弦の話に聞き入っていた。

「そもそも、日本人は、積極的に社会を変えていこうという起業家精神に乏しい。日本の起業活動率は世界最低レベルや」

矢弦は、そういって日本の起業活動に関する指標について解説を始めた。

矢弦は正面のスクリーンに、「グローバル・アントレプレナーシップ・モニター（GEM）レポート」のスライドを映した。

「このGEMの項目に、各国の起業活動の活発さを示す指標、総合起業活動指数TEA、Total early-stage Entrepreneurial Activityというものがある」

矢弦は説明する。TEAは「起業活動をしている人＋創業42カ月までの経営者」の十八〜六十四歳人口に占める割合を示す値だ。この起業活動の活発さを表す指標で、日本は四十九カ国中下から五番目と世界最低水準にあるというのだ。

「こうして、日本において、起業活動の活発さが世界最低水準になっている理由はなんやと思う?」

矢弦は尋ねた。

生徒たちはシンと静まり返った。

「説明しよう。ここに起業に関する三つの指標がある」

矢弦はさらに新たなスライドを正面に映し出した。

「ひとつは、『今、仕事をしている間に、なにかビジネスのアイデアとなるものが浮かびますか? 探していますか?』という指標。これは、毎日の仕事の中で、ビジネスの種となりうるようなものを見つけようとしているかどうかを示すもんや」と矢弦がいうと、

「仕事をしている間に、ビジネスのアイデアを? どういう意味?」と春奈が首を傾げた。

「この指標、ちなみに日本は世界で何位やと思う?」という矢弦の問いに、

「ビジネスの種か……考えたこともないや」と緑川もつぶやいた。

すると、矢弦がその言葉を拾った。

「そう、日本人の多くには、ビジネスの種を探す習慣がない。**『機会に対する認識』のこの指標で日本は(四十九カ国中)世界最下位や**」

「へえ」

春奈と緑川は食いついた。

「なんでビジネスチャンスに目がいかないか。そこで、次の問い。『自分は起業するだけの器かどうか、自信がありますか?』という指標について……日本は世界何位やと思う?」

「……もしかして、それも世界最下位?」

春奈はいった。

「正解！　**『起業に対する自信』についても日本は（四十九カ国中）世界最下位**。みんな、これだけいろんな全般的な知識をもっていて、ビジネスについて、ある程度知っているにもかかわらずビビリや」

「へえ……」

「最後にもうひとつ、起業について日本が世界ワーストの指標がある。なんやと思う？」

「え……？」

春奈と緑川は、答えられなかった。

矢弦が答えを明かす。

「失敗に対する恐怖、や。『失敗することが嫌だから、起業とか、新しいものにチャレンジしたくない』。**『失敗を恐れる』という指標も日本は世界のワースト・グループ。日本人は、世界一失敗を恐れている国民**なんや」

「そうなの？」

「……なるほど」

春奈と緑川の反応を、黄島が満足そうに見ていた。

矢弦は説明を続ける。

「『機会を認識していない』『自信がない』『失敗を恐れる』、この起業の文化のなさが、日本を起業小国にしてるんや。――チャンスの種を見つける。仕事をしているときに、もっと、『あっ、こんなチャンスがある』『こんなことやったらどうか』と考えればええのに、そんな機会すらもとうとしない。――自信がない？　いや、起業に必要な共感力、忍耐力、達成する力、それらは日本人の得意とするところや。絶対にできるはず。――失敗を恐れる？　失敗する、なんて当たり前のことや。失敗しないで成功するなんてことは絶対にない。失敗はしてもええんや。大切なのはそれを成功につなげることや。すべては考え方ひとつで変わる。『こんなことやってみたら面白いかもしれない、やってみよう』『自分は絶対できる』『失敗なんて成功するためには当たり前』、そう考え方を変えるだけで、普通の人だって世界を変えることができるんや」

「へえ……」

春奈と緑川はその矢弦の説明にジッと耳を傾けていた。

勉強会の後、黄島は春奈と緑川を連れて、矢弦のもとへ行った。黄島は「カフェ・カオス」の常連のようだった。

「矢弦さん、こんばんは。こちら、今度転職した現代建築社の新規事業の仲間たちです」

「ようきたな、大歓迎や。どうや？　その後」

「ええ。いろいろと問題が。そもそも会社が本気で新規事業をやろうとしているのか疑問ですし。でも、そんなことより今一番の問題は、こちらのメンバーのモチベーションが低いことですかねえ……」

「わざわざそんなこといわなくても」と黄島の言葉に春奈と緑川が不服そうに口を挟んだ。黄島は気にせず続けた。

「モチベーションを上げるのって難しいですよね。矢弦さん、以前に『たとえば、チャレンジしたことが評価されるような人事評価、失敗を減点対象としない制度にするといい』っておっしやってましたよね？　でも、うちはまだとてもそんなことが認められるような状況でなくて」

「人事評価を変える？」春奈はいった。

「現実的には無理だろうな。うちの会社じゃ」緑川も応じた。

「まあ、それでも、評価をされることを待たずに、会社を自分のために使うことやな」と矢弦はいった。

「え？」と黄島たちは答えた。

「自分のやりたいことをやるために、会社を使う。やりたいことに挑戦して、経験積んで、人生の糧にする。会社の評価なんて、そこでしか通用せんもんや。気にせんと、会社の中でやりたいことをやったらええねん。会社の看板や資産を使えば個人では到底できない大きなことができたりもする。会えない人に会えたりもする」

「……でも。評価を下げたら会社にいづらくなるじゃないですか」と緑川がおずおずといった。

「会社の評価か。それより、自分がやりたいことを実践しているかどうかに目を向けたほうがええと思うけどな。もう終身雇用が保証されているわけでもない。さっきもいうたけど、このご時世、会社がいつどんな逆境に陥るかわからん。そんなとき、会社に使われる受け身の働き方では、すべてが会社次第で、自分自身では身動きできんやろ？　リストラされても減給されても文句はいえん。それでええんか？　それよりも、社会人として、自ら意志をもって動けるようにしておくんや。そうすれば自ら仕事をつくることだってできる、自分で思うように事態に対処することができるんや。そのためにも、**会社ありきじゃなくて、まず自分ありきとして行動する習慣**

をつけることや」

「……」と春奈と緑川は再び矢弦の言葉に聞き入っていた。

「わしは、自分のいきたいところにいきつくまで、会社は何度も乗り換えたってええと思ってる。自分のやりたいことを実践する。それが万が一、リストラや倒産で、会社を放り出されたとしても、生き抜く力になってくれるからな」

「僕、今のところ会社辞める気はないですが……、なるほど、そういうふうに考えたことはありませんでした」と緑川は感銘を受けたように答えた。

「私もなるほど……とは思いますけど。でもそんな急に『やりたいことをやれ』といわれても。会社じゃ『やりたいこと』なんてやらせてくれないでしょ？　ほとんどの人が別にやりたくもないことを、やらされてるのが現実で」と春奈もいった。

「なに情けないこといってんだ。会社でだって、やりたいことをやっている人はいる。君らだってなにかをしたいと思って、手をあげたんだろ？　だから会社は君らを新規事業に推薦したんだ」と黄島は春奈と緑川を励ました。

「うーん……」と春奈と緑川は自信なさげに言葉を濁した。

「まず新規事業に手をあげてみた。そうした一歩が大切なんや。やりたいことは、なにかをやりながら考えたってええ。これから、働きながら、さまざまに行動しながら、ビジネスの種、自分のやりたいこと、ワクワクすることを見つけていったらええんや」

「ワクワクすること……」

ワクワクしながらイキイキと働くこと、それは春奈や緑川にとっても理想の働き方でもあった。

「ところで、矢弦さん。特に今回のような保守的な会社で、新規事業をうまくいかせるコツはないでしょうかね？」

黄島がそういうと、矢弦は奇妙なことをいい出した。

「新しいことを進めるのにいいのは」

「はい」

「『変態』を五人集めることやな」

「変態？？？」

黄島と春奈、緑川が声をそろえていった。

『変態』とは、強い志と行動力をもった多くの起業家たちが、『自分は変態ですから』と自虐的に、かつ『人とは異なる』という誉《ほま》れとしてポジティブに使っている言葉だった。

「**変態とは『変化を常（常態）とする人間』**というてもええ」

「変化を常とする人？」

「そうや、変化を常に創っていく人のことや。この変化の激しい時代に、生き抜いていくには、自ら変化を創っていくことが不可欠や。そうして環境に適応したものが生き残っていくんや」

「はあ……。環境に適応？　なんだかダーウィンの進化論みたいですね」

「ダーウィンの進化論では、『自然選択によって環境に適応したものが結果として生き残る』とされている。やが、そうして漫然となにもせずに自然淘汰されるのを待つのでなく、自ら環境に適応すべく変化していくんや」

「……なるほど。そういうことか」

「未来を生きるには、変化に対応すること、変わることを常とすることが必要不可欠や。企業が生き残るためにもしかり。常に変わっていかなあかん。そうした変化を創っていける人を確保せなあかん。せやから、自分を含めて変態を五人。（黄島に）あんたと、（春奈に）あんたと（緑川に）あんた。あとふたりの変態。**変態が五人そろえば、カルチャーができる**」

「えーーー!?」と黄島たち三人は顔を見合わせた。

「カフェ・カオス」からの帰り道。

黄島と春奈と緑川は思わず笑った。

「五人の変態ね。参ったな」

「変態が必要だなんて。変なの。そういわれてみれば矢弦さんも変なおっさんだし、相当な変態ですよね?」

春奈がいうと、緑川もうんうんとうなずいた。

「変態だ。間違いない」

「たしかに、変態中の変態かもしれないな」

黄島も笑った。

春奈は、あらためて先ほどの矢弦の話を振り返った。

「やりたいこと、か……」

春奈には、過去に「君は編集に向いていない」といわれたことが思い返された。

「やりたいことねえ」

緑川もまた、同様に、考えている様子だった。

「ふたりとも、やる気になった!?」

黄島が期待を込めて春奈と緑川を見る。だが……、

「なんっにも思いつかないいんですけど!」

「そうだよ。会社でやれることなんて、所詮限られてるし!」

「えーー……大丈夫かな」

春奈と緑川の叫びに、黄島は思わず苦笑した。

解説

失敗は必然と受け入れる厄介こそビッグチャンス

「失敗に対する恐怖」は世界ワースト!

世界最大の起業に関する統計レポートであるグローバル・アントレプレナーシップ・モニター（GEM）レポートによると、一九九九年の統計開始以来、日本の起業指標は先進国・発展途上国を含めた中で最低水準であり続けています（図表4－1、4－2、4－3）。

日本はもちろん、世界にも問題は山積みです。にもかかわらず、起業活動率が低迷し続けてい

る国というのは、イノベーションによる問題解決が起こらない／起こせない国ということになります。新たな解決策となりうるアイデアを生む認識が低い（起業機会の認識）、自らが未来を創り上げる主体者となる自信をもてない（起業に対する自信）、失敗を恐れる（起業に伴う失敗への恐怖）、日本人はなんとナイーブなのでしょうか。これでは世界を変えられません。

　ここで特に注目すべきは「失敗に対する恐怖」の割合の多さが世界ワースト・グループであること。日本は、失敗を恐れて起業を思い止まる傾向が強いということです。

　起業した場合、失敗するリスクは高い。脱サラ起業で失敗したら戻る場所がありません。起業を考える日本人が頻繁に直面する「親ブロック」や「嫁ブロック」や近年では「子ブロック」（親や、嫁や子どもに反対されること）も、失敗の寛容度の低さによる副産物とも考えられます。

　企業の中でも同様。失敗をすると将来のキャリアがたたれてしまいます。だから失敗の確率が高い新規事業には手を出さない。結果としてハイリスク・ハイリターンよりもローリスク・ローリターン志向になります。外的環境の動きに柔軟に反応できない、新しい領域に出ていかないということならば、企業の成長は当然阻まれてしまいます。

　起業家が投資家から資金調達する際に、過去に失敗経験があるかを問われますが、日本とそれ以外では失

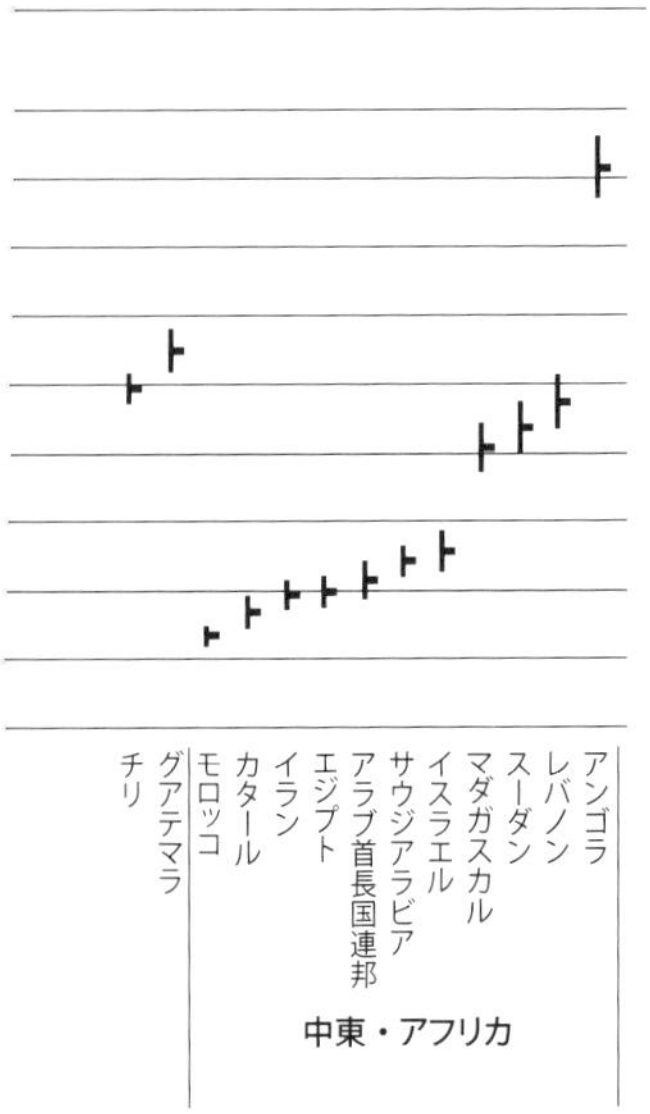

図表4-1　TEA（起業活動率）

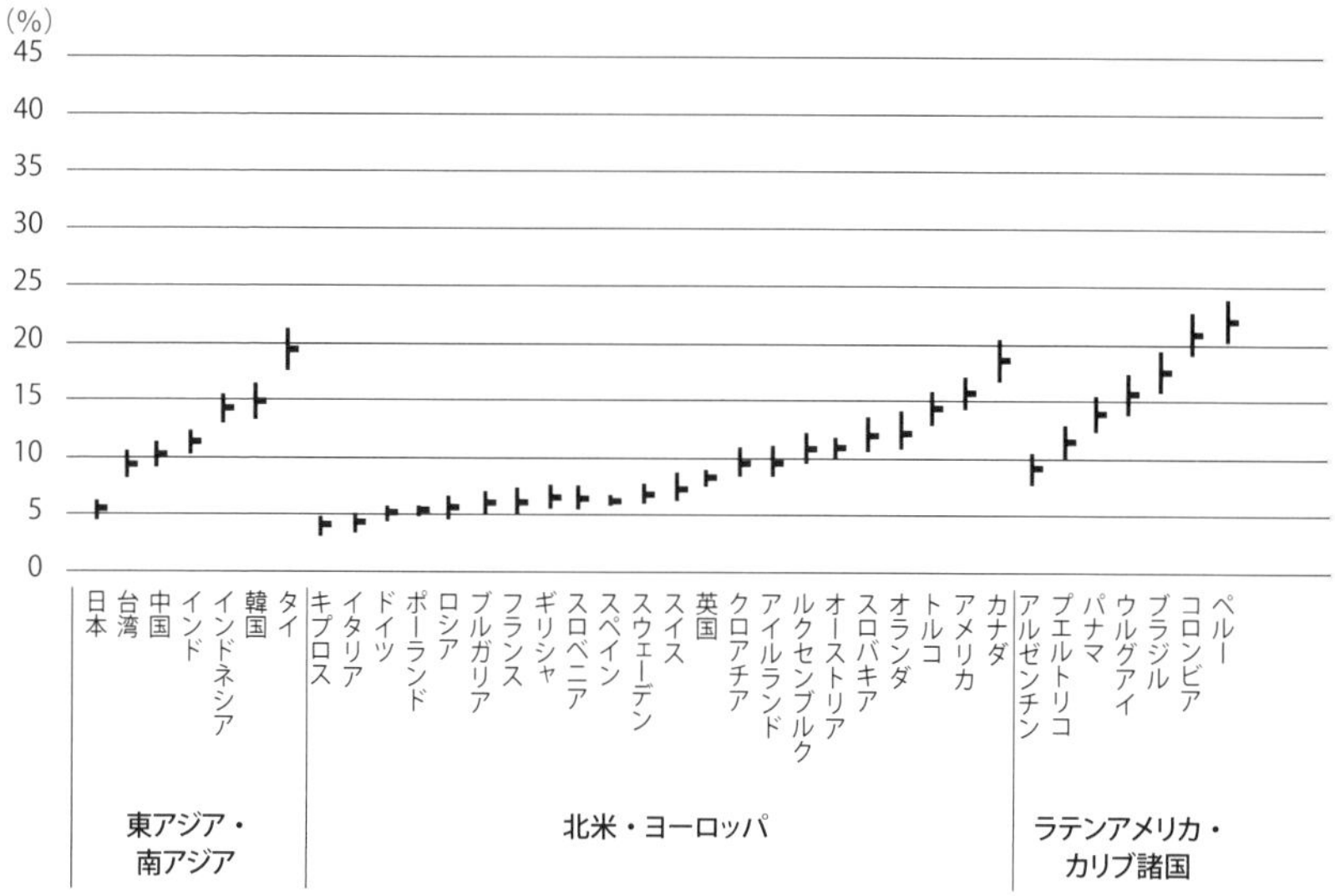

出所：Global Entrepreneurship Monitor "2018/2019 Global Report".

敗の受け止め方に違いがあります。

アメリカでは失敗経験はポジティブに働くことが多い（学習効果を期待される）ので、起業家は胸を張って失敗経験について語ります。

しかし日本ではネガティブなイメージが強い（また失敗するのではという疑心をもたれる）ため、二度目のチャンスが与えられにくくなっています。起業には失敗がつきものなのに、失敗経験によって資金調達が困難になるというのであれば、これは明らかに起業を阻害してしまいます。

失敗を許さない社会は「失敗を責める」「失敗を恐れる」「失敗をしたら隠す」「失敗からの学びがない」「失敗には良いことがない」……だからますます「失敗を責める」という負のスパイラルしか生みません。

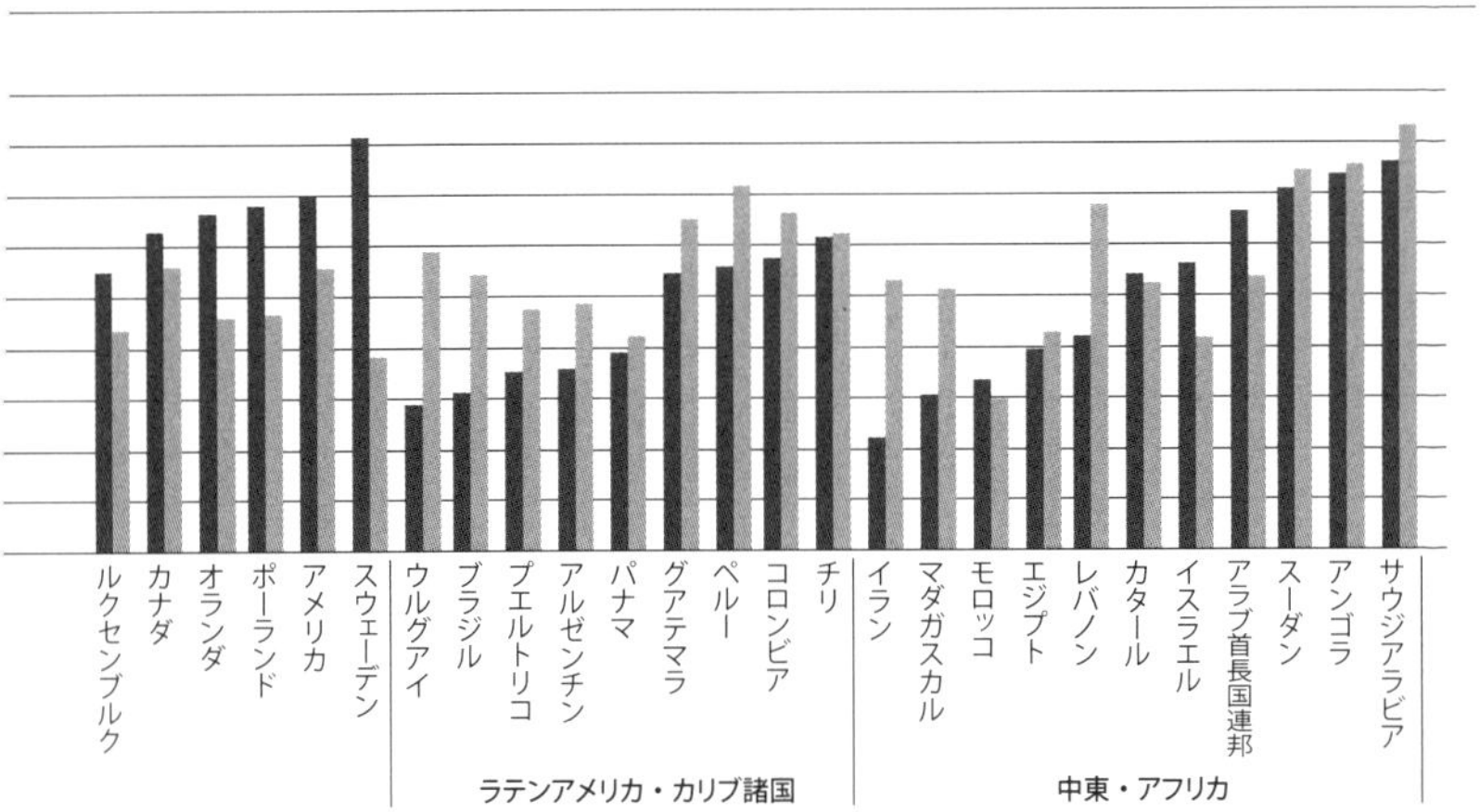
ルクセンブルク
カナダ
オランダ
ポーランド
アメリカ
スウェーデン
ウルグアイ
ブラジル
プエルトリコ
アルゼンチン
パナマ
グアテマラ
ペルー
コロンビア
チリ
イラン
マダガスカル
モロッコ
エジプト
レバノン
カタール
イスラエル
アラブ首長国連邦
スーダン
アンゴラ
サウジアラビア
ラテンアメリカ・カリブ諸国
中東・アフリカ

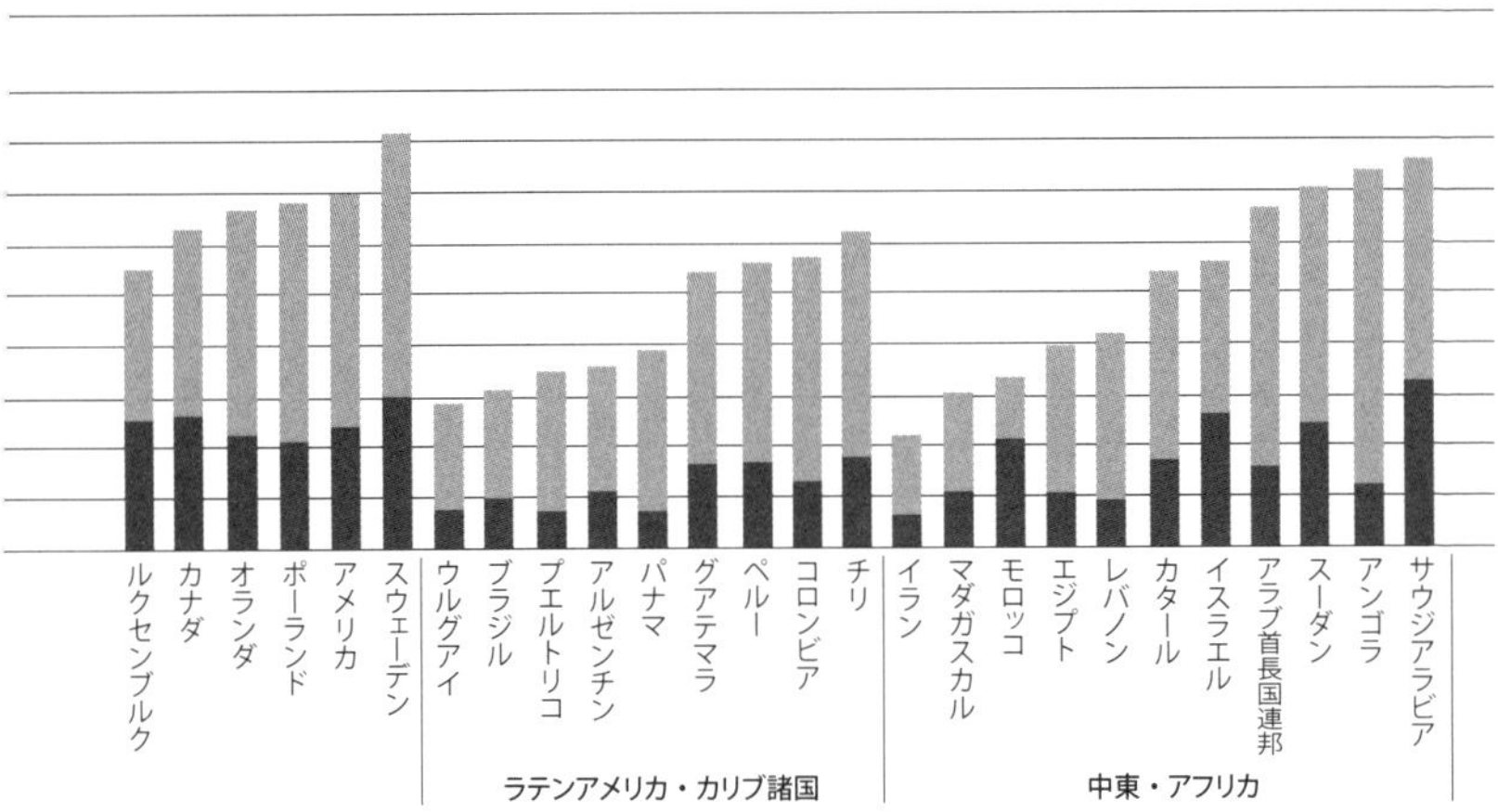
ルクセンブルク
カナダ
オランダ
ポーランド
アメリカ
スウェーデン
ウルグアイ
ブラジル
プエルトリコ
アルゼンチン
パナマ
グアテマラ
ペルー
コロンビア
チリ
イラン
マダガスカル
モロッコ
エジプト
レバノン
カタール
イスラエル
アラブ首長国連邦
スーダン
アンゴラ
サウジアラビア
ラテンアメリカ・カリブ諸国
中東・アフリカ

図表4-2　起業機会の認識と起業に対する自信

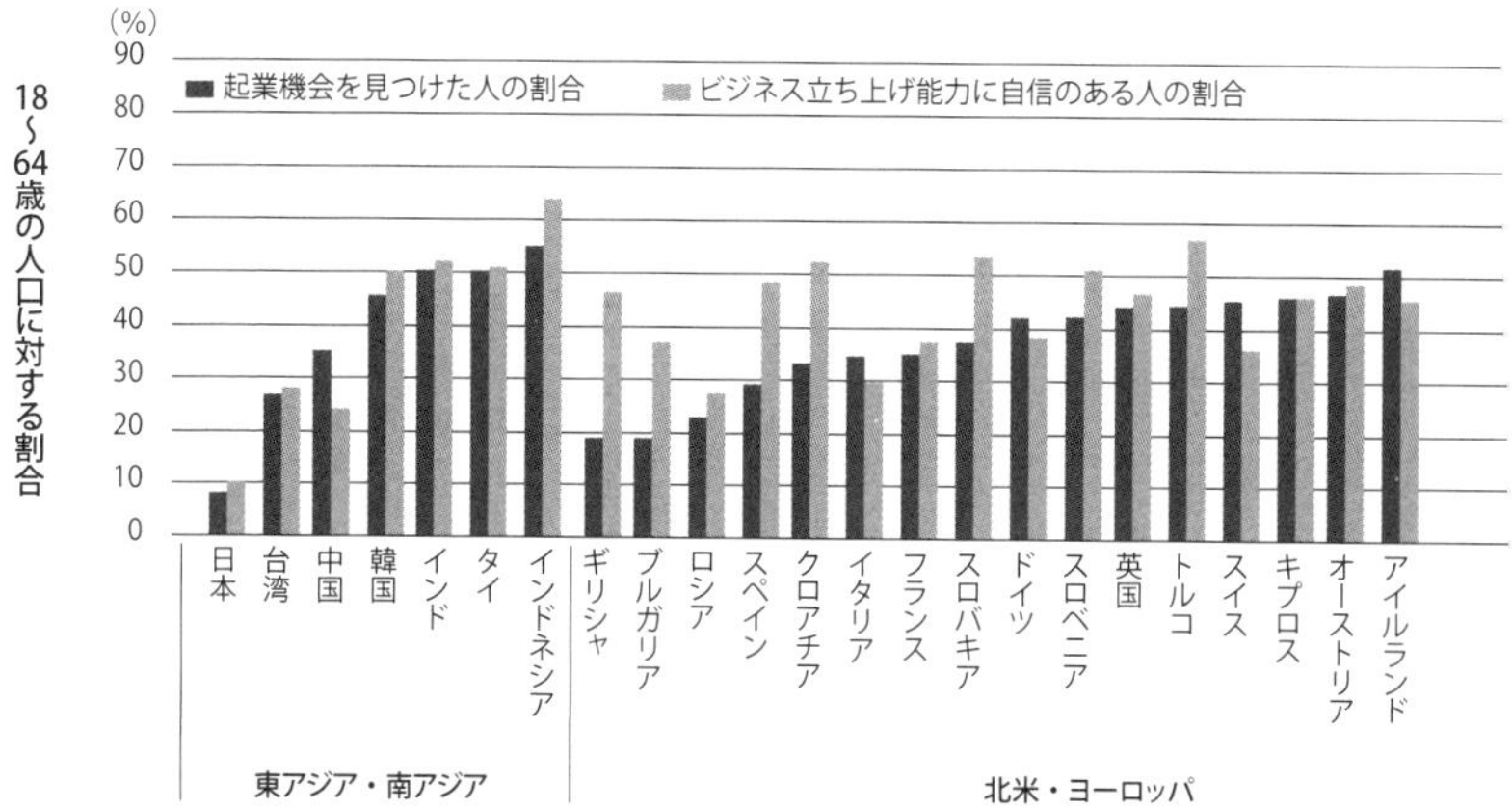

出所：Global Entrepreneurship Monitor "2018/2019 Global Report".

図表4-3　「失敗への恐怖」を感じて起業を思いとどまる人の割合

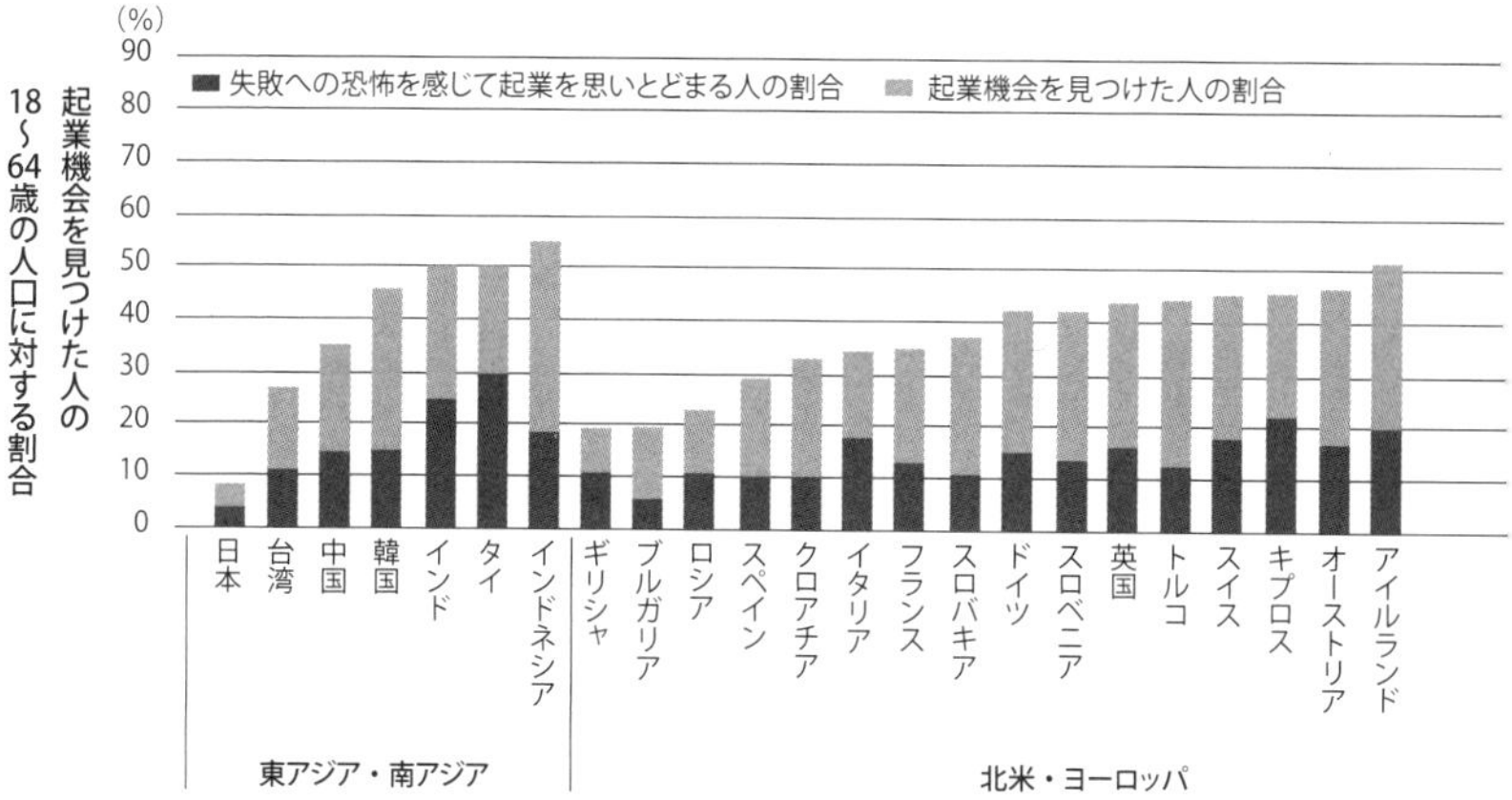

出所：Global Entrepreneurship Monitor "2018/2019 Global Report".

失敗を必然と受け入れる。まずはその意識の改革が必要となります。

「社員エンゲージメント」も世界最下位

日本の離職率の低さを海外から見ると、「なんて日本人は会社に対して忠誠心があるんだ！」という印象を受けます。

しかし、実情は異なります。

会社への愛着を示す「社員エンゲージメント」指数を見ると、日本は世界最下位です。また、「社員を活かす環境」についても最下位です（図表4−4）。

この結果を見る限り、実は日本の会社員は、会社への忠誠心もなければ、やる気もないようです。会社には自分の能力を活かす環境もなければ、能力を活かされているという意識もありません。でも、会社を辞めない。会社や環境を変える気がありません。一方で、優秀な人材は辞めていくという傾向があります。

会社が優秀な人材を確保するためには、社員エンゲージメントを高めていくことが肝要になります。社員エンゲージメントが高く、社員を活かす環境の整った会社であれば、社員はモチベーション高く誇りをもって仕事をすることができます。仕事のパフォーマンスも高まります。

そのためにも、会社は目指す方向性（ビジョン）や、自社が提供する社会的価値を明確に示すことです。社員もまた、その会社を使ってなにをしたいのか、欲求を明らかにして取り組むことです。そして、会社は社員の取り組みに人事評価などのフィードバックで応じていくことです。

社員は「正当に評価されている」と感じることができれば、さらにモチベーションをあげ、また、

図表4-4　社員エンゲージメントと社員を活かす環境の国別比較

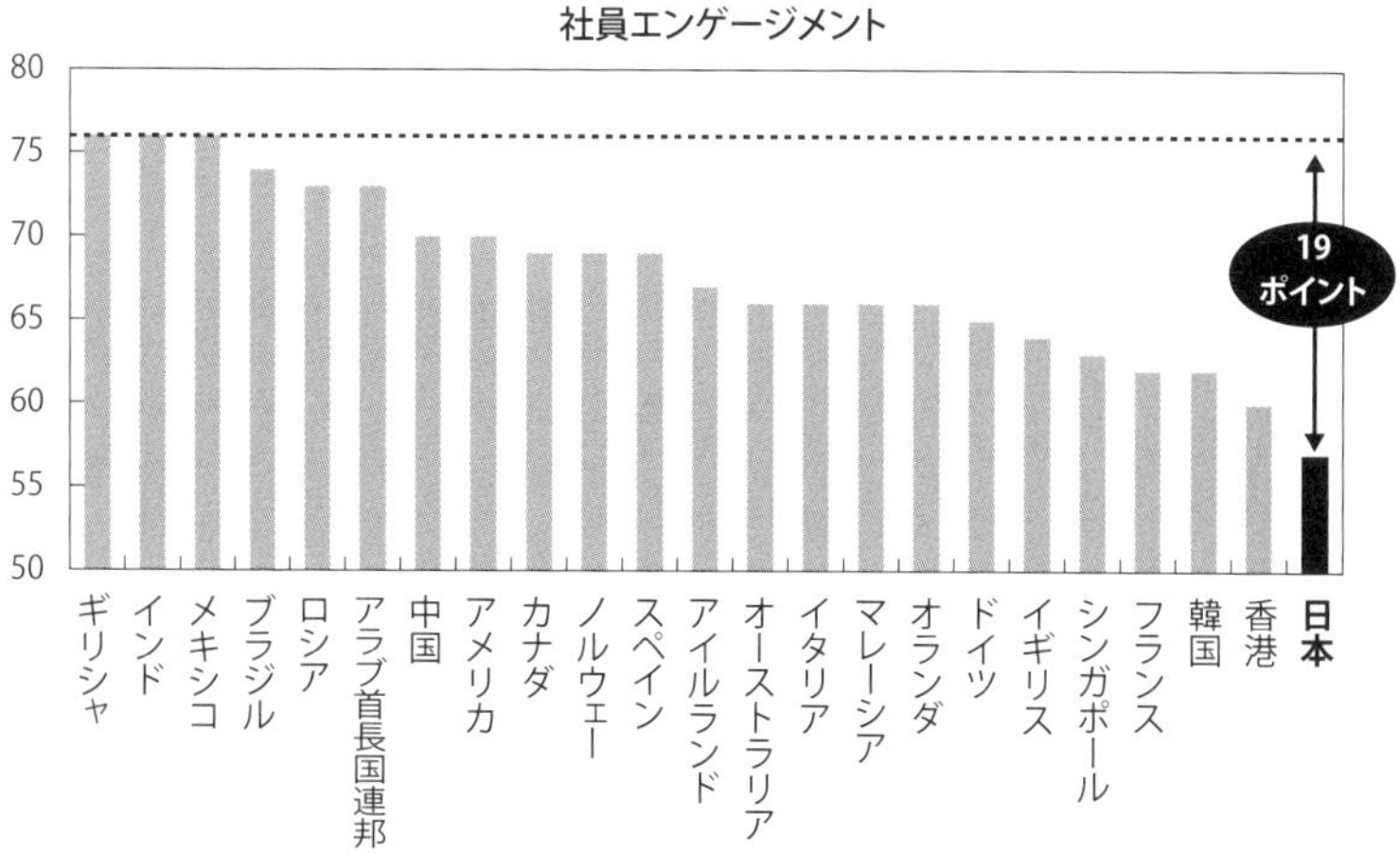

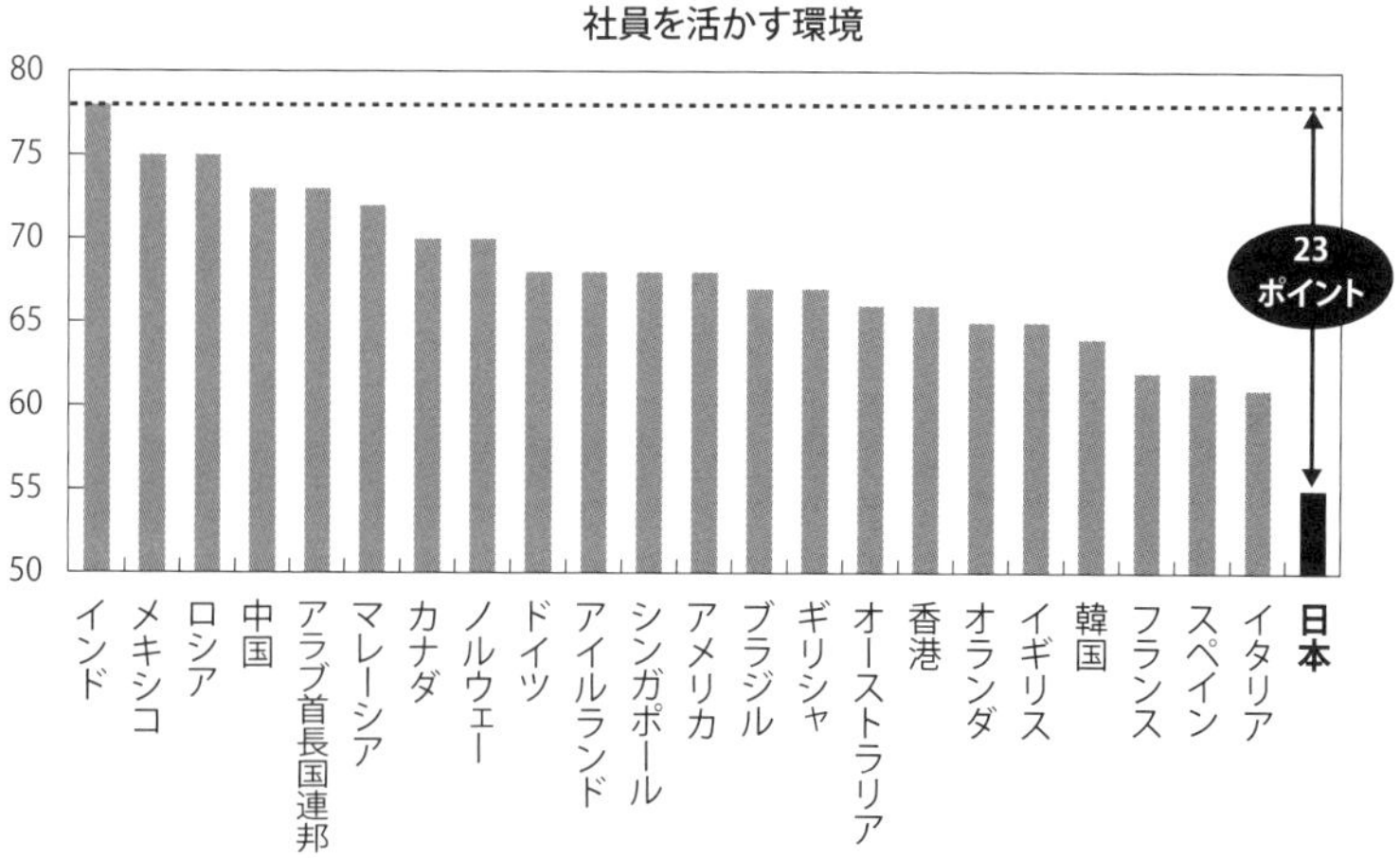

出所：コーン・フェリー「エンゲージメントサーベイ2018（実績値）」。

会社への信頼、貢献度も高めていくことでしょう。

私が起業教育について講演をする際、日本での受講者は起業志望者より、多くは企業内起業担当者（イントラプレナー）です。

新商品の開発であったり、新規事業の推進であったり、コーポレート・ベンチャー・キャピタルの運用であったり、その多くの担当者は、経営トップからの十分なガイダンスがない中で、さまざまなミッションを背負っています。収益（新規、短期、長期的収益源の獲得）、新事業開発・推進部門の存在意義の模索から、戦略の策定、（短・中・長期）目標設定、組織文化の革命まで、それは広範囲にわたり、「なんとかしたい」と受講する人がほとんどです。

とても厄介なタスクですが、ここで**平穏無事に済まそう、ではなく、これこそビッグチャンスだととらえて果敢に取り組んでいただきたい**と思います。

第五章　生涯をかけて情熱をもち続けられる問題を探せ

「うまい！　やっぱり、世の中で一番うまい飯って、家のご飯じゃない？」

実家にいた一歩は、母のつくった食事を元気よく平らげた。

「あら、やだ。今日は手抜きなのに」

「そりゃ、愛情がこもってるからじゃない？　あんたちょっと寂しくなってんじゃないの？　早く結婚したら？　あ、そーか、就職がまだだったか」

姉が口を挟む。

「うっさいな。てか姉ちゃん、なんでいつもいるんだよ」

「だってウチすぐ裏だし、子どもたちも勝手にここで遊んでるし。母さんだってひとりで食事するより、一緒がいいでしょ」

「母さんだって働いてんだから、負担かけんなよ。大変じゃないか」

「はあ？　居候の分際で、どの口がいう？」

「まあまあ、ケンカしないの。母さんはいいのよ。食べる人が多いほうがつくりがいあるし、尚美がつくってくれることも多いんだから」

「姉ちゃんの飯は、大味だからなー」

「どういう意味よ」

「にしても、ばあちゃんの料理は絶品だったなあ。子どもの頃の卵焼き、唐揚げ、じゃがいものグラタン、具だくさんカレー、なんでも美味しかった」

「あんたね。昔っから味にうるさいけど。結婚してもそんなふうじゃ、間違いなく嫁に嫌われるからね」

「うっさいなあ。あ、そういえば」

「なに？」

「俺が味にうるさい理由がわかったんだ」

「どういうこと？」


矢弦のもとで、自己理解を深めた一歩は、「食で人の役に立つことをする」をテーマに、解決したい問題を探していた。

幸い「カフェ・カオス」では、スタートアップのためのさまざまなイベントが開かれていて、あらゆる分野の課題を学ぶことができた。「食」に関しても、さまざまな社会課題を知ることができた。たとえば、世界には食料があふれているにもかかわらず、九人に一人が飢えに苦しんでいることや、その一方で、先進国では、食べられるはずの食品が廃棄されるという「食品ロス」の問題があることを知った。特に日本の「食品ロス」が世界でも高水準にあることなどを知って一歩は驚いた。

また、あるときなどは、とても興味深い「食」のエキスパートの話を聞く機会を得た。それは「食品添加物」に関するセミナーだった。

食品添加物の専門家である講師は語った。

「食品添加物というのは、加工食品の安さ、手軽さ、便利さという大きなメリットを支える一方で、とりすぎが問題視されています」

一歩は熱心に聞いていた。

「中でも『味覚を壊す黄金トリオ』と呼ばれるものがあります。それは『塩』『化学調味料』『たん白加水分解物』。これらは特に子どもに安易に与えてほしくない三大添加物です。ただ近頃は、世間でもこの『化学調味料』を問題視するようになったことから、メーカーはこれを省く努力をし始めました。ですが、騙されてはいけません。メーカーはこれを省いただけで安全性がさも改善されたかのように、『天然だしを使用』『お子さまにも安全』などとうたって商品を売ろうとしています。しかし、実際には別の添加物、『たん白加水分解物』や『人工甘味料』などが含まれていて安全とはいい切れない食品が多いのです。『天然と書いてあるから大丈夫』なんて安易に信じちゃいけません」

「え？　そうなんだ」一歩は驚く。

「それに、食品添加物は、加工食品のみならず、安価な家庭用調味料にも多く使われています。ご家庭で『うちは加工食品を使わずに、手作りにしているから大丈夫』と思っていても、材料や調味料にそうした食品添加物が多く含まれていれば、大量摂取から逃れられません」

「ふうん」

「ちなみに私たちの祖父母の世代、食品添加物のない時代に育った人たちは、これらに慣れていないせいか、『変な味が残って気持ちが悪い』『たくさんは食べれない』と敏感です。ですが、子どもの頃から食品添加物に慣れてしまうと味覚が壊れてしまって、そうした違和感を感じなくなってしまいます。安全でない食品を食べていてもその危険性に気づくことができなくなるのです」

「そっか、なるほど」

一歩の祖母もインスタント食品やスナック菓子を「味が濃い」「気持ちが悪くなる」といっていた。一歩自身もそう感じるほうで、一歩はそれを遺伝だと思っていた。

「僕の味覚は、おばあちゃんの手料理のおかげで壊れなかったんだな」と思いながら一歩は講義を聞いていた。

「とはいえ、安さと便利さが重宝される現在では、添加物は不可避です。ただ、安易に『みんなが使っているから大丈夫だ』『大手メーカーの商品だから信用できる』と盲目的に頼るのでなく、メリット・デメリットを知ったうえで、上手に利用しましょう」

講師はそういってセミナーを締めくくった。

そんな一歩の話を、姉は「へえ」と聞いていた。

「おばあちゃんが冷凍食品や添加物を使わない料理をつくってくれたおかげで、僕の味覚は守られたってわけ」

一歩が得意げにいい終えると、母がうなずいていた。

「そりゃあね。おばあちゃんは、母さんが会社で働いている間、あんたたちが寂しい思いをしないで美味しくご飯を食べられるように、一生懸命つくってくれてたわけだから。あんたたちの好みや身体のことも考えてね」

「たしかに一歩じゃないけど、大人になって外のご飯と食べ比べてみても、おばあちゃんのご飯は美味しかったんだって思うわね」

姉もそういった。

「そうなんだよ。手作りの素朴な味。余計な添加物が入ってない。健康に配慮されてる。愛情がある。家族、親しい人と安心できる場所で食べられる。——こうした点で、うちで食べるご飯が最高にうまいってわけ」

「ふうん。でもまた、急に語るね。なんかあったわけ？」

「いや、別に」

就活を休んで「カフェ・カオス」に通って起業を考えていることは家族には内緒だ。

「怪しい……。そんなに家族に媚《こ》びを売らなくても、仕事のないあんたを家から追い出すような非情なことはしないわよ」

「うっさい。俺はただ『食』の大切さについて語ってんだ。当たり前と思ってる食事でも、いろんな事情や問題をはらんでるんだなって」

一歩は「食」について学んだことを振り返ってみた。世界的に飢餓や栄養失調が解消されていないという大きな問題のほかに、身近な問題としても、飽食による生活習慣病が増加していることや、子どもや若者が朝食をとらなくなっているという欠食の問題、安さ便利さを求めての食品添加物への依存など実にさまざまだ。

そうした問題を探るうちに、一歩は自身の姿勢を見直すことにもなった。

祖母の食事で育って、美味しいものにはそれなりの手間と時間がかかると知っていた一歩でさえ、ファーストフードが浸透した現代で、「安くて早くてうまい」をいつの間にか当たり前のことだと思っていた。そのため、安く提供する背景で、化学調味料や添加物に依存しすぎたり、人件費の大幅カットで働く人が虐げられていたりというような歪みが生じていることにまったく考えが及ばなかったのだ。

「なんでも当たり前と思わんことや。教科書にだって間違いはあるんや。物事を当然のこととして見るな。**『なぜ？』『どうして？』『なにかおかしい』という違和感を大切にする**んや」との矢弦の言葉が思い返される。

たしかに、「そういうものだ」と物事に対して深く考えるのを止めてしまうと、問題というものは見えなくなってしまう。今さらながら、一歩は、「自分はこれまで、なにも考えず、ぼうっと生きてきたんだな……」と実感していた。

数日後、一歩は「カフェ・カオス」に行った。

なおも問題が見つけきれない一歩に、

「どんな問題を選択するかにあたって、持続可能性についても考慮したほうがええな」と矢弦はいった。

「持続可能性？」

「将来にわたって長く続けられるかということや。どんなビジネスでも持続性を維持することは重要なことや。そのためには、社会や自然環境に配慮して良好な関係・状態を保つ必要がある。自分たちが豊かになりたいからといって、それらを侵害するようでは、持続性は得られへん」

「……なるほど」

「イケてる起業のアイデア、そして起業における成功とは、問題を解決し、利益のみならず世のため人のためになるものや」

矢弦は四つのＰが必要だと説いた。

「四つのＰ？」

「Problem, Profit, People, Planet や」

> Entrepreneurship begins with a problem, and aims for the triple bottom line: profit, people, and planet.
>
> 起業道とは、問題から始まり、利益の追求のみならず、世の人、地球環境に配慮するものである。

「へえ……」

「起業活動の目的は、まずは解決したい問題から始まり、次に利益の追求、さらに関係する人と、地球環境にも配慮するものでないとあかん。そうでないと持続性は確保できん。大事なのは、プロブレム（問題）、プロフィット（利益）、ピープル（人々）、そしてプラネット（地球環境）、この四つを同時に追求することや」

ここでいう「人々」とは、お客様のみならず、社員、投資家、サプライヤー、政策担当者、地域社会の住民、コミュニティに至るまですべてのステークホルダーのことだ。

「起業っちゅうのは、人が集まって、リソースを集めて新しいことをすることや。ただ、それが世のためになることもあれば、世のためにならない破壊行為になったりもする。そこでそんな悪質な行為にせずに、いかに世の中にとって質のいい社会貢献にしていけるか。世界にとって望ましい貢献、地球環境に優しい貢献をするようであってほしい。経済的価値と社会貢献を両立させてもらいたいね」

「なるほど。そうありたいですね」

そして矢弦は続けた。

「時に、ＳＤＧｓって知ってる？」

「エスディージーズ……？　いえ、なんですか？」

「起業でも事業でも、社会問題に向き合うにあたって、よく引き合いに出される世界の課題や」

矢弦は正面のスクリーンに、「ＳＤＧｓ」のスライドを映し出した。

そこには、カラフルな「ＳＤＧｓ」のマークが印字されていた。

「あ、あのマークのバッジ……。ここに来る起業家の人もよくつけてますよね?」

「せや。ＳＤＧｓの達成を念頭において、起業したり、新事業を立ち上げる人は多いんや」

「ＳＤＧｓ」とは、「Sustainable Development Goals（持続可能な開発目標）」の略称のことで、国連で決められた国際社会共通の目標課題のことをいう。

具体的には、「17の目標」として次のような二十一世紀の世界が抱える課題を包括的にあげている。

1　貧困をなくそう
2　飢餓をゼロに
3　すべての人に健康と福祉を
4　質の高い教育をみんなに
5　ジェンダー平等を実現しよう
6　安全な水とトイレを世界中に
7　エネルギーをみんなに　そしてクリーンに
8　働きがいも経済成長も
9　産業と技術革新の基盤をつくろう
10　人や国の不平等をなくそう
11　住み続けられるまちづくりを
12　つくる責任　つかう責任

13　気候変動に具体的な対策を
14　海の豊かさを守ろう
15　陸の豊かさも守ろう
16　平和と公正をすべての人に
17　パートナーシップで目標を達成しよう

「へえ」と一歩はそれらを眺めた。

「たとえば『貧困をなくそう』のために、貧困地域に工場をつくって事業を起こしたり、『エネルギーをみんなに　そしてクリーンに』を達成すべく電気のない地域に電気を通す事業を展開したりな。貧困や不平等、気候変動、環境保護、平和と公正、そうしたグローバルな諸問題の解決を図る起業家は多いんや」

「なるほど。すごいですね」

「なにも大げさに構えなくてもええねんで？　これらを身近なところで取り組むこともできる。たとえば海洋を守るためにプラスチック類の安易な廃棄を避けるとか、ジェンダーの問題を自分の住む身近なところから変えていくというんでもええんや。大切なのは**動き始めた後も、『自分はなにをしたいのか』と問い続ける**ことや」

「ああ、そっか、なるほど」

「できることからやっていく。とにかく行動や」

「はい」と一歩は深くうなずいた。

それでも一歩は、うーんと考え込んでいる。

「身近なところから始めようとは思うんですけど……それでも、なかなか『これ』と定めるのは大変ですね」

「『あなたは何をなしたいか』――急に聞かれても、即答はできへんかもしれん。それでも心配はあれへん。別に、最初から情熱的である必要はないねん。最初はちょっとしたきっかけから始めるんでもええ。むしろ大切なのは、その後も『自分はなにをしたいのか』と問い続けることや」

「……なるほど。ちなみに、今気になってるのは身近な問題で『孤食』とか『地域のコミュニティづくり』なんですけどね」と一歩がいうと、

「ほう。ええがな」と矢弦は答えた。

「孤食」というのは、ひとりで食事をとることで、子ども、若者、高齢者に見られる問題だ。孤食は、コミュニケーション能力の低下や、好きなものばかりを食べるという栄養の偏りやQOL（精神的健康度）を低くすることなどが懸念されているらしい。

一歩自身、この「孤食＝ひとりぼっちのご飯」というのが、伝え聞くだけでも、なんともやりきれない気分になるのだ。

一歩のその言葉に矢弦はうなずいていった。

「そうか。興味のあることが見つかったなら、次は、それをより深めていく。より具体化していくんや。いっぱいリサーチして、いろんな人に聞く。研ぎ澄ます。問題の質は高ければ高いほどええからな」

「問題の質？」

「そうや。たとえば食の問題とひとくちにいっても、その孤食とか飢餓を救うのか、食品ロスをなくすのか、食品アレルギーを解決するのか、いろいろあるやろ？　問題は深刻であるほど解決する価値があるといわれる。人命にかかわる、痛みを伴うような問題は、単に不便、めんどくさくてできないというような問題より、ニーズに強みがある。ニーズが高く、万人が抱えている問題であれば、広がりと深みが出るんや」

「命に関わるような問題、万人に関わるような問題が、いいってことですか」

「いや、だからといって、身近な問題の質がアカンっちゅうわけでも決してないねん。せやな。大事なんは、**その個人がいかにその問題に『当事者意識』をもって解決に情熱をもち続けることができるか、**ということやな」

「当事者意識？」

「せや。『いかに自分の問題としてとらえられるか』や。自分がどうしても解決したい問題でないとあかん。質の高い問題、とは主観的な部分もあるから、**究極をいうと『あなたにとって生涯かけて情熱をもち続けられる問題』**なのかもしれん」

「なるほど。それは面白そうです。生涯かけてやれることがいいです」

「問題の質を高めて、それに対する解決策を考える。**解決する問題の質が起業の成否を決定づける。問題意識を強くもった起業家ほど成功者が多い。**逆に起業の失敗の最大原因も、解決する問題の質にあるといってもええんや。**起業で失敗する一番の理由は、solution without a problem、問題なき解決といって、解決策はできたけど、もともとなんの問題を解決するためのものだった**

のかが、不明なものが多い。だからこそ、やっぱり問題はなんなのか、そこをじっくり見極めることが大切や」

「なるほど」

「それに、誰の問題を解決したいかによって、その対応も変わってくるからな」

「誰の問題か？　それで、どう変わるんですか？」

矢弦は靴ベラの例で説明する。

通常の靴ベラは家庭用で、家族のみんなが「靴を履きやすいように」使用するもの。しかし、これが年配者、身体の不自由な人のためのものとなると、「かがむ」という問題が加わり、この問題に対処するために、特別に長い靴ベラがつくられる。また、反対に、「長いと持ち運べない」という旅行者の問題を解決するために、特別に短い靴ベラ、というものも存在する。それぞれが異なる問題に対する解決法であり、ただ単に既存商品のサイズを変えただけなのに、こうして新たなニーズに基づく商品のマーケットができる。これも立派な起業アイデアの発想方法のひとつだ。

「『食』も、誰に食べてもらうか、どういうシチュエーションで出すかによって、やり方は変わってくるやろ？」

「なるほど。そうですね。たしかに孤食も子どもと僕と高齢者とでは事情が違ってくるかも」

「まあ、アイデアはゆっくり練るとしても、まずは問題をクリアにすることや。誰のどういう問題を、どういうふうに解決したいか。よくリサーチして、研ぎ澄ましていくんや。問題を研ぎ澄ませば研ぎ澄ますほど、それだけ解決策もクリアになって、ええアイデアになっていく」

「はい！」

「解決方法は、課題が見つかってから。それから、ワクワクする解決策を見つけるんや。特に、アイデアを考えるときには、human centeredという視点が有効や」

「ヒューマンセンタード？　なんですかそれ」

「人間を中心によく観察する。人間がどうやってなにに迷って、なんでそんな行動をとるのか、人間をよく観察して知り、アイデアを考え出す」

矢弦はそしてイノベーション創出会社のＩＤＥＯが開発した「デザイン思考」という手法を紹介してくれた。

「デザイン思考？」

「アイデアを創出、実現していくための方法や」

矢弦は、ホワイトボードに、次のように記載した。

①Inspiration　問題はなに？　誰の問題？　どの程度の痛みなの？　人間を観察する

②Ideation　どのように解決するの？　ユニークな方法を見出す

③Implementation　できるの？　プロトタイプをつくって仮説検証、試行錯誤し、改善する

「まずは問題を理解するために、ひたすら人を観察する。現場に出て、よく観察して、いろんな人に聞き込む。そうすることで、問題を発見したり、より問題をクリアにしたりする」

たとえば、「未来型のショッピングカートをつくろう」というイノベーション系プロジェクト

がある。チームを構成するさまざまなプロフェッショナル（経済学者、精神科医、エンジニア、弁護士など）がそれぞれ問題点を聞き込み、観察する。

するとカートが急スロープを時速六十キロで暴走した、子どもがカートに足を挟んだ、などの問題があることがわかった。

「次に、アイデア、問題を解決する方法を考える」

カートが暴走しないよう工夫をする、子どもが足を挟まないようにつくるなど、アイデアのブレーンストーミングを行う。

「アイデアができたら、また外に出て聞き込む。試作品をつくってそれを持ち出し、お客にデモをして、聞き込む。そして改善するんや」

アイデアを実現させたショッピングカートの試作品をつくって小売店舗に持っていき、実際に使ってもらう。さらに観察をし、さらなる問題点を次々に洗い出していく。そうして何度も、観察する、聞く、改善する、と繰り返して製品を完成させていく。

「こうして、とにかく徹底してヒューマンセンタードで考える。『人』のためのイノベーションを創出するんやから、人間を観察することがとにかく重要になる。人を中心として洞察力・共感力をフル回転させるんや。そしてプロトタイプをつくってとにかく形にして検証してみる。これは、新規事業の検討や、アイデアを実現させるのにとても有効な方法や」

「なるほど、へえ。面白いですね。行動しないのがもったいないって気がしてきました」

「ええな。ワクワク、楽しんでやることも大切や。楽しさは伝播するからな」

一歩はワクワクと、自分の課題に取り組むことにした。

解説

解決する問題の質がベンチャーの成否を決定づける

『ネイチャー』誌や『サイエンス』誌に出た研究だって、十年後にはそのうち九割が嘘だとわかる。……教科書にだって間違いはある。うのみにしてはいけない。常に疑いをもって、本当はどうなっているのか、自分の目で物を見、納得することが大切だ」とは、ノーベル生理学・医学賞の本庶佑氏の談。

問題を発見する能力、姿勢が大切

私たちは魔法の国に住んでいます。夏暑ければ冷房があり、冬寒ければ暖房があり、スマートフォンでいつでもどこでも話せて、LINEでチャットもできて、インターネットでなんでも検索できます。

お店の前に立てば自動でドアが開閉し、移動手段は自転車、バイク、自動車、電車、飛行機、ロケットまであります。でもこれらの便利なことを、当たり前だと思わないで、「なぜ」「どうしてできているのか」と疑問をもってみることが大切です。「物事を当然のものとして見ない」ことです。

「どうして、こうなっているのか?」という現状の仕組みを理解してはじめて、改善が可能になります。好奇心をもって、「なぜ?」と探求すること、そして、自分を必ず当事者として、「自分だったら」と考察する癖をつけることです。

このように、考える習慣をつけることは、ビジネスチャンスにもつながります。便利な商品やサービスが世にあふれ、魔法の国に生きる私たちは、漫然と受け身になっているだけではチャンスをつかむことはできません。世の中がどのように動いているのか、現状の仕組みを理解し、分析し、改善策を考えて実践することで、ようやくなんらかの道が開拓できるのです。

この魔法の国をさらに便利な国にできるかどうかは、その好奇心と改善を提案していく姿勢にかかっています。あるものを使うだけの側でなく、新しいものを創造して利用してもらう側になりましょう。現状の世界を把握しているからこそ、次の世界を自らが創っていける、未来の世界を変えることができるのです。

問題の本質「根本的になにを解決したいのか」を見極める

「なにがしたいのか」という欲求の「なにが」の部分に着目してみましょう。

たとえば起業のアイデアとして「なに」が、最も成功と成長と繁栄と持続につながるのか。答えはシンプル。大切なのは解決に値する「問題の質」です。

なんの問題を解決したいのか。問題の明確化がまさに出発点で、問題の本質、とらえ方によって解決策もさまざまです。解決方法を考えるのは問題の本質が明らかになってからでも遅くはありません。

根本的に、解決すべき問題はなにか。あなたは答えられますか。たとえば、今の仕事はなんのためにしているのか、と突き詰めたことはありますか。

キチンと突き詰めると、あなたの仕事は必ず誰かの問題を解決していると思います。だからこそ仕事・職業として成立しているのです。でもそのように意識する人は少ないと思います。自分の仕事に社会貢献としての意義を見出せた者は、強い意思と、一貫性と持続性を手に入れることができます。問題意識を強くもった起業家ほど成功者が多いのは、おそらくそれが要因です。

解決する問題の質がベンチャーの成否を決定づける。また、ベンチャーが失敗する最大の原因も、そのアイデアが解決する問題の質にあるのです。

第六章　分厚い事業計画書はいらない、Ａ４一枚のロンチプランで動き始めよう

Entrepreneurship is about taking action.
ACT because Action Changes Things!
起業道とは、とにかく「やってみること」である。
行動をすることでなにかが変わる、なにかを変える！

「大切なのは、とにかく行動することとや」

数日後、再び「カフェ・カオス」を訪れた一歩に、矢弦はいった。

「慎重に時間をかけて考えているだけでは、知識の量は増えるかもしれんが、実際のところそのアイデアがうまくいくという根拠はなにも得られへん。そのアイデアが実際にうまくいくかどうかは、やってみないとわからんことや。『行動』のいいところは、実行することで、なにを修

正すべきかすぐに検証できることや」

一歩はうなずきながらおとなしく聞いていた。

「**新たな事業に取り組む際の思考・行動様式に、プレディクション（Prediction：予測）とクリアクション（Creaction：創造的行動）というのがある**」

矢弦は解説する。

プレディクションとは、これまでの経験や知見から将来を予測する考え方や行動のこと。つまり因果関係が明らかであり、過去、現在から未来が予測可能である、未来が現在や過去の延長にあると考えてのアプローチ方法だ。

これに対して、**クリアクションとは、とにかくまず実行してみて、その結果から繰り返し学んでいく方法**だ。アイデアを思いつくと行動を起こして実社会での反応を見る、そして学ぶ、そしてそこから軌道修正をしていく、という、未知の状況に挑む起業家が好んで用いる方法だ。

「たとえば、パン屋を開業するとしよう。プレディクションでは、『どういうパンが売れるか』『立地はどこがいいか』『どれほどの収益が見込めるか』など、調査や推計や準備にじっくり時間をかけて、慎重に計画を練り上げる。そしてひとたび計画を決めたら、ひたすら計画通りに実行する。仮にうまくいかないことが生じても、簡単に計画を変更せずに計画に沿って努力を続けようとする」

「あ。はい、それはなんだか……『事業を起こすならそれくらいやらなきゃ』ってみんながやりそうな方法ですね」

「一方、クリアクションのほうは、たとえば『夕べの残り物の寄せ集めでたまたま創作したパンがうまかった。だからちょっと売ってみよう！』と、とりあえず手近な人に売ってみて反応を見る。反応がよければ、今度は立地を考えて、売れそうな町で小商いをしてみる。で、またその反応から学んで改良する。そうして、行動の結果から学んで、どんどん先に進めていく。もし、思った結果を得られなかった場合には、計画を練り直して、軌道修正して進めていくんや」

「なんと。へえ、なるほど。フットワークがいいですね。でも、どちらかというと、プレディクションのほうが、馴染みがあるというか……信用してしまう方法ですね」

一歩がいうと、矢弦が答えた。

「せやな。プレディクションは、多くの人や組織が、従来そういう教育を受けて実践してきた方法やからな。でもなにも、プレディクションを否定しているわけやないで。十分予測が可能なところ、因果関係で推測できるところは、もちろんプレディクションが必要なんや。ただ、今の世の中、これだけでは対応できへんから、クリアクションと併用する」

「なるほど」

「予測可能な未来に対してなら、たしかにこのプレディクションは有効や。けど、予測不能なこと、想定外なことが数多く起きる世の中では、これだけでは不十分や。前例や過去からの知見にこだわるこの方法では、予想外の失敗や想定外の事態を受け入れることができへん。プレディクションでは、決められた計画や道筋から外れたものは、ただの邪魔ものでしかないからな。想定外のサプライズは嫌われる、せっかくの学習機会やのに」

「たしかに、そうですね」

「一方、クリアクションのほうは、そうした想定外の失敗をうまく活かすことができる。たとえば『試しに売ってみたけど売れへんかった』という失敗も、行動したからこそわかった現実や。そこで失敗を検証して、『ここをこう、ちょっと改良してくれたら買うんやけどな』という客のニーズでも拾えれば、それはチャンスに変わる。クリアクションの場合は、小回りが利いて、失敗をチャンスとして、そこから学び、アイデアを改良し、さらに次のステージに進むことができる。そうした小さな改善を積み上げることで、大きな改善へと結びつけていけるんや。そこでは予期せぬサプライズこそ大歓迎や」

「へえ……面白い。それでとにかく行動してみろってわけですね」

「せや。将来が予測できないときほど、また、大きなゴールを目指すときほど、小さく細分化して、コツコツと行動を起こす。小さな失敗と改善を繰り返して、目標達成につなげていく。そういうプロセスが有効になるんや」

「そっか、小さくコツコツと、一歩一歩積み重ねる」

「せや、だから、考えてばかりいないで、まず動いてみることや」

「はい！　といっても、僕のアイデアはまだまだ浅いというか……」

「それでも、やりたいことが見えてきたなら、A4用紙一枚にでも書き出してみたらええねん」

「紙一枚に？」

「四コマ漫画でもええで」

「四コマ漫画？」

「『こういう問題がある』『こういう解決策があって』『こういう流れになって』最後に『こうしたい、これをしてくれ』と書いたりする」

「へえ!」

「とにかく簡単に形にして動くことやな。ロンチプラン（launch plan）を書いてみてもええし」

「ロンチプラン?　あ。事業計画書、ビジネスプランみたいなもんですか?」

「いや、今の起業の世界では、分厚いビジネスプランなんて、まず書かへん。大体、ビジネスプランなんて死語や。無駄に量があって、誰も読まへんし、意味がない。そうでなくて、つくるのはロンチプラン。ロケットの発射や。せいぜいエグゼクティブサマリー一、二枚のもんや」

「え?　そんな短くていいんですか」

「十分や。そこには、どんな問題に取り組んでいるのか、誰のためのどれほど大変な問題か、そのニーズの大きさ、市場規模、現存する解決方法との差異要素、集結した個とチームの力、そういう根幹を書くねん。それに伴って必要なリソース、つまりヒト・モノ・カネについての懇願。それですぐにスタートしてまう」

「へえ」

「ロンチプランは早く問題にぶち当たってこそ生きてくる。問題が起きれば起きるほど正解に近づく。とにかく、今あるもので、はじめていくんや」

「なるほど……」

一歩はいわれた通り、書き出してみる。

「僕、『おばあちゃんの食堂』をつくろうかと思うんですよね。『おばあちゃんの味』をみんなで分かち合うような」

一歩は説明しながらロンチプランを作成していった。

一歩の住む街は、のんびりとした住宅街で独居老人が多く、孤食になる高齢者が多い。また、一歩のような独身男性で、外食に飽きながらも牛丼やラーメン、コンビニ飯などを食べ続ける者もいれば、塾に行く前に栄養バランスの偏ったコンビニおにぎりやパンを食べる子どもたちもたくさんいる。

一方で、料理はつくれるが、自分のためだけにつくろうという気持ちがわかないひとり暮らしのおばあちゃんや、小遣い稼ぎはしたいけれど、短い労働時間しか提供できない専業主婦の人たちもいる。

そこで、一歩のつくる「おばあちゃんの食堂」にみんなが集まって、おばあちゃんや専業主婦の人たちが料理をつくり、近所の単身生活の高齢者や若者、親の帰りが遅い子どもたちが集まって食べ、「孤食」をなくそうというのだ。それは「助け合い」の場づくりでもある。

「近所のおばあちゃんたちが、シロウト料理人となって、食堂をやるんです。なにより僕が食べたいんです。おばあちゃんたちの普通の『ウチご飯』を。料理は無添加で健康に配慮したものを出します」

一歩はそれをプランに書き出した。

① タイトル（アイデア名）／なにをやるのかひとことで
「おばあちゃんの食堂」
無添加・低農薬の健康的で美味しいおばあちゃんの手料理を出す食堂

② 解決したい課題／誰のためにやるか？／ニーズの大きさ

地域の高齢者・若者・子どもの孤食をなくす
③　ソリューション／現存する方法との差異
地元の専業主婦たちでつくる手料理を提供。つながりの場所をつくる
④　今なにがある？／集結した個とチームの力
資金：××万円（これから計算する）
人：近所のおばちゃん、家庭料理歴十〜五十年
⑤　市場規模は？
不明（これから調べる）
⑥　あとなにが必要？　なにが欲しい？
不明（これから調べる）

そのとき、脇のほうから声がした。

「そんなレベルで、本当にやる気か？　それに『孤食』ってそんなにたいそうな問題か。おひとり様で食事できる店が流行ってる時代だぞ。ホントにニーズがあるのか」

一歩が見ると、それは隼人《はやと》と呼ばれている「カフェ・カオス」の常連だった。

おそらく年は一歩より二、三歳上で、外資系コンサルティング会社に勤めている高学歴の超エリートだと聞いている。

その隼人も起業家を目指しているという。ただし、同じ「起業」といっても、一歩のように「身の丈にあった」起業は「しょぼい起業」と切り捨て、「自分は、テクノロジーで世界を変える」

と売上高数百億円規模のビジネスを興し、早々に新規株式公開（ＩＰＯ）することを目指しているようだ。

はじめに会ったときから、自信家の彼とは合いそうにない、と一歩は、極力近寄らないようにしていたのだが、なぜか隼人のほうから、こうして時折絡んでくるのだ。

「つまりは、よくある『子ども食堂』ってやつだろ？」

隼人はいった。

「違うよ。『子ども食堂』ってのは、子どもの貧困を救うことを目的にしたやつだろ？　そうじゃない、誰でも気軽に『普通のうちのご飯』が食べられる場所をつくるんだ」

「シロウトがボランティアでやるんだろ？」

「いや、ちゃんとした食堂にしたいんだ。人を雇って有料の食事を出す。俺みたいなひとり暮らしの大人も客にして」

「ああ。ただの定食屋か」

「……それよりもっと、コミュニティとしての機能を強めたいっていうか。人が集うことを目的にしてるっていうか」

「じゃあ、やっぱ『子ども食堂』みたいなもんじゃないか」

「そうか。いや、違うよ。いや、まあ『子ども、単身若者、高齢者食堂』ってとこか。ここに集まってみんなで食べようっていう」

「なんだよそれ。だいたい、プロの料理人がつくらない食堂なんて、やだな。ないだろ」

「だから、それをつくってみるんだって」

「大体、誰がそんなシロウト料理にカネ払うんだよ。だいたい、おたく、食品衛生の資格とか調理師免許とかもってるわけ?」

「ないよ」

「え? 飲食店経営の経験とかは」

「……バイトなら」

「はあ?」

一歩に絡んでケチをつける隼人を見かねて矢弦が声をかける。

「隼人、そういう自分はなにしてんや?」

「は?」と隼人は矢弦を振り返った。

隼人は、いつも勉強会を傍観してケチをつけているだけで、実際に動いたり参加したりはしないのだ。

「『聞くだけ』『見るだけ』は行動を起こしたうちに入らんで。参加せんでどないすんねん。見てないで『やる』。質問するなり感想をいうなり、行動する。頭でっかちになるな。学習はそれを活かしてなんぼや」

「余計なお世話です。それに、これくらいのこと、すでに俺は知ってるし」と隼人はムッとした。

一方の一歩は、プランを書き出したおかげで、なにができていないのかということも、わかってきた。

「そうか、店を開くには営業許可もいるのか。ほかに必要なもの――店舗や人も確保しなきゃいけないのか。結構やることいっぱいじゃないか、大変だな。それに、たしかにこんなプランでそもそも大丈夫なのかな……」と不安になってくる。

「一歩。そこから、どんどんブラッシュアップしていこう。人に会ってどんどん意見を聞いて、アイデアを磨く。『意味のない出会いを求めよ』、や」

「意味のない出会いを求めよ?」

「せや。たとえ一見、なんの意味があるのかわからない出会いであっても、積極的に会っていく。結果として、無駄な出会いなどないからな」

「はい!」

一歩は素直に聞き入れ、動き出した。


その頃、出版社の現代建築社では、黄島たち新規事業チームがプロジェクトのテーマを考えるために会議室に集まっていた。

「自分のやりたいこと、社会から必要とされていること、それを会社の資産（ヒト・モノ・カネ・チエ）でできないか、考えてみよう。なにかアイデアとか意見とかある?」

黄島は、春奈と緑川と青木に尋ねた。

だが、シンと静まり返る会議室。

「……まあね。せっかくだし、まずは、ひとりひとり、やりたいことを明確にしていこうか。そのために課題を出すよ。ひとり、三つ以上の雑誌企画を考えてみよう。それをそれぞれＡ４一枚に書いてきて」

「雑誌企画?:」と春奈。

「そんなんじゃ、既存と変わらないってまたいわれますよ?」と緑川。

「いいんだよ。これはそれぞれのやりたいテーマ・アイデアを出すためのものだからさ。だって、僕だって、君らがなにに興味があるのか、なにをしたいのか、会社のどういう資産に注目しているのか、さっぱりわからないんだもん。いい？　三つ以上だよ」

「えー?:」と、めんどくさそうな春奈。

「なるほど。そういうことなら」とうなずく緑川。

「青木君、君もだよ。一応、期限は来週までね」と黄島は、スマートフォンしか見ていない青木にも声をかけた。

「はあ」と青木は黄島を見ることもなく答えた。

「じゃよろしく」と黄島が答えると、春奈が青木をとがめるように、

「ちょっと。人が話してるときくらい、スマホ止めたら?:」とチクリといった。

「は？　今の話のメモをとってただけですが?:」と青木は顔を上げることなくいった。

「はい、絶対ウソ。今、メモとるような大した話してないじゃん」と春奈が怒ると、

「赤井さん、それはそれで黄島さんに失礼かも」と緑川も口を挟んだ。

「いや、僕は大丈夫だけど……」と黄島。

「あーあ。ホント、こんなメンバーで新規事業なんかできるんですかね?:」と春奈がいうと、

「それは大丈夫だよ！　先日の矢弦さんの話覚えてる?:」と黄島は自信ありげに答えた。

「え?」と春奈と緑川。

「五人の変態の話だよ。僕さっき、ふと気づいちゃってさ」と黄島は、ホワイトボードに、新規事業メンバーの名前を書き出した。

赤井
青木
緑川
黄島
灰田専務

「見て! ここに赤、青、緑、黄、灰の五色の戦隊カラーがそろってるんだよ! これで僕はピンと来たね。僕ら新規事業チームは、まさに会社を変える五人のスーパー変態(戦隊)ヒーローだ! ってね。僕らは絶対に会社を変えちゃうよ」と黄島は意気揚々と振り返るが、パラパラと会議室を出ていくメンバーたち。

「ねえ! ちょっと! すごいと思わない!? ねえ!」と黄島はさらに声をかけるが、

「あーあ。不安しかないんですけど……」と春奈はつぶやいて去っていった。

解説

起業道とは、とにかく「やってみること」行動を起こすことで才能は開花する

「考える」より「はじめの一歩」

自分がなにをしたいのか、だんだんわかってきた。

しかし、考えているだけではなにも進まない。計画を立てたのであればいかに実行するか、実際に行動を起こせるかが重要になります。

起業の世界では「なにかやってみる」が大原則。行動はいかなるものにも勝ります。これが当たり前のようで、実は難しかったりします。賢い人ほど罠に陥りやすい。物事（業界の知識）を知っていれば知っているほど、うまくいかない理由が次々と浮かんでしまうからです。

しかし、起業の世界は往々にして実行したものが称賛を浴びます。いかに画期的なアイデアでも思い浮かべているだけでは世界を変えることはできません。

なにごとも、始めるために偉大である必要はありませんが、偉大になるためにはなにかを始めなければならないのです。

スマートな行動とはスモールに始めること

でもせっかく行動を起こすのであれば、スマートに行きたい。今わかっていること、今あるものを活用して、小さなことからコツコツと始めることが肝要です。**ひとつひとつのアクションについて、失うもの（リスク）を最小限に、得る学習（ラーニング）効果を最大限に。**どんな結果になろうと現実を直視する。うまくいったことも、失敗したことも、次にまた活かせられるように取り入れるのです。次の一手がいかに勝利や敗北につながるかではなく、いかに学びを最大化できるかと考えるのです。

なにかをしかけたことで賛同してくれる者、助けてくれる人が現れるかもしれませんし、今後役に立つ資源が見つかるかもしれません。これらを取り込みうまく活用する。そしてまた次の行動を起こす。その繰り返しです。塵《ちり》も積もれば山となる。小さなこともコツコツと積み重ねることで大きな目標を果たすことにつながります。

事業計画は「構想」より「行動」でよくなる

あれこれ時間かけて計画を作成し、何度も念入りに編集を重ねるという「構想」よりも、プロトタイプをもって人に聞いて回る「行動」が成功への近道です。そこからフィードバックを得て、改善する。改善を加えたものでまた行動する。その繰り返しが大切です。

完璧主義では物事が進まないことがよくあります。起こりがちなこととしては、起業家が完全なプロトタイプをつくるために時間をかけすぎるパターンです。たとえば、投資家から資金調達をするために、ソフトウェアの試作品を持参してデモンストレーションをしたい、しかしその完成度にこだわりすぎると、実際に見せる時期がどんどん遅くなってしまうのです。

考えることばかりで行動がともなわない。結果として機会を失う。開発中にバグの出ないソフトウェアなど聞いたことがありません。バグ・フリーなどという完璧な状態など期待せず、とにかくクライアントに会って話をする、行動を起こして、なにかしらを学ぶ、学んだことを取り入れてさらに改善するのが、最も健全な方法です。

試作品は四コマ漫画でもいいくらいです。現物でなくても、人は有意義なフィードバックをくれます。購入意思があるならば対価としていくら支払うのか、ダメならどこが悪いのか、興味があって一緒に働いてくれるのか、誰かにつなげてくれるのか。限りなく低予算で、かつスピードを重視するプロトタイピングはビジネスアイデアをかたちづくるのに大変役立ちます。

ロンチプランで、機動的に動く

ちなみに、バブソン大学では「ビジネスプラン」という用語はほぼ死語です。分厚い計画書を作成することも、端から端まで読むこともナンセンスであるのは、起業家も投資家も知っています。そもそもビジネスプランの是非については学問の世界の中でも議論が尽きません。意味があるのか？　それは起業家の頭の中を整理するためなのか？　資金調達のためなのか？　実際に資金調達にどれほど役立っているのか？　新事業に対して五年後、十年後正確な予測ができるはずがない。数字だってシナリオだって瞬時に操作することができるのだから。

バブソンのみならず多くのビジネススクールでは、ビジネスプランならずロンチプランと呼んでいます（Launch ＝ 発射）。起業時に適切なのは、いかに飛び立つか。必要最低限の情報をより現実的に描き上げることが求められます。ロンチプランはワード文書よりプレゼンテーションができるスライド・デック（スライド資料集）であるケースが多く、それを持っていつでもどこでもピッチ（短い形のプレゼンテーション）をする、行動に活かしていくことが大切です。

過去から未来を予測する力、予測できない未来に対応する力

「過去の経験や知見にそって、地道に堅実にやれば成果があがる」と考えてきた人ほど、今の世の中で戸惑いを感じているのではないでしょうか。

不確実性の高まった今の世界では、これまで教わってきた考え方や経験にしたがって、未来を予測して備えても、対応できないことが多くなってきているからです。

ですが、それは、その人の能力や推計の精度が下がったせいではありません。これまでは未来は過去の延長、未来は過去とさほど変わらないという前提だったのが、未来は予測不能、「不確実」で「先行き不透明」だという前提に変わってきたからです。そうした不確実な世の中では、プレディクション、つまり予測に基づく推論だけでは対応できない、思いがけない事業的リスクや飛躍が生じてしまいます。

そこで必要となるのが、**起業家的思考に基づくクリアクション**です。

クリアクションとは、未知の状況に対処する方法で、「創造（クリエイション）」と「行動（アクション）」を併せた造語です。未来が予測可能であってもそうでなくても、自分で一歩踏み出すことで、未来を築けば（創造すれば）、その未来がどうなるかを、即、知ることができる。そこか

ら今に近い未来を学ぶことができる、といった方法です。

　プレディクションは、思考と因果関係と分析を重視した方法で、クリアクションは、行動と創造と学習に基づいた方法です。

日本企業の意思決定システムはプレディクションに依存しがち

　プレディクションもクリアクションも、ともに重要ですが、日本企業の意思決定システムはプレディクションに依存しすぎているように感じます。

　たとえば新規事業を始める際に、精緻な計画を立てるのに時間がかかりすぎてしまい、準備している間に、当初の目的が世の中の動向とずれてしまう可能性もあります。そのズレに気づいても必死に当初の目的に寄与する軌道修正をしようとします。ズレから方向転換することに価値を見出したり、新たな展開に結びつけることができないのです。

　一方、クリアクションは、行動から学習した結果に基づき方向転換しやすいので、こうしたズレや歪みをうまく活かすことができます。変化に対して柔軟な対応ができるのです。

　日本企業においては、過去に成功を収めてきた中堅・シニア層ほどプレディクションに依存しがちのように思います。クリアクションに長《た》けた若い世代がいても、プレディクションに依存する中堅層がボトルネックになって、企業内イノベーションにつながらないという話もよく耳にします。

　企業内のイノベーションに際しては、両者を対立させることなく、優れたプレディクションを補完するものとしてクリアクションを位置づけ、それぞれを併用すれば、これほど強力なタッグはありません。クリアクションをうまく取り込むことこそが、大きな成功に導く秘訣です。

そのためには、挑戦や失敗への寛容度を上げていくことです。

その挑戦や失敗を評価する礎になるものがビジョン。理想の社会をどう描き、理想に対して企業のミッションやパーパスをどう設定するか。そうしたことが、肝要になります。

頭で考えるより身体を動かせ！　思い悩む暇があったら、とにかくやってみよう！　考えてばかりいないで、立ち止まらないで、目の前にあるできることをやるべきです。なにかすることで、なにかが見えてくるのだから。行動こそが起業活動の基礎です。

第七章　創造力の源は想像力と人とつながる力から

Entrepreneurship is about creativity, which can be as simple as looking at things from a different angle. Creativity often spawns from imagination and from connecting with people.

起業道にともなう創造性とは、単純に違った見方をするだけだったりする。創造力とは想像力であったり、人とのコネクションから生まれる。

「うまい！　これ、最高だね！　……にしても、ファンさんはなぜ、日本で起業しようと思ったの？」

一歩は、「カフェ・カオス」で、ファンが差し入れたバインミーの新作を食べながら尋ねた。

「なぜって？　日本に来たはじめの頃は、起業するつもりなんてなかったよ」とベトナム人のファンは答えた。

鋭いまなざしで一見おっかない印象のファンだが、話してみると、親切でとても礼儀正しい青年だった。そのファンは、現在、ベトナムスイーツ「チェー」の専門店や、エッグコーヒー店、フォーやバインミーの専門店など母国ベトナムに関する飲食店を複数経営する会社の経営者だ。

ファンは、数年前に日本に留学してきた当初は、ゆくゆくは、ベトナムにある日系企業に就職して、生涯、会社員として働くつもりでいたという。そのために、日本語学校、専門学校を経て、ベトナムにも拠点をもつ日本企業に一度就職したのだそうだ。

「日本で仕事を学びつつ、ベトナムに派遣されることを期待していたのだけど、任された仕事は、東京とベトナムとの連絡係・通訳としての仕事ばかりだった。ほかの日本人社員が普通にやっているメジャーな仕事をなにもやらせてもらえないうえに、残業も多くて信じられないくらい忙しかった」とファンはいう。そして、同じ不満を抱える同郷の仲間たちと交流するうちに、自分たちが集うためのベトナムコーヒーの店をつくろう、という話になったそうだ。そこで自分たちの好物でもあるチェーを、日本人にも合うようにアレンジして出すうちに、それが瞬く間に人気になったのだそうだ。今ではその店は若者が行列するほどの人気スイーツ店として有名だ。一歩も、メディアで見たことがあるが、ファンたちのチェーは、美味しいと評判のうえに、見た目もとても洒落ていてかわいらしくプロデュースされてある。それには、彼らが専門学校時代に、日本の飲食店でアルバイトをしていた経験が存分に活かされているという。

「バイト経験が？　それホント？」

「本当だ。文化の違いを学んだり、『こうしたらもっとウケるんじゃないか』とヒントを得たりね。多くの日本人は、ただぼうっとバイトしてるだけだろうけど」

「……はい、ぼうっとバイトしてたかも」

そして、在日外国人としての開業のハンデをものともせず、スイーツ店を成功させたのちは、自国の食文化をさらに広げようと、さまざまな料理店を展開しているのだ。

「すごい行動力だね！」と一歩が思わず称賛すると、

「僕らにしてみれば、起業のチャンスに恵まれながら、行動を起こさない日本人のほうが不思議だよ」とファンはいった。

「そ、そう？」

「日本人は文句はいうけど、自分でなんとかしようとはしないよね？　僕らは不満があって、起業して、やりたい仕事に就けた。スタッフも、残業のない働きやすい環境で働いている。みんなハッピーになって、次、なにしようって、さらにワクワクしてるよ」というファンに、

「いいなあ……すごいなあ」と一歩は感嘆した。

「一歩もやればいい」

「そうだけど、まだハードルが高いなあ……」

かくいう一歩は、今、起業のプランに行き詰まっていた。

というのも、「おばあちゃんの食堂」プランについて、何人かに意見を求めてみたものの、いい反応を得られず、自信を失っていたのだ。

隼人からいわれた『孤食』ってそんなにたいそうな問題か」「誰がそんなシロウト料理にカネ払うんだよ」という言葉が、今さらながら一歩にはこたえていた。

「『おばあちゃんの料理が食べたい！』なんていってるのは、俺くらいなのかな……」

考えれば考えるほど弱気になってきた。ニーズに不安がある一方で、もしやるとすれば、やらなければならないことは山ほどあるのだ。

食堂を開くには、飲食店の営業許可がいる。また、食品衛生責任者などの資格もいる。店舗も借りなければならないし、開業資金や運転資金もいる。日々の経費や売り上げの計算もできないといけない……。ハードルが高すぎる。

「『やりたい』よりも『しんどい』が勝つ！」と一歩。

「なんだよ、情けない。まずはできることから、小さく始めればいいじゃないか」とファン。

「そうはいっても……。ファンさんは、店を始めるとき迷いはなかったの？　絶対に『チェー』の店がやりたいと思ってたの？」

「絶対『チェー』じゃないとダメということはなかったよ。まず僕らは、僕らの居場所が欲しかったんだ。同郷の仲間が気軽に集える場所がね。それで、僕ら自身でカフェをつくった。そこで、仲間たちのリクエストで、故郷の『チェー』を出すうちに、たまたま訪れた日本人たちが『これ美味しい、面白い』っていい出して。そこで日本人に、より楽しんでもらえるように『チェー』の見栄えや味を工夫したんだ。それが、すごくウケた。その後は、そこからまた、『故郷の美味しいものをもっと広めたい』『成功したい』と思うようにはなったけどね」

「うーん。なるほど。そうやって変化していったんだね。僕はまだ最初の『解決したい問題』がはっきりしなくてつまずいてる感じだ。これでホントにいいのかなって迷ってる。ああ！　なにかが足りない」と一歩は、頭を掻きむしった。

その日、矢弦は「起業のアイデア」について勉強会を開いていた。

一歩もそれに参加した。

「世界を変えるような革新的なアイデアっちゅうんは、天才の発明によるものだと思われてきた。しかし、起業のアイデアが、すべて奇抜で斬新な発明であるとは限らへん。少し頭をひねるだけで、ビジネスのアイデアが浮かんだりもするもんや。事実、**多くのイノベーションは、革新的な技術よりも、既存技術の新規の組み合わせでできてたりする**」

「へえ、面白い」と一歩は、最前列に進み出て聞き入った。

「たとえば、単に色を変えただけで需要を伸ばした綿棒。従来の白い綿棒では、汚れがついても見えにくく、きれいに掃除できたかどうかの判断が難しかった。それが、黒色に変えたことで、汚れが可視化されて、どれだけ掃除できたかが明確にわかるようになった。これがヒットに結びついた」

「へえ」

「ほかにも、単に形を変えただけで売れるようになったペットボトル。たとえば、東京タワー型、スカイツリー型、新幹線型などがあって、入っているのはみんな同じ水、百円で売られている水や。それやのに、形を変形するだけで十倍の値段で売れるようになった。これらに革新技術がともなっていたかというとそれは違う。ものは考えようや。少し見方を変えるだけでもイノベーションは生まれる。**イノベーションの多くは革新的技術よりも想像力から生まれる**んや」

「へええ。なるほど」と一歩は聞き入っていた。

「肝心なのは、ニーズに合わせたソリューションをつくること。**すべての起業の成功例というんは、既存商品・サービスでは満たされていなかったニーズに対する解決策になってる**もんや。商品・サービスには、それ特有のバリュー・プロポジション、つまり提供価値っちゅうもんがある。ビジネスが成立するというんは、お客がその提供価値に対価を支払うっちゅうことや。それは、この提供価値とお客のニーズが合致するからや。つまり、客にとって、問題解決の最善策になっているかどうか、そして既存の解決策と比べていかに優れているか、が大事なんや」

「なるほど」

「せやから起業家にとって、**欲求に合わせた解決策をつくる想像力が、知識よりも大事**になってくる」

「想像力か……」

あまり自信がないな、と一歩が思っていると、

「想像力は誰にでもある」

矢弦はトリックアートの絵をいくつか取り出した。

一枚目は、一見するときれいな女性像に見えるが、別の視点で見ると、おばあさんにも見えるものだ。また、もう一枚は、一見するとアヒルの絵だが、見ようによっては、ウサギに見えるものだ。

「同じ絵でも、見る人によって見えるものが違うやろ？　そしてもうひとつ」

大蛇と風呂桶の中で水遊びをする子どもの写真を、矢弦は見せた。

「子どもが蛇に襲われる！」と一歩は思ったが、ファンは「風呂、ちっちゃ！」とつぶやいた。

「この写真を見て『蛇に食われる！』と恐怖を感じる者もいれば、単に微笑ましいと感じる者もおる」と矢弦はいった。

「微笑ましい？」

「そう思う者は、大蛇は子どものペット、大蛇と、この子どもが一緒にお風呂に入るのが日常茶飯事と感じているからや。そうした人にとって、この写真からつかむ問題点っちゅうんは『大蛇といると危険！』というのではなくて、『風呂桶の建てつけや水質は大丈夫かな？』といったもんになる。つまり、ここでいいたいんは、見る者の経歴や、価値観によって、物事のとらえ方はさまざまに変わるっちゅうことや。創造力とは想像力がものをいう。その想像力は、すべての人が、多種多様にもっているもんなんや」

「へえ」

「だから、想像力を高めるには、多種多様な価値観・趣味をもったチームメイトを集めて知恵を絞るのもええ。またそうして皆が集まる場所で、情報・知識を交換し、教え合ったり学んだり、異業種・異文化の知見をコネクトすることで、新たな価値を創造していくのでもええねん」

「なるほどね、チームメイトを集めて……か。俺も仲間が欲しい！」

一歩はつぶやいた。

翌日、一歩は家で、健康食の提供に向けてのアイデアを考えていた。

「不健康な外食続きの人に、健康的な食事を提供する！」

と一歩は紙に書いてみた。

「硬いな。それに、なんか漠然としてるんだよな。それに、実際、なにを提供するってんだよ」

一歩が、自分に突っ込みながら考えていると、そこに姉が現れた。

「ねえ。一歩。今日、子どもたちの面倒見てくれない?」

「え?」

「夕方から近所で道路建設の説明会があってさー。母さんに行ってもらうつもりが、母さん、残業になったって。だから私が行くことになっちゃった。近所の子どもも遊びに来るけど、まとめて面倒見ててよ。どうせ、暇でしょ? 夕食も適当につくって食べさせといて」

「暇でしょ? って、俺だって、忙しいんだけど」

「忙しそうに見えないんだけど。じゃ、よろしく!」と姉は出ていった。

「ちぇっ」と一歩がぼやいていると、夕方を待つまでもなく、甥っ子の浩太と昇太が、近所の子どもたちを連れて現れた。

「あれ? ママいないの? 一歩、コーラ飲みたい! コーラある?」

「わかったわかった、うるさいから、あっちの広い部屋で遊べ」

小学四年生の浩太に、残りの子どもたちを仕切らせ、移動させた。

幼稚園児の昇太を除けばほとんどが小学生のようだ。

「うん?」

一歩が、飲み物を運んでやり、ついでに子どもたちの様子を見ると、騒いでいる子どもたちの中に、ひとりマンガ雑誌を広げて読んでいる小さな力士のような少年がいた。その太鼓腹といい風格といい、まるでおじさんだ。

一歩はこっそり浩太に尋ねた。

「……あの貫録ある子、誰?」

「ああ、親方?」

「オヤカタ?」

「うん。オレと同じクラス。みんなそう呼んでる」

本名は星矢《せいや》というらしいが、みんなその名を忘れてしまうくらい「オヤカタ」というあだ名が浸透しているそうだ。

「なるほど、オヤカタ、ね。……ところで、みんな、今日、なんか食いたいもんある?」と一歩は、夕食のリクエストを聞いてみた。

「カレー!」「からあげ!」「ラーメン!」「オムライス!」という子どもたちの声があがるなか、「コロッケ二十個」という低いかすれた声がした。

オヤカタだった。

「二十個?」と一歩がキョトンと見ると、

「うん、『さとう』のでいいよ」とオヤカタはマンガ雑誌に視線を戻して答えた。

オヤカタは商店街の精肉屋「さとう」のコロッケが大好きで、よく買いに行くのだという。「さとう」のコロッケは、一個三十円だ。

「二十個買っても六百円だし」とオヤカタはそれをひとりで食べるのだという。

え?　食いすぎじゃない?　という言葉を飲み込んで、

「ひとりで二十個って、そんなに食える?　だいたい飽きない?」と一歩は尋ねた。

「大丈夫。お母さんが帰ってから別にご飯を食べるから」

「また別に食べるの？」

大丈夫、の意味がわからない。

栄養といい、嗜好といい、明らかにいろんなものが偏っている。

「うん。お母さん、トンカツ屋で働いてるから、トンカツとかポテトサラダとか、毎日持って帰ってくるから」

「毎晩、トンカツとポテトサラダを食べるのか」

それはアカン気がする。

オヤカタは、そうして、夕方、一度、ひとりきりで買ってきた夕食をとった後、深夜に母親が帰宅してからもう一度、母子で食事をとるらしい。オヤカタの母親は忙しいシングルマザーだ。

「リクエストは、コロッケに、カレーに、からあげ、ラーメン、オムライスか。うーーん。じゃあ間をとって、ハンバーグにしよう」と一歩が答えると、

「なんでだよ！」

「どう間をとったら、ハンバーグになるんだよ！」

「バカじゃないの⁉」

浩太らが口々にいう。

「全部は無理だし、どれかひとつにすると不公平だろ？　ハンバーグはみんな好きなはず」と一歩。

「なんだよそれ！　じゃあ聞くなよ」と浩太が突っ込むと、

「ハンバーグ、好きだよ。おっきいやつがいい」とオヤカタはいった。

「僕もハンバーグがいい！」と年少の昇太もいった。

「ほら」と一歩。

「いいけどさあ」と浩太。

「じゃ、そゆことで」

一歩はキッチンに戻った。

「ハンバーグが一番、簡単ヘルシーにつくれる自信があるからな」

一歩には、余計なお世話とは思いつつも、オヤカタにヘルシーなものを食べさせたいという気がにわかにわいたのだ。それでハンバーグをつくることにした。

ハンバーグにはオヤカタが大量に食べることを想定して、かさ増しにたくさんの野菜のみじん切りを投入した。

祖母直伝の野菜たっぷりハンバーグだ。

「げ、今、ニンジンとピーマン、入れたな？」「入れたな？」とキッチンをのぞいた浩太と昇太が目ざとくいった。浩太と昇太には何度かつくってやったことがある。

「そうだよ。浩太の嫌いなニンジン、いっぱい入ってる」と一歩。

「ちぇ。いいけど。ハンバーグならわかんないし」と浩太。

「そうそう。安心しろ、味は保証付き」と一歩は、みそ汁や副菜も手早く整えた。

子どもたちにも配膳を手伝ってもらい、みんなにハンバーグを振る舞った。

「いただきます！」と、子どもたちは勢いよく食べた。

オヤカタも、めいっぱいほおばって食べていた。

「よしよし」と一歩は子どもたちの食べっぷりを、満足そうに眺めた。

そうして、みんなで食事をとっていると、浩太が、

「オヤカタ、YouTuberになるんだってさ」といい出した。他の子どもたちも「すげえ！　金持ちになれんじゃん！」「え？　いつからやってんの？」と口々に騒ぎ出した。オヤカタは「まあ、これからやってみるってだけ」と得意げに鼻を膨らました。「どんなことをやるのさ？　ゲーム？　おもちゃ？」と浩太が聞くと、「大食い」とオヤカタは答えた。「大食い！」と子どもたちは笑い出した。

「大食い？　……やめとけって」と思わず一歩は口を出した。

それ以上、食って太ってどうする。

だが、大食いYouTuberは子どもたちにも人気のようで、一歩は彼らから「なんでだよ！」「大食い、面白いじゃん！」と口々に反論された。浩太や昇太からも「一歩ってわかってないなー、つまんねえ！」「つまんない！」とさんざんないわれようだ。

「悪かったな」と一歩はふてくされた。

ふと見ると、昇太がつけ合わせのブロッコリーを食べ残している。

「昇太、ブロッコリー、ちゃんと食べな」と一歩。

「ブロッコリー、いや」と首を振る昇太。

「美味しいよ。ほれ」と一歩が昇太のフォークで食べさせようとするが、昇太は口を真一文字に結んで断固拒否。

「だいたい、ブロッコリーを美味しいと思う子どもなんていないよ。どうせなら、なんでハンバーグに入れなかったんだよ」と浩太も文句をいっている。

「料理には見栄えも大事なんだよ。この緑がきれいだろ」と一歩。

「ブロッコリーを食べるいい方法があるぜ」とオヤカタがいう。

「な。オヤカタを見習え」と一歩。

一歩が見ると、オヤカタはブロッコリーにマヨネーズを山盛りにかけた。

「え?」と一歩。

「マヨネーズまみれじゃん！」と浩太。

「これでブロッコリーの味は消える！」とほおばるオヤカタ。

「なんじゃそりゃ」と一歩が見ると、オヤカタのハンバーグの上にも山盛りのマヨネーズが波打っていた。

「ええ?」と一歩。

「うわ、すっげ、マヨネーズの海じゃん」と浩太。

せっかく健康的につくっても、そんなにマヨネーズまみれにしたら、台なしじゃねえか！　と一歩は唖然とした。

「それじゃマヨネーズ食ってるだけじゃん！」という一歩を尻目に、

「マヨ最強！」とオヤカタはピースサインで、マヨネーズハンバーグを美味しそうに平らげた。

「むむむ。……一筋縄ではいかない奴だな」

子どもたちが帰った後、一歩は、インターネットで子どもの肥満の問題を調べていた。

余計なお世話だと思いつつ、オヤカタの食いっぷり、大人顔負けのメタボぶりに、「子どもの肥満」がにわかに気になってしまったのだ。

「たしか、『食の問題』のひとつとして、あったはず」

インターネットで見てみると、食生活やライフスタイルの変化で子どもの肥満は増えていて、現在では、子どもの一割以上が肥満とのことだ。そして、その子どもの肥満の七割は、そのまま大人の肥満に移行するといわれ、高度な肥満を放置しておくと、大人になって、高血圧・糖尿病・脂質異常症などの生活習慣病を発症してしまうそうだ。

「……危険じゃないか」と、一歩は、それらの情報をさらに読み込んだ。

子どもの肥満の原因は、家庭にあることがほとんどだそうだ。

かつては豊かさの象徴でもあった肥満だが、今では貧困家庭に多いといわれる。世帯年収が低いと、低価格でお腹を満たす高カロリーな米や小麦といった炭水化物、ジャンクフードなどに依存しがちになるためだ。

また、朝食を食べなかったり、夕食をひとりで食べたりする「欠食」「孤食」も肥満を加速させるといわれている。

「そうだよな。子どもの孤食もよくないんだよな」と一歩はつぶやいた。

だが、両親が共働きである家庭が増え、子どもの習い事・塾通いが増え続けている現代で、「子どもの孤食」は避けられない。

また、孤食ゆえ、加工食品に頼りがちになり、濃い味に慣れた子どもたちが味を正常に認識できなくなるという問題もある。

一歩は、嬉しそうにマヨネーズをほおばるオヤカタのことを思い出していた。

「味が正常に認識できない。……たしかに」

あの少年は、今後も、コロッケ二十個を食べ続けるのだろうか。

「たしかに『さとう』のコロッケは、安くてうまいけどさー」

ちゃんと身体のことを考えて、バランスよく食えよと、お節介にも気になってしまう。そのとき、キッチンのほうからにぎやかな声がした。

「母さん、帰ってきたのかな」

一歩が、キッチンに行ってみると、母と姉が、タッパーから惣菜を皿に移し替えているところだった。

「あら、一歩、今日はありがと。あんたも食べる？　幸代《さちよ》さんがつくって差し入れてくれたのよ」と姉はいった。

「へえ。幸代さんがなんでまた」

幸代さん、というのは、母と同じくらいの年代の近所に住むおばさんだ。

「つくりすぎたんだって。旦那さんも亡くなって、息子さんたちも独立してるでしょ？　もう、ほとんど料理をつくる必要がないんだけど、料理が好きだからつくるときはつくりすぎちゃうんだって」

「へえ。俺、腹減ってないんだけど。……といいつつ、これなに？」

一歩は、見慣れない惣菜に手を出した。

「ささみの香り揚げだって」と姉。

「へえ……なにこれ、うまーい！」と一歩は食べて感嘆した。

「幸代さん、上手だからねえ。普段食べる人がいないのがもったいないわよね」と母もいう。

「こっちは？」と一歩は、味見を続ける。

「ハッシュドポテトのミートローフだって」

「ミートローフなのにハッシュドポテト？　どゆこと」

「だってそういってたもん」

一歩は食べてみる。

「うまーい。なるほど。ポテトで肉を挟んだのか、子どもが好きそう」

「そうそう、お孫さんが好きな料理だって」と母。

「こっちの和《あ》え物も美味しい。お酒に合う」と姉。

一歩は、並べられた幸代の惣菜をあらためて見た。幸代の料理は、和洋折衷で、家族のために工夫された温かみある手料理だ。

「いいね。そうだよ、こういうのを食べたいんだよな、俺。外食やスーパー・コンビニの飯とかじゃなくって。こういう美味しいのを、気軽に買えるようにしてほしいのに。幸代さんも、これ、商売にすればいいのに」

一歩は自分の健康食のプランのことを思い出しつついった。

「ないない。趣味でつくるから楽しいんじゃない」

「そうよ。商売なんて大げさなこと考えたらしんどいじゃない」

との姉と母の意見に、

「でも時々、つくりたくてつくりすぎちゃうんだろ？　それなら売れればいいのに」

「なにいってんの。めんどくさいじゃない」

「まあ、そっか。……もし売ってほしいなら」

そういう場所を、俺がつくればいいんだよな、と一歩はあらためて思った。

数日後、一歩が母に頼まれた買い物から戻ってくると、家の中からにぎやかな子どもたちの笑い声がした。

「ん？」

一歩が居間をのぞくと、浩太が友だちを連れてきていた。

オヤカタもいる。

浩太が嬉しそうにはしゃいでいった。

「オヤカタが大食いにチャレンジするってよ！　オヤカタ、スマートフォン、買ってもらったんだ。これからYouTuberデビューするんだ！」

オヤカタの前には「さとう」のコロッケが三十個並べられていた。

「ったく、なにやってんだ？」と一歩が呆れたようにいうと、

「いいからいいから」と浩太がオヤカタのスマートフォンを構えた。

オヤカタはコロッケをのせた皿に手を添え、「これからコロッケ三十個、早食いしまーす」と
浩太の構えるスマートフォンに丸い笑顔を向けた。

「はい、スタート！」という浩太の合図とともに、オヤカタは元気よく食べ始めた。

それを浩太が撮る。

ワクワクして子どもたちが見守っている。

一歩も気になり、いつの間にか子どもたちに交じって見ている。

だが……。

数分後、「ギブ」と、オヤカタは音をあげた。

オヤカタは十個を超えたあたりから急激に食べるスピードが衰え、十三個目を食べたあたりで、コロッケを手放し、ゴロリと横になった。

「ん？」と一歩も思わず、前のめりでいった。

「なんだよ！　まだ大して食ってねえじゃん！」という浩太の突っ込みに、

「……ムリ」と死んだふりをするオヤカタ。

「『ムリ』じゃねえし！　これじゃ、ぜんっぜん面白くない！」「早食いでもねえし！　ただのデブの食事じゃん！」「小食か！」と子どもらが騒然とした。

「だって、ムリだもん」と膨れ上がった腹を抱えながら、オヤカタは口をとがらせた。

「……いつも二十個食べてんじゃなかったの？」と一歩も拍子抜けして聞いてしまった。

「いつも半分は、お母さんが食べる」とオヤカタ。

「……そうなんだ」と一歩。

「オヤカタ！　食えよ！　食わなきゃ！」と、なおもはやし立てる子どもたちに、

「ムリ！」とキレるオヤカタ。

結局、その日のオヤカタのYouTuberデビューは失敗に終わってしまったようだ。

「だからやめとけっていったじゃん」と一歩などはあらためていうのだが、その後も何度か、オヤカタや浩太たちは、ドーナツでやってみたり、ハンバーガーでやってみたり、いろいろ挑戦していたようだ。

だが、結果は同じようなものだった。

ある日の一歩は見かねていった。

「懲りないなー。まだやるの？　ってか、オヤカタは、別に大食いなんかじゃないんじゃないの？」

「ええ!?　なにいってんの？」と浩太。

「……」とオヤカタは黙って聞いている。

「ただ、高カロリーなものが好きで、ちょっと多めに食べるっていうだけでさ。オヤカタに大食いYouTuberなんて無理なんだよ」と一歩。

「そんなわけない！　オヤカタは大食いだから太ってんだぞ！」と浩太。

「いや、実際、そんなに食べれてないじゃん。それに食べるの遅いし、苦しそうだし。たぶん、いわゆる大食いってのとは違うんだよ」

「そんなわけないだろ！」と浩太。

そのとき、ぼちぼち自覚はしていたのか、オヤカタが泣き出した。

「え？　泣く？」と一歩はうろたえた。

「え？」と浩太ら子どもたちもオヤカタを見た。

太い腕で、悔し涙をぬぐうオヤカタ。

「泣くな！　泣くくらいなら、なぜ食わない！」「そうだ！　食うんだ！　食うんだオヤカタ！」

と熱く励ます浩太たち。

「やめろって」と一歩。

「帰る」というオヤカタ。

「ええ〜」と浩太たちはがっかりしたようにいった。

場は白けて、一歩や浩太たちは、オヤカタを見送ることにした。

玄関で窮屈そうに靴をはくオヤカタに、

「いいじゃん、大食いじゃなくたってYouTuberはできるだろ？」と一歩は励ますつもりで声をかけるが、

「そんなに簡単なことじゃない」とオヤカタはすねていた。

「はあ。でも、なんでそんなにYouTuberになりたいの？」と一歩は尋ねた。

横から浩太らが、「有名になりたいからに決まってんじゃん！」「違うよ！　金持ちになれるからだ！」と口々にいう。オヤカタはふてくされて黙ったままだ。

「有名になるとか、金持ちになるってのは、手段だろ？　本当にしたいことはなんだよ。YouTuberになるとなにが嬉しいの？　有名になったりカネになったりするとなにが嬉しいの？　大切なのはこうしたいっていうビジョンだろ」

一歩は、どこかの受け売りのようなことを聞いてみた。すると、

「お金があったら、お母さんが喜ぶ」とオヤカタはボソリと答えた。

「まあ……そうだね。それが目的?」と一歩。

「それに、大食いYouTuberってほかのYouTuberと違って見ててすごく楽しいし」

「なんで?」

「ご飯をいっぱい、美味しそうに食べてるから。あれを見てると、みんな幸せになれる。みんな笑顔で見てるだろ?」

「え?　あ、そう?　そうかもね」

「大食いYouTuberになると、みんなを幸せにできるんだ」

「……へえ」

そういって、オヤカタは帰っていった。

密かに一歩は、オヤカタの言葉に打たれていた。

「みんなを幸せに……か。そうか。それが食の力だよ!」

一歩はにわかに、やる気を取り戻した。


一歩は再び「カフェ・カオス」を訪れた。

矢弦と隼人がいたので、

「新たなプランを立てました!　子ども向けのお弁当屋です!」

と声をかけてみた。

「は?　子ども向け弁当?　しょぼい食堂じゃなかったのかよ」と隼人はいった。

「見直しました!　僕が解決したい問題は、子どもの食の乱れです!」

一歩は新たなロンチプランを取り出してふたりに見せた。

「僕は、食で人を笑顔にします！」

「ムダにデカい声出すなよ。十分聞こえてっから」

「ふうん。ええやないか。聞こう」

一歩は続けた。

「実は最近、近所の子どもたちの食生活に疑問をもって、子どもたちを観察してみたんです。そしたら塾通いをする子どもたちはみんな、夕食代わりにコンビニの菓子パンとかファーストフードを食べていて」

「そんなの、前もいってなかったか？　まあ、子どもというより、老人や若者が主体だったと思うけど」と隼人。

「いいました。でも、実際にそうした子どもたちを目の当たりにして、それがより切迫した問題に感じられてきたんです。栄養バランスも悪いし、味覚を育てる時期の子どもの食事がこのまじゃ、まずいんじゃないかって」

「そりゃまずいかもしれないけど。そんなの親の責任だろ？」

「近頃は働く母親が増えとるからな。働いとったら、そら子どもの夜食の用意も難しくなるんやろ」

「そうなんです！　母親たちだって、子どもたちの健康を考えると、ホントはあまりコンビニご飯やジャンクフードに頼りたくないはずでしょ？　でも、ほかに選択肢がない」

「ふん。それで？」と矢弦。

「そう、そこで、無添加、無着色、低農薬、栄養バランスの整えられたお手頃な食事という選択肢があったら、きっと利用すると思うんです！」

そう思って、一歩は、子どもたちの保護者にもヒアリングをしてみたのだ。

すると、子どもの食事について「なんとかしたい」と考えている人が多く、「無添加、栄養バランスのいい食事」が簡単に買えるのであれば「ぜひ利用したい」と答える人が多くいた。ヒアリングをしている最中に「いつからやるの？」と熱心に聞いてくる保護者もいたくらいだ。

「特に、夏休みとか、学校給食のない時期のニーズが高いこともわかって。働く母親たちは、毎年『夏休みの子どものお昼ごはんをどうしよう』って悩むそうなんです。だから、僕がその課題を解決する！　うちの近所には塾と学童保育が多いんで、これはやるしかないって！」

「ええやないか」

「まあ、これまでいってた、しょぼい食堂よりはマシかもな」

「やります。これならぜひやってみたいと思います！」

「でもさー。そうした保護者こそ、食の安全性とかブランドにこだわるんじゃないの？　結局あんたの提供するしょぼい料理がどんだけ信頼してもらえるか疑問だな？」と隼人。

「しょぼいしょぼいってイチイチうるさいよ。ちゃんとやるし」と今日の一歩は、隼人の否定的な意見にもひるまない。

「一応、メニューも子どもたちや保護者の意見を踏まえながら設定する予定」と一歩がロンチプランに記載したメニュー例を見せると、

「はあ……、この『肉野菜弁当』ってのはいいけど、なんだよ、この『たくさん食べても絶対

太らないコロッケ』って。そんなもん、あるわけないだろ」と隼人は指さした。

「あ。これ？　これは、そういうのが欲しいっていう子どもがいるんだよ」

オヤカタのことだ。

「それに、なんだよ、このマーク、不細工な……クマ？」

一歩のロンチプランには、「食で人を笑顔にする！」とのキャッチコピーの横に、下手くそな動物の笑顔が描かれていた。

「クマじゃないよ！　クアッカワラビー！」と一歩。

「クアッカワラビ？」と隼人。

「世界一幸せだっていわれているオーストラリアの生き物だよ。いつも笑顔に満ちていて周りを幸せにするっていう」

一歩はそれを店のマークにしようかと考えているのだ。

「小動物？　絵が下手すぎてよくわかんないけど、ネズミの一種か？」と隼人が首を傾げた。

「違うよ！　カンガルー科の……なんかちっちゃいかわいい動物だよ！　もう！　そういうツッコミはいいから！」と一歩はロンチプランに描いた絵を隼人のもとから引っ込めた。

「面白そうやないか、一歩。なにより、これまで以上の熱意が見える。どんどん進めていこう！　楽しくやろう」と矢弦はいった。

「はい！」と一歩。

その頃、現代建築社では新規事業チームがミーティングを開いていた。

「黄島さん、厳しい〜」と春奈が早速、愚痴をこぼしていた。

「厳しくないよ。ホントにこれが君たちのやりたいことかなって、確認をしているだけだよ」と黄島は答えた。

「にしても、厳しいツッコミばかり」と春奈。

その日のチームメンバーは、つくりたい雑誌の企画をひとり三点ずつ提出し、それぞれプレゼンを済ませたところだ。

建物好きの春奈は、日本をはじめとした世界中の個性的な「工場」を紹介する雑誌、風情ある古民家のリノベーションを提案する雑誌、マニアックな間取りを紹介する雑誌を提案していた。

緑川は、子育て中の事情を活かして、子育てのしやすい住まいづくりをテーマにした雑誌や、DIY専門誌、動植物と暮らす住まいづくりの雑誌を提案していた。

青木は、文句をいいながらも、地方にサテライトオフィスを誘致するための宣伝誌、セカンドライフの家づくりを紹介する雑誌、高級物件やレストランのシェアリングについての情報誌の案をあげていた。

黄島がいう。

「みんなのアイデア、とても面白いと思うよ。みんながどういうことに興味があるのか少しわかってきた。でもここからだよ。ここから、やりたいことと、解決したい問題を研ぎ澄ませてほしいんだ」

「やりたいことと、解決したい問題？」と春奈は問い返した。

「そうだよ。僕らはこれから、新規事業を成功させるにあたって、あの矢弦さんもいっていた通り、『起業家のように考え、起業家のように行動』していくんだ。そのためには……、あ、ごめん、青木君は矢弦さんをまだ知らないよね？　今度紹介するよ」

「おかまいなく。自分はまったく興味ないんで結構です」と青木は即座に断った。

「え？　いや、でもねえ……」

「黄島さん、続けましょう。続きが気になります」と春奈。

「あ、うん。……結局、新規事業を進めるにも、くじけることのない熱意や思いがないと続かない。これから、企画案を通すだけでも大変だし、その後、実行に至っても思わぬ障害が何重にもあるからね。そのたびに知恵を働かせたり、人の協力を仰いだり、本当に大変だから、当事者感をもって取り組める課題でないと厳しいんだ」

「……それで、やりたいことが大事ってわけですか」と春奈。

「なかなか、厳しいっすね」と緑川。

「だから、まず僕らの『やりたいこと』『解決したい問題』をよく考えてブラッシュアップする。『やれそう』『ウケそう』というものや、人から与えられた課題を実行するのでなく、当事者感をもって『やりたい！』『絶対やらねば！』と自分たちを突き動かすものにしたいね」

「なるほど……」と春奈。

「で、今日のチームメンバーの意見を受けて、みんなはどう思う？　こうしたい、こんなのやりたいってのがあれば、どんどん意見を出しちゃって」

「うーん……」と春奈と緑川は考える。

「ここからは雑誌や紙媒体に限らなくていいよ。僕なんかは、みんな共通して、生活の多様化に合わせたリフォームやカスタマイズの必要性を感じているのかなと思ったりしたけど。住まいも多様化しようということだね?」

「ああ、なるほど。僕の子育ての家づくりや、赤井さんの古民家の再利用、青木君のセカンドライフの家づくりも、リフォームが大きく関わってきますもんね」と緑川。

「企画を考えるときにちょっと思ったのは、雑誌でなくて、マッチングサイトがあるといいなって。個人が、リフォーム業者を手軽に探せるようなのがあるといいなって」と春奈。

「マッチングサイト?」と黄島。

「リフォームをしたいときに、WEBかアプリでリフォーム会社を簡単に探せるようにするんです。口コミを参照したり、相見積もりが簡単にとれたりして。で、申し込みから支払いまで、できるとか」と春奈。

「ああ、なるほど」と緑川。

「うちの雑誌『リフォーム空間』のブランド力を活かして、『リフォームの施工会社と、利用したい人をつなぐマッチングサイト』をつくるとか」と春奈。

そのとき、青木が口を挟んだ。

「リフォームのマッチングサイトなんて、既存のサイトがいくらでもあるだろ。今さらそれをやる必要がある?」

春奈はムッとした。

「既存のサイトがあることはもちろん知ってます。それでも、『子育て』とか『セカンドライフ』

とかテーマに合わせて使いやすいものはあまりないと思います」

「なるほど、いいね。テーマや目的が大事だもんな」と、黄島は春奈の意見にうなずいた。

「あー……、でもー」と緑川がいいにくそうにいった。

「なに？」と黄島と春奈は緑川を見た。

「たしかにリフォーム市場は、まだ伸びそうでいい気がするんですけど、マッチングサイトってのは前に一度失敗してるから、どうかなあ？　反対されそう」

「え？　失敗？　そうなの？」と春奈。

緑川がいうには、以前も雑誌『商空間』で同じアイデアが出て、カフェ・レストランなどの店舗経営者と、デザイン・建築施工会社とをつなぐマッチングサイトをつくるという計画があった。

「なんでダメになったかというと、そこに関してうちはコンサル業務もやってるでしょう？　青木君とか黒田部長のいる広告営業部で。利用者が、直接建築業者の人を探し出すような仕組みをつくると、コンサル業務と食い合うって社内の強い反発があって」

現代建築社では、店舗経営者向けに、建築業者を紹介するイベントやコンサルティングを行ったりしている。それは今では会社の一大事業になっていた。

「……カニバリズムか」と黄島。

「なんですか？　それ」と春奈。

「本業・既存事業と新たにやる事業とが競合してしまって、自社で市場を食い合ったりと、共食いの現象が起こることだよ」

「共食い？」

「うん。既存事業を破壊させて非効率なことだと警戒されるけど、警戒してばかりじゃね。コンサルよりマッチングサイトが便利だというなら、いずれどこかがサイトをつくるだろうから、自社でやってしまうのもいいと思うけどね。他社にやられるより、いっそ、自分たちで打って出て、市場の未来像をいち早く押さえてしまうんだ」

「なるほど」と春奈。

緑川が、以前の失敗事例について補足した。

「一応、前回はそれでも、プロジェクトチームにマッチングサイトを手早くつくり上げる行動力あるメンバーがいたので、とりあえず枠組みはつくってみたようですけどね。でも結局、デザイン・建築会社の情報を載せようにも、営業の協力などが得られなくて登録情報が集まらず、目も当てられない結果に終わったとか。結果、『しょぼいサイトにムダなカネと時間を使った』とプロジェクトチームは、さんざんな評価だったとも」

「ええ？　なにそれ、ひどいいわれ方」と春奈がいうと、

「まったくだ」と黄島も応じた。

「また同じことになるのはごめんだな」と青木は淡々とスマートフォンに目を落としながらいった。

「……ホント、ネガティブなことしかいわないね」と春奈。

「大丈夫だよ。同じ失敗は繰り返さないように今、話し合ってるんだから」と黄島。

「だいたい、会社が評価しないってのに、社員に熱意ややる気を求めるってのは、ブラック企業の常套手段じゃないですか。……ブラック企業にたしかにいますよね、そういうバカな社員。

低賃金・休みなしなのに、やたらやる気を出して働く奴」と青木。

「は?」と春奈。

「……なるほど。そういう考え方もあるのか」と緑川。

「自分はそうやって、安く使われるのはごめんです」と青木。

「いや、そんなことないよ。与えられた仕事を頑張るのでなく、『こうしたい』という意志をもって会社を使うんだ。会社のためでなく、自分のために会社を使って新しいことをやるんだよ」と黄島。

「詭弁だと思います」と青木。

「あのねえ」と憤る春奈の言葉を遮り、

「そんなにやりたきゃ、みなさんで勝手にどうぞ。自分は、もう帰っていいすかね」と青木は立ち上がった。

「ええ? まだ話、終わってないし!」と春奈。

「もう時間だろ? ダラダラやるのは勘弁してほしい」と青木はスマートフォンの時間を見せて出ていった。

「なんなの!? もう、感じ悪ッ!」とイライラする春奈に、

「……ぶれないねえ、彼も」と青木を見送る黄島と緑川だった。

その夜、白石美月は、待ち合わせのレストランに早くついてしまった。仕事が早く片づいたせいでもあったが、いち早く誰かと話をしたかったからだ。

美月はスマートフォンを取り出し一歩に電話をかけてみた。一歩が出るのを待つが、すぐに留守番電話に切り替わってしまった。

「……」と諦めて電話を切ると、

「ごめん！　待った？」と春奈がバタバタとやってきた。

「ううん。今、来たとこ」と美月が答えると、スマートフォンにメールの着信があった。見ると、「ごめん！　今忙しいから、また連絡する！　一歩」とあった。

『また』っていつよ」と美月が思わずスマートフォンに怒ると、

「え？　なに？」と春奈が向かいでメニューを開きながらいった。

「ううん、なんでもない」と美月はスマートフォンを置いた。

「いや、遅れてごめん。今、会社にすっごいムカつく人がいてさー。そいつの文句をタラタラ愚痴ってたら、遅れちゃった！」

「いいよ、こっちこそ、忙しいのにつき合わせて、ごめんなさい」

「いやいや、ってか、ビックリした！　なに？　ニューヨーク転勤って」

「まだ決まったわけじゃないよ。来年ひとり欠員になるからどうかって、打診されて」

「ええ？　行くの？　美月、海外勤務なんて希望してたっけ？」

「入社のとき、面白そうだから行ってみたい、とはたしかにいってたんだけど。今はちょっと」と美月。ちょうど今、やりたいことがあるので、正直、あまり嬉しくないのだ。

美月は会社で、あるクライアントから「香害」に関する調査を依頼されたことから、「香害」の問題に興味をもち始めていた。

「香害」とは、香りがついた洗剤・柔軟剤などの香料に含まれる成分から、頭痛やアレルギーなどの健康被害が引き起こされることだ。化学物質からアレルギー反応などが起きる化学物質過敏症の一種といえる。

調査をするうちに、美月は、香害のために学校に通えない子どもたちや、就業できない若者たちに出会った。そのとき、美月は、彼らの健康被害の切実さを目の当たりにし、彼らのためになにかをしたいと強く心を動かされたのだ。

美月は、それまで漠然と「社会に役立つ研究がしたい」と思ってはいたが、なにをしていいのかわからないまま過ごしていた。そんな美月がようやく「これだ！」と思えるものに出会えたのだ。

なので、今、美月は、「香害を含めた化学物質過敏症の人たちの支援」をしたいと考えている。具体的には、彼らの就労場所をつくるような仕事をしたいと思っているのだ。

「そこまで『やりたい！』と思えることがあってホント羨ましい」と春奈はいうが、

「でもね。そう考えて調べてるだけで、まだ具体的なことはなにもできてないんだよね。そんなときに、海外転勤しちゃうとますます、このことから遠のきそうで……」

「まあ、でも長く行くわけじゃないんでしょ？　とりあえず行って帰って来てからチャレンジしてもよくない？」

「行くのは三年とかだけど。今の三年って大きくない？」

「うーん。でも海外転勤、面白そうだけどなあ。なにか新たなやりたいことが見つかるかもしれないし」

「うん……」

「……もしかして、新田君のことが引っかかってる？」

「別に」

まったく引っかかってないといえば、嘘になるけど、と続く言葉は飲み込んだ。

「海外転勤したいと思ってるのに、新田君のことが気になって行けないっていうなら、私は全力で海外転勤をお勧めするけど」

「違うって。だから」

「……それもそうだよね。美月は、『行きたい』と思ったら、迷わず行くもんね。ごめんごめん。やりたいって思って引っかかっているのは、香害の話のほうだよね」

「うん」

「であれば、実はいいもの持ってきた」

春奈はＹＮＬＩ（Yamato Nadeshiko's Leadership Initiative）と書かれたパンフレットを美月に差し出した。

「ＹＮＬＩ？」

「こないだ起業家の集まる『カフェ・カオス』ってのがあるって話したじゃん？　そこのボスでもある変態おじさんに『世界を変える日本人女性リーダーにお勧めのプログラムや』っていわれて」

「変態おじさん？　日本人女性リーダー？」

「これ、アメリカのすごい財団の女性慈善事業家が主催している『日本人女性向け』のプログラムなんだって。変わってるでしょ？　ＮＰＯとか、社会起業家とか、『世界を変えたい』という日本人女性を手厚くサポートしてくれるみたい。起業のフレームワークの指導あり、実地研修あり、と、すごく充実した内容で、主催者も参加者もすごくエネルギッシュ。ヘタレの私にはハードルが高いけど、志ある変態の美月には合いそう」

「誰が変態よ」

「十分変態でしょうよ。まあ、起業家がいう変態ってのは、『世の中に変革をもたらす人』のことみたいだけど。ＹＮＬＩ、興味あったら受けてみなよ。毎年春と秋に四週間、ボストンで研修があるらしくって、今年の秋の参加者の選抜がそろそろ行われるはずだからさ。美月なら受かるかも」

「へえ」と美月は興味深げにパンフレットに目を落とした。

春奈と楽しく食事を終えた後、美月は、ひとり暮らしをするマンションへと電車で向かった。一歩のことで気持ちがふさがっていたが、春奈のおかげで少し気分が明るくなっていた。

電車の中で、美月は、ふと、隣でつり革を持つ女性のエンゲージリングに目がいった。

前に一歩に会ったとき、一歩がこっそりエンゲージリングのことを調べたりしていたので、結婚を意識しているのだと気がついた。本人は隠しているつもりなのかもしれないが、一歩は隙だらけで、だいたいのことはバレバレだ。

だがその後、突然会うのを避けられるようになってしまった。

あのタイミングで、避けるようになったということは、なにか結婚に迷いや支障が生じたのかもしれない、と美月は思っていた。

もしくは、美月自身に結婚に迷いがあったことに鋭く気づいて、結婚自体をやめようと思ったのかもしれない。

そんなことを考えているとまた美月の気持ちは沈んできた。

気を取り直して、美月は顔を上げて外の景色に目をやった。なにも考えないようにしても、まだ悶々と同じことを思い出してしまう。

最後に一歩に会ったとき、美月は、香害への興味が強まっていた頃だったので、正直、「このまま結婚していいのかな。ちゃんとやりたいことと両立できるかな」とハタと不安を感じてしまったのだった。ふと、この先自分は、どういう生き方をしていくのだろうという思いがよぎり、「このままプロポーズされても困る」と思ってしまったのだ。

当時はちょうど、会社の女性の先輩たちを見て、キャリアと結婚の両立は難しそうだと感じていた時期でもあった。比較的キャリア志向の強い女性が多い職場であるものの、夫の転勤に合わせて仕事を辞めてしまう先輩も多く、育児・出産を機に、キャリアが断絶されてしまった先輩も少なくない。やはり女性はそうした点でハンデがあるように感じてしまうのだ。もし自分がキャリアと育児などを両立させたいなら、パートナーの理解と協力が不可欠だ。

そう思うとともに、「一歩はこれから先のことをどう考えているんだろう?」という疑問もわいた。美月は、一歩が、人生でなにをやりたいと考えているのか、今ひとつ理解できないでいた。

大学時代に一歩と出会ったとき、一歩は「学校の先生になろうかな」と話していた。それを聞いた当時、美月は、一歩ならきっといい先生になるだろうなと、思っていた。

実際、一歩は、ボランティア先でも、子どもたちの面倒をよく見るし、子どもたちからよく慕われた。美月と違って、人見知りもしないので、誰とでも気さくに話すし、それでいて、多少の人間関係のいざこざでは動じない強さがあったりもする。一見、頼りないようでいて、自分がこうだと思ったことは、頑固に貫くところがある。

そんなところを、美月は素直にいいなと思っていたのだが、一歩は、結局、教師にはならずに会社員になった。

「人に教える前に、自分がものを知らないから。とりあえず普通に働いてみようかなって」というのがその理由だった。

で、その「とりあえず普通に」のまま、三年が経っている。

最後に一歩に会った日に、美月は「一歩はこの先、どうしたいとか考えてる？」と聞いていた。

美月の言葉に、「この先？」と一歩がキョトンと問い返すので、「五年後とか、十年後とか、一歩はなにしてる？　やりたいこととか、ある？」と美月は尋ねた。

一歩は、う〜ん、と考えたのち、「二児の父！」といった。

今度は美月がその言葉にキョトンとした。

「はい？　二児の父？」と美月。

「うん」と一歩。

一歩の中では、仕事や生き方うんぬんはさておき、家庭をもつことだけが確定しているらしかった。

「そういうんじゃなくって、仕事とかどうしてる？　ってつもりで聞いたんだけど。人生でやりたいこととかないの？　学校の先生になりたいって話は？」

「学校の先生は、もういいかなあ。会社もそこそこ楽しいし。普通に会社員やるよ」

「普通に会社員って」と美月は拍子抜けした。

「会社員でなにをしたいかって話を、聞きたかったんだけど？」と美月には急に一歩が頼りなく思えてきた。

だが、そのときの一歩にそれ以上聞いても仕方がない気がしたし、自分だって普通の会社員だ。やりたいことが見えてきたとはいえ、まだなにもやっていない。それ以上ははっきりと聞けないものの、そのときの美月は確信めいて思ったものだった。

「結婚には、ビジョンがいる」と。

ふたりがどう生きていきたいか、果たして一歩のビジョンの中に自分はいるのか、自分はどう生きたいのか、結婚を考えるなら、そういうことを話したいのに……。

そのとき、美月はたしかに、一歩との将来に不安と不満を覚えた。

もしかするとそれが一歩にしっかり伝わってしまったのかもしれない。

「お互い、不満や不安があるなら話し合おうよ」

美月はそう思うが、なぜか今、一歩は美月と話をしたくないようだ。

ハッキリと「相談したいことがある」とメールしても軽くはぐらかされてしまう。

それが、別れたいためか、別れたくないためか、よくわからない。ただ、美月は不安になると悪い可能性のほうを信じて、鬱になりがちだ。

最寄り駅で電車を降り、美月は、改札を出た。

時々、一歩が予告なしにここで待っているときがある。

つい目が、一歩を探してしまう。

だが、一歩はいない。

「……バッカみたい」

美月は、自分に対してか、一歩に対してか、どちらかわからない文句をつぶやいて、家へと向かった。

解説

「これはなんだ?」より「これはなにになる?」と考える「知」のコネクトがイノベーションを生む

「決めつけ・正解」より「新しさ・可能性」を探る

創造力とは想像力がものをいいます。その想像力は、すべての人が、多種多様にもっているものです。想像力は誰にでもあります。

では、想像力を高めるにはどうすればいいか。子どもの頃を思い出す?　それもいいかもしれません。子どもだからこそ、できないことがたくさんあったはず。あれがないとダメ、これがないとダメ、と制限があるからこれは無理だ、ではなくて、想像力をたくましく膨らませて、なにかしらの形で実現させたはずです。

ここに、面白いエクササイズがあります。バブソン大学では、図面を題材に新しい商品開発をする授業があります。パワーポイントのスライドを用いて、既存の商品の図面だけを学生たちに見せるのです。「これをもとに一時間でロンチプランを作成しなさい」。チームごとに新商品開発をすることになります。

たとえば、特許事務所のWEBサイトから参照した「ペイント・ローラー」。本来登録されていた内容は、手の届かないところも自分で日焼け止めが塗れるようにというアイデア商品ですが、過去十年間、この内容と合致するロンチプランをつくったチームはいません。「マシュマロを焼く棒」「マッサージ機」「ガーデン耕耘機《こううんき》」など答えはさまざま。当たり前といえば当たり前。図面だけでは、その材質も大きさも不明だから、想像力が掻き立てられます。ひとりでなく多種多様な価値観・趣味をもったチームメイト全員が知恵を絞り出すから、いろいろなアイデアが出ます。それでいい。それがいいのです。

Creativity is less about "what is this?" and more about "what can this be"?
創造力は「これはなんだ？」より「これはなにになる？」で生まれる。

それが想像力をともなう創造力です。正解はありません。それぞれの人のアイデアがオリジナルなアイデア。新しいものの探求には「これはなんだ？」ではなく、「これはなにになる？」なのです。答えは無限大。

「知見」のコネクトで想像力が高まる

固定観念を揺さぶる質問についてみんなで考えて想像力を高めるという方法以外に、創造性を高めるのにはどのような方法があるのか？

つながることです。コネクトすることです。英語でいうところのネットワーキング。

従来のイノベーションは隔離された離島でマッドサイエンティストが天才的な発明をする、というイメージでした。そこまでいわないまでも、「孤立」している状態でした。ニコラ・テスラの研究所、ウォルト・ディズニー、ウィリアム・ヒューレットとデビッド・パッカード、スティーブ・ジョブズの家のガレージや作業部屋は有名です。

しかし、今日のイノベーションは違います。「知」がコネクトすることで生まれる。知は人が持ち込む。よって「人」がコネクトすることでイノベーションが生まれるのです。

さまざまな人が集まり、情報・知識が折り重なるようにたまっていく集積地、イノベーション・ハブというコンセプトがあります。

イノベーション・ハブでは、さまざまな組織からイノベーション関係者（起業家、投資家、企業R&D担当者、政策関係者、教育者等）が集い、情報・知識を交換し、教え合い、学び合う。そこでは皆がアメーバのように形を変えながら混ざり合います。創造、すなわち新しいものの発見は特に異業種間あるいは異文化交流から起こります。異分野・異業種での知見をコネクトすることでイノベーションが起きるのです。

なぜか。学説的な説明をするのであれば、グラノベターが提唱する**strength of weak ties**（弱

い紐帯《ちゅうたい》の強さ）、普段よく話をする相手（結びつきの強い同士）よりも普段あまり会話をしない相手（結びつきの弱い同士）のほうが新しい情報が伝達されるという概念です。さらにいうと、バートが提唱する**structural holes（構造的空隙《くうげき》）、ネットワークの構造上、穴が空いたところこそ重要な情報が隠れているという概念**です。

いずれにしても、人的ネットワークの中から今まで考えられていない方法を見出すことができるということです。多様性・複雑性にこそ新たな創造があります。だからこそ、コネクトすることで新たな価値を創造できるのです。

事実、プロキシミティ（接近度・近接度）に関する学術論文の中には、違うビルよりも同じビル内、違うフロアよりも同じフロア、離れたオフィスよりも廊下を挟んだ場所など、近ければ近いほどコネクトしやすく、コラボレーションそしてイノベーションが生まれるという研究が多く存在します。

第八章　失敗は必然、柔軟な方向転換が必要

Entrepreneurship is about taking calculated risk and thriving under uncertainty.
起業道とは、計算されたリスクをとることであり、不確実性を味方につけることである。

「子ども向けの弁当屋だけど、イートインスペースは確保したいな。子どもたちがそこでも食べられるように」

一歩が、「カフェ・カオス」で、ロンチプランを見直していると、

「結局、しょぼい食堂に戻ったりして」と隼人が茶々を入れた。

「そんなことない」と一歩は反論した。

「どうだか。結局、いろいろ欲張って、結局、老人にも若者にもって対象を広げて、普通の弁当屋や食堂と変わんなくなるんじゃないの？」

「……うーん。そんなことない！……はず」

「ほら、自信ないんじゃないか。結局、売れなくて、カレーとかラーメンとかジャンキーなメニューに頼ってたりして」

「万が一そうなってもヘルシーなカレーやラーメンにするから大丈夫！」

「けッ。ヘルシーなカレーとかラーメンとか、まずそう」

「てか、なんすか、さっきから。暇なんすか」

「プランを磨くの、手伝ってやってんじゃん」

『手伝う』の意味がわからないし」

「しょぼいメニューで売れない弁当屋になったら困るだろ？」

そのとき、ふたりの会話を聞いていた矢弦が口を挟んだ。

「ほな、ここで問題」

「？」

一歩と隼人は矢弦を振り返った。

「君らが、仮に、起業してレストランを経営するとしよう」

「……はい」

「その場合、①ハンバーガーショップ、②創作料理、どちらがええか」

「ハンバーガーショップと創作料理？」

一歩は復唱した。

「そりゃ、出す地域にもよるでしょ？　どこで出すっていうんです？　どんな地域で？　住民がどんなふうだとか、その土地がどんな環境だとか、判断するにはもっとデータが必要ですよね？」

隼人は問題に物言いをつけた。

「僕は、創作料理かなぁ。面白そうだし」

「は？　おまえ、ホント、バカだな。立地も客層も考えないで、なぜ決められる？　それに創作料理にしたって、内容次第で当たり外れあるだろ。早計すぎる」

「で？　結局、隼人はどっちやねん」

矢弦は尋ねた。

「こんなので正解なんて選べるわけないですよね？　情報がなさすぎる。強いていうなら、まだ需要があるとわかっているハンバーガーショップですけど」

「ふうん。なるほどな」

矢弦は笑っている。

「え？　俺、間違えました？」

一歩は不安になる。

「いや。一歩、正解や」

「え？　んなわけない!?　なんでハンバーガーショップが間違いなんですか！」

隼人は異を唱える。

「隼人、ハンバーガーショップも正解や」

「え⁉」

矢弦の回答に思わず、キョトンとする一歩と隼人。

「なにが『え⁉』や。正解はなにもひとつとは限らへん。特に起業の世界で『正解がひとつ』なんて思わんことや」

「正解はひとつじゃない？」

「せや。この問題の本質は、両方正解であるということと、それぞれリスクの感覚が違うということや」

「どういう意味ですか？」

隼人が腑に落ちない様子で尋ねる。

「つまり」

矢弦は説明する。

「ハンバーガーショップを選んだ人は、そこに需要があることを理解していて、つくれば必ず客は来るとわかっている。そこで勝負をすることを好む人や」

「ああ、なるほど」一歩は思わずうなずく。

「その選択のリスクは、熾烈な競争環境。成功するためには、競合他社が多い市場で、どうやって差別化するか、どうやってしのぎを削るか。ビジネスのネタを既存の市場の中から探すことになる」

「たしかにハンバーガーショップはすでに世の中にあふれていますもんね。どうやって勝ち残るかは、そこでの工夫次第というか」

「一方、創作料理を選んだ人は、クリエイティブに自分の好きな食材で、変わった料理をつくって、客に提供することを好む人。その選択のリスクは、そこに需要があるかどうか、やってみないとわからんことや。自分がどれだけうまいと思っていても、誰もが好きになるとは限らへん。やってみても客がつくとは限らんし、ビジネスのネタも、既存のものから探すのでなく、新規に創造することになる」

「な、る、ほ、ど。まさに今、僕がしようとしていることは、それかも」

「たしかに需要があるかどうか、微妙だしな」

一歩が答えると隼人が畳みかけてきた。

「ちなみに、ハンバーガーショップを選んだのは、**Causationというロジックに基づくアプローチ。Causationっちゅうのは、因果関係を重視して『なにをすればなにが起こる』というように過去のデータから順に予測を立てて進めるロジック**や」

「……コーゼーション？　過去のデータから順に？・？・」

「せや。まず、ハンバーガーというニーズが存在する。そして、そのニーズを客層によってセグメント化（どういう客層にどういう形態のハンバーガーがよいかなどを考案）したうえで、ある層をターゲットと設定する。たとえば子ども向けと決めた場合は、サイズを小さくするなり、おもちゃをつけるなり、そのターゲットのニーズに対してビジネスアイデア（商品、価格、プロモーション、販売手法など）を効果的にポジショニングするんや」

「はあ……」

「一方、創作料理のほうは、**Effectuationというロジック。Effectuationは、今あるものでとにかくなにか始めて、そこに新しい資源（ヒト・モノ・カネ）を加えることで最適化・変化・進化させるというロジック**になる。ヒト・モノ・カネを組み合わせることでニーズ自体を創出するというものや」

「エフェクチュエーション……」

「たとえば、一歩が今もっている資源を使って、最適なものを提供してみる。たとえば、一歩の料理の力を使って、一歩の考える料理を子どもたちに提供してみて、その反応を見る、とかな。その客の反応によってまた内容や提供方法を変えていく。意見を聞いてメニューを変えたり、人手が足りなければ、ビジョンに賛同してくれるおばちゃんたちに手伝ってもらう、とかな。既存のネタに頼るのでなく、そうして新しいものをつくっていくんや」

「なるほど。どちらも『正解』というのは、僕と隼人さんとで、考え方、リスクのとらえ方が違うからってことですね？　僕には僕の、隼人さんには隼人さんなりの正解があって……」

「その通りや、一歩。**リスクは相対的な概念や。人によって、経験によって、価値観によって、また、得意不得意によって、リスクの度合いは変わる**ねん。他人がどういおうと、**大事なんは、自分自身にとって、リスクが低いと感じられるかどうかや**」

「……自分にとってリスクが低いかどうか？」

「せや。**リスクは最終的には自分で判断するもの**。本人の情熱、リスクの認識、イケるという感覚と不確実性をどこに感じているかによって、正解が変わってくるんや」

「正解が変わるっていわれてもなあ……」

隼人はまだ不服そうな顔をしている。

「なるほど。正解はひとつじゃない。だから、僕は僕の選択で進めるしかないってことですね」

「フン。おまえはいいよな。単純で。深く考えないから簡単にやれるんだ」

「ダメならまたそのとき考えればいいってだけじゃん」

「そんな無鉄砲な奴ばかりじゃないんだよ。リスクに対して慎重になるのが普通だろ?」

その隼人は、失敗を恐れてなかなか行動に出られずにいるようだ。

「隼人。それでも『最大のリスクは、行動して失敗することより、行動をしないこと』や。どんなにロジカルに準備しても、失敗は避けられへん。まずは行動。失敗しても、そこから学んで味方にすればええんや。不平不満、批評ばっかりせんと、身体を動かせ。やってみんかい」

「俺は、世界を動かすようなビッグなことをしたいんです。そのために準備に時間がかかるのは当然でしょう?」

「『なにごとも、始めるために偉大である必要はないが、偉大になるためにはなにかを始めなければならない』や」

矢弦の言葉に、フンと鼻白む隼人。

「起業に最も重要なことは、特殊な知識やテクニックやない。機会を見つけ、失敗を恐れずどんどん行動して、ベストフィットの方法を模索していくという考え方と姿勢や。生きている情報とフィードバック。それを活かして、アイデアをブラッシュアップする。だから行動しないとなにも始まらん」

「ちぇ」

「はい！」

矢弦の言葉を受け、不機嫌そうな隼人と、素直に納得した一歩は、それぞれその場を後にした。

一歩はその後も「子ども向けの弁当屋」の構想を練り続けていた。

一歩が家でメニューの試作品をつくろうとしていると、ふと冷蔵庫のカレンダーが目に入った。

「あ」

再来週は美月の誕生日だ。

「あれ？　もう晩御飯の準備してるの？」

姉が現れたので、一歩は慌ててカレンダーから目を逸らした。

「なに？　カレンダーがなにか？」

「別に」

姉はカレンダーに目をやる。

「ああ。もうすぐ美月ちゃんの誕生日か」

「な、なぜそれを！」

「だって、あんたたちそろって誕生日がゾロ目なんでしょ？　半年おきの。知りたくもないけどあんたがいってたじゃん。あんたが十二月十二日で美月ちゃんがたしか六月六日」

「……ふん」

「なに？　悩んでることあったら、お姉さまが相談に乗ろうか？」

「謹んでお断りします」

「まあ、お金もないし仕事もないんじゃ、会いにくいよねえ」

「あっち行ってください」

「てか、あんたバイトしてるの？　ベトナム料理店で。あのさあ。当座のお金なら私と母さんが手当てしてあげるから、ちゃんと就活に集中しなよ」

一歩は近頃、起業を想定して、ファンの店でバイトしつつ飲食業の経営を学ばせてもらっているのだった。

「うっさいなぁ。俺だってちゃんと考えてんだよ」

「だから。余計な心配しないで、就活に専念していいって、いってるんじゃん」

「余計なお世話です。だいたい、俺……就職しないから」

「は？」

「俺、起業する」

「はい？」


一歩は、「美月ともちゃんと話さないとな」と考えていた。そう思いながらも、会わないまま、気づけばずいぶんと時間が経っている。

美月とは社会人になってからも、月に数回、会うのが常だった。会社帰りに食事に行ったり、週末はひとり暮らしの美月の家に転がり込んだり、一緒にマラソン大会に参加したり、一歩の会社の社員向けイベントに参加してもらったこともある。

だが今は、メールやＳＮＳで当たり障りのないメッセージのやり取りだけになっている。電話は、美月に嘘をつくのが嫌なので、極力避けている。

「別に、失業中なのがバレちゃいけないってわけじゃないけどさぁ……」

カッコ悪いだろ。

たしか、最後に会ったとき、美月は、会社で書いた環境アレルギーについての論文がどこかの財団から表彰されたといっていた。よくわからないけど美月はすごい奴なのだ。なんだか、今は、化学物質過敏症を訴える人たちの就労問題に取り組みたいという、高い志をもっているらしい。どこでどう過ごせばそんな高い志が生まれるのか一歩にはよくわからないが、一歩は素直に、そんな美月が誇らしい。美月は志が高いだけでなくて、懸命に努力もする。その頑張っている姿を一歩も見知っていたので、美月が表彰されたりするのは純粋に嬉しい。ただ難点は、時に自分が小さく思えてしまうことだ。

それでも、とどろきスポーツで轟社長と新規事業に取り組んでいたときは、仕事にやりがいもあったし、楽しかったし、日々充実感を得ていた。そのため、自分のしょぼさなど、気にも留めなかった。それが、今や……。

職なし、カネなし、取り柄なし。

輝かしい美月に対してなんという体たらく。

「なんとかしないとな、俺」

おそらく失業したと伝えると、優しい美月は、一歩を突き放すことなく、全力で励まし支えてくれることだろう。再就職に向けて建設的な意見をよこしてくるかもしれない。だが、それが今の一歩には、なんとなくわずらわしいのだ。

「俺だって、絶対にこのままじゃ終わらない！」

その一歩を突き動かしているのは、あのとき、矢弦にいわれた言葉だ。


ほう、会社が潰れた？　そらおめでとう！

人生を見直すチャンスや！　青年！

今こそ「やりたいこと」をやるチャンスや。

「やりたいこと・ワクワクすること」をやることや。

この先行き不透明な時代を生き抜く力となる。

そしてそれが、不便・不条理な世の中を変えていく力、世界を変えていく力になるんや。


「世界を変える？　こんな俺でも——？」

半信半疑ながらも、一歩は何度その矢弦の言葉を反芻《はんすう》したかわからない。

「俺はやる。やりたいことをやって、世界をより良くしてみせる！」

そして、その輝かしい未来で、きっと自分は美月とイキイキと生きている！

「……はず、だよね」と一歩は料理をしながらつぶやいた。


「ぜえええええったいに無理だから！」

姉は、怒った顔で一歩にいった。

夕飯の時刻になっても、食卓に皿は並べられない。

姉が「食事どころじゃない、緊急会議よ！」といって、母を呼び、姉の旦那も呼び、「就職しない」という一歩を説得するために集まったのだ。

「起業なんて、絶対ありえないから！　なにバカなこと考えてるの？」

トゲのある姉の言葉に、

「まあまあ、一歩君だって就活が大変なんだよ。『就職したくない』ってぼやきたくなる気持ちもわかる。イチイチそんなに目くじら立てることないじゃないか。なあ、一歩君」

義理の兄がなだめるようにいった。

「いや。俺、ホントに起業するから。というか弁当屋をやる」

「はあ？　バッカじゃないの⁉」

「一体、どうしたの？　なんで就職じゃダメなの？」

母も口を挟んだ。

「やりたいことがあるから」

「はあ？　なんで弁当屋なのよ？　あんた飲食業の厳しさを絶対にわかってないって！　一度、飲食店のワンオペ店長でもやってみろっての！　あんたなんかすぐ尻尾巻いて逃げ出すって！」

姉の口撃は止まらない。

「飲食業ならなんでもいいって話じゃないんだよ。やりたいことが先にあって、それには弁当屋がいいってだけ！」

「なにいってんの？　ああ。なんとかいう起業カフェでおかしなことを吹き込まれたか！　起業なんてあんたなんかの手に負えるもんじゃない。あんたの好きなあの轟社長だって、挙句の果てはどうなったのよ？　失敗して、一家離散で首吊ったか、海に沈められたかしてんでしょうが！」

「轟社長は関係ないだろ！」

「起業するってそういうことよ！　経営がうまくいかなきゃ、借金背負って周りに迷惑かけて、収拾がつかなくなるのよ！」

「あのさあ、起業ってそんなのばかりじゃないから。できることをできる範囲で少しずつ始めていく人だっているんだから」

「はあ？」と姉は一歩をにらみつけた。

「一歩、起業なんか無理よ。うちはお金ないし。あんたが失敗しても誰も支えられないよ」と母も、困ったような顔をしていった。

「そうよ！　一歩。あんた、これからは、私たちが、母さんを支えていくことも考えないといけないんだから」

「お金はこれからなんとかするし」

「甘い！　なんとかなりゃしないって！」

「ムリって決めつけるなよ！」

「一歩。会社に就職するのが一番、安全よ。母さんだって、父さんが亡くなって困ってるところを父さんの会社が雇用してくれたわけだからね。会社員であることで守られてきたことがたくさんあるわ」

「でも、父さんや母さんの時代と違って、今は、会社が社員を守ってくれるわけじゃないよ」

「そりゃ、とどろきスポーツの件が特別だっただけで。そんな会社ばっかりじゃないと思うわよ。そんな悲観することないわ」

母は一歩をなだめるようにいった。

「そうだよ。一歩君。よければ、僕も知り合いの会社に聞いてみるし、落ち着いて就職の線で考え直そう。起業なんてものは半分以上が失敗するんだからね。まず現実的な話じゃないよ」

義兄もいい添えた。

最終的に、一歩の「起業する」という言葉は「就活できないストレスからくる、ただの迷いごと」ととられたようだ。


翌日、一歩は「カフェ・カオス」を訪れた。

一歩が、昨日の出来事を矢弦に話すと、

「親ブロックっちゅうやつやな」と矢弦はいった。

「親ブロック?」

「あんたもか。親ブロックちゅうのは根深いねえ」と光代までが来て説明してくれた。

●「親ブロック」子どもが起業するといえば親が猛反対する
●「嫁ブロック」夫が起業するといえば嫁が猛反対する
●「子ブロック」親が起業するといえば子どもが猛反対する

「『子ブロック』なんてものまで、あるんですか」

「実は日本ではシニア起業も多いからな」

「家族はみんな、反対するんですね？」

「それは、日本が失敗っちゅうもんに寛容じゃないからや」

「しゃあないわね。日本は『みんなと同じ』から外れて失敗したらなかなかはい上がれないような社会になってるし。一度踏み外したらもうまっとうな道に戻れんかもしれん。そんな中で、家族は手放しで『やってみろ』とはなかなかいえんわね」

「家族に賛同してもらえないのは、凹みますけどね……」

「家族はあんたのことが心配でいうてはるんやろけどな。日本は失敗するとみんなから袋叩きにされる文化やし」

光代のその言葉に矢弦が反応し、

「なんで失敗を叩くねん。挑戦したら失敗はつきものや。失敗はいくらでも成功に導いてくれるのに、失敗を許さない文化、社会の仕組みはナンセンスや」

「そうはいっても、日本ではあんたのいう『失敗なんてラッキー』ってことになるには、あと百年はかかるかもしれんで」

「バカげとる」

「うちの家なんか、特に心配性で。『起業なんてものは半分以上が失敗するんだからね』とかいってきましたね」と一歩がいうと、

「まあ、それはそうやな」と矢弦は応じた。

「え？　そうなんですか」

「新事業会社に限って見ると、新規登録の五年後には約半分（五十パーセント）の会社がなんらかの形で消えていく。起業の世界ではこれを5－50ルールと呼ぶ。つまり、起業家ひとりひとりが成功を目指しても、残念ながらその大半は失敗してしまうねん」

「そんな！　ダメじゃないですか！」

「なんでや。あかんかったら、またやり直せばええだけや。いうとくけど、倒産したから終わりっちゅうことではないで。逆に聞くけど、失敗したからって、なんでそれで終わりやと思うねん」

「ええ!?　そう思うでしょ、普通……」

「あのな」

「はい」

「なにか新しいことをしようというときに、失敗は絶対に避けられへん。大事なんは、その失敗をどう乗り越え、その後の成功にどう活かしていくか、や。これからの時代、想定外のこと、未知のことはいっぱい出てくる。そうした答えのない困難にぶち当たったときに、その問題をどう解決していくか。そうした力が必要になってくるねん」

「……はい」

「失敗は必然。それを成功に導いていく力が大切や。社会も、ただミスを否定するのでなく、ミスを許し、共有して再発を防ぐ、というふうに変わっていかんと」

「はあ、そうですね」

そうはいうものの、当面どうすればいいものか、と考えあぐねる一歩。

「それはそうと、矢弦さんは、なんでこんな仕事をしようと思ったんですか？」

「わしか？　わしは、生まれてン十年、自分の好きなことしかしてこんかった。自分のことばっかりで。そのせいで三度死にかけて」

「はい？」

「それで、それまでの行いをあらためて、生き直すことにしたんや。世の中には、やりたいこと、情熱があってもうまく実行できへん人たちがようさんいる。それを知って、今度は、そういう人たちを応援するような生き方をしようと思たんや」

「むむ……三度死にかけた話のほうが気になって後の話が入ってこないんですけど。なにがあったんですか」

光代が代わりに答えた。

「そら、昔から、行ったらアカンというとこに行くし、食べたらアカンというもんを食べるし、話したらアカンということを話してまうからや。やったらアカンといわれるものにことごとく手を出すねんから、自業自得やね」

「なにいうてんねん。だからこそ、他人とは違う質の経験・学習を重ねられるんやないかい。『経験に勝るものなし』や。特に不確実性の高い起業の世界ではな。なあ、一歩」と矢弦。

「はあ……ていわれても」とあっけにとられている一歩。

「別に、これは自分に対してだけやないで、他人にも勧めてる。『人が選ぶであろう選択肢を避けて、なるべくタフなもの、挑戦の難易度が高いものにチャレンジする』ってことをな」

「簡単にいいますけど」という一歩に、

「アカン、これはまだまだやらかす気やな」と呆れている光代。

「起業の世界にショートカットなどないねん。簡単なほうばかりに向かっていてはみんなと同じや。あえて困難な道を選ぶのもあり。より学習機会が増えるし、達成感も蓄積される。経験値・自信も高くなる」と矢弦。

「はあ……」

「死なへん程度にやりや」と光代。

「……。そういう光代さんは一体（何者?）」

「わてか？　芦屋のお嬢や」

「自分でお嬢とかいいます?」

光代は、関西の高級住宅街、芦屋に住む資産家の一族で、本家が矢弦の行う事業のいくつかに投資をしているので、監視役として派遣されているという。

「矢弦さんの見張り番ってことですか？　え？　てか、矢弦さん、現役の起業家なんですね？てか、光代さん、ホントにめっちゃ金持ちなんすね?!」と驚く一歩。

「まあ最近は監視役を放棄して、好きにここで起業家のサポートをしてるだけやけど」と光代。

「……へええ。知らなかった」と一歩があっけにとられていると、

「せや、一歩、せっかくやし、今日は『失敗について』の勉強会をしよか」

矢弦はいった。

その日のカフェでは「失敗について」の勉強会が開かれた。

一歩のほかに隼人も参加していた。

「失敗とはなんぞや。失敗の定義というのは、ひとりひとり違う」

矢弦は説明する。

「なにもむやみに失敗せいといってるんとちゃうで。**まずは、自分にとっての失敗をあらかじめ定義することや。なにをもって失敗とし、どこまでなら失敗しても大丈夫、ということを明確にする**」

「失敗しても大丈夫、なんてことあるかね、普通」

ボソリと隼人がいう。

「**ある程度のミスはありきとして許容するということや。これをAcceptable/Affordable lossと呼ぶ。直訳すると許容可能な損失。失敗してもええ範囲、どこまでなら許容できるか、を前もって設定しておくんや。それは使える資金の限度額だったり、費やせる時間だったり、信用だったりする。そうやって自分にとって失敗がなにかを定義づけし、失敗を事前に予期し、認識することによって、リスクを支配する**んや」

「なるほど」

一歩は熱心に聞き入る。

「たとえば、カジノに行くとしよう。その際、現金のみを持参する。自分で決めた額、たとえば五百ドル、ここまでなら負けてもＯＫとする。あるいは時間を制限する、三時間は自由に遊ぶ、とかな。そうしてリスクを管理することで、より楽しくギャンブルを堪能することができる。失ったときがリフレクションのタイミング。振り返り、なにがうまくいかなかったのか、内省し、学び、それを次に活かす」

「なるほどなるほど」と納得する一歩に、

「そんなことは、わかってんだ」とケチをつける隼人。

「ちなみに、そこにいる先輩諸君」

矢弦は、カフェに遊びに来ていた起業家たちに尋ねる。

「過去になにか大きな失敗をしましたか？」

矢弦の問いに、

「別に」

「俺たちは特にないかな」

答える起業家たち。

だが、より突っ込んで聞くと、成功までに、二億円の借金を背負っていたり、共同経営者に逃げられて破産しかけたりと、さまざまな危機があったようだ。

「ええ!?　二億円の借金とか破産とかって……結構な失敗ですよね!?」

一歩は思わず引いた。

「いやあ、失敗というか、それがあったから、事業をピボットさせたり、今の成功があるわけだから。ねえ、矢弦さん」

あっけらかんとしている起業家たち。

「ピボット？」

一歩は、気持ちがまるでついていけないが、尋ねた。

「事業の方向転換ってやつだろ」

隼人がいう。

「せや。**失敗したら柔軟に対応して方向転換するのがピボット。それが成長の秘訣や。トライアル&エラーして、検証・分析して、ピボットを何回も繰り返して、結果的に成功につなげていく。それこそが起業の真髄や**」

矢弦は説明する。

たとえば世界最大の動画共有サービスYouTubeも、当初は動画を使ったデート相手を探すサービスだった。それが思ったほどの成果を生まず、デートとは関係のない動画がアップされ、単なる「動画共有」としてのニーズが強いことがわかって、今のサービスへとピボットしたのだ。

また、YouTubeと並んで世界的人気のSNSのInstagramも、当初は、現在地や写真を共有できるソーシャルチェックインアプリだったのが、写真共有機能だけに人気が集中したため、他の機能を排除し、今のサービスにピボットしたという。

『失敗を機に、『絶対こうでなければならない』という固定観念を崩して、軌道修正をしていく。進化すること、学ぶことこそが大事なんや」

「へえ……」

「あともうひとつ。**失敗を事前に検証する『プレ・モータム』、検死前検証**というフレームワークがある」

「検死前検証？」

それは、まさに「失敗ありき」というコンセプトを活かした手法だ。

新しいプロジェクトを開始する前に、チーム全員が集結し、そのプロジェクトが失敗した（死んだ）という前提のもと、「なぜ失敗したのか？」と、要因を、出尽くすまで、リストアップするというものだ。

「抽出した要因をひとつひとつ分析し、それを回避する。これをプロジェクト開始前に行うというのがミソや。これの最大のリスクは、あまりにも重箱の隅をつつきすぎると、プロジェクト自体が消滅してしまうことや。あまりブレーキ機能を備えすぎても、次の行動につながらへん。ある程度の検証を終えたら、一歩、踏み出すことや。**大失敗なくして大成功なし、究極の失敗は挑戦しないこと**、や」

「大失敗ねえ……」

一歩と隼人はつぶやいた。

その頃、現代建築社では、青木が広告営業部の部長である黒田から、「話がある。今日の夜、ちょっとつき合え」と飲みに誘われていた。

「……飲みニケーションはNGっていったはずなんすけど」といいたいのを抑えて、渋々、青木は黒田につき合った。

現代建築社は、青木が以前いた会社よりも、ずいぶんと上下関係のゆるい会社ではあるが、飲みに誘うときの黒田には、逆らいがたい押しの強さがあった。

「で、新規事業とかいうやつのほうはどうだ」

黒田はさんざん、仕事のうんちくを語り尽くした後にそう切り出した。

「はあ、いや、別にどうってことはないですけど」

内心「帰りたい」と思っていた青木は、手早く話を片づけようとした。

「だろうな。だいたい、あんなメンツじゃ、ろくな案も出やしないだろう。白黒つけない日和《ひより》見《み》専務（灰田）に、えせインテリ（黄島）、KY女（春奈）に、ヘタレイクメン（緑川）。関わるだけ、時間のムダだ。おまえも時間をかけるな。あれに関わらなくても査定に影響が出ないように俺が配慮してやる」

「……ありがとうございます」

それでも黒田が、新規事業のことを少なからず気にしていて、なんらかの情報を聞き出そうとしていることに気づいて、青木はいった。

「リフォーム業者と個人のマッチングサイトをつくろうって案が出てましたけどね」

「マッチングサイト？　まだそんなバカなことといってるのか」

黒田は安心したように鼻で笑った。

「前にもそんなバカなことをいう奴がいたから、俺が潰してやったんだ」

「え？　そうなんですか？」

そこから黒田は武勇伝を延々と語り出した。

「今のコンサル事業をつくったのは俺だからな」

黒田は、現代建築社の生え抜き社員ではなく、中途採用組だ。もとは大手ゼネコン、立川建設の営業マンで、現代建築社に転職してきて、社内に建築コンサル事業を立ち上げる際の中心メンバーとして活躍したという。十数年前の話だが、その後、そのコンサル事業が現代建築社の主要事業のひとつにまで成長したため、いまだに黒田の自慢のタネだ。

延々とそのことを語り、新規事業チームを敵視している様子の黒田。青木の目には、黒田が自分の功績を上回るような事業が生まれないことを、心から願っているようにも見えた。

老害ってやつだな。

青木はそう思いながらも、黒田の話が尽きるまで、やり過ごした。

「まあ、なんでも困ったら、俺に相談してこい」

「はあ。ありがとうございます」

誰があんたなんかに相談するんだよ。

青木はそう思いながら、居酒屋を出て、黒田からようやく解放されると、深いため息をついた。

このまま帰るのも気分が悪い。

青木はそう思って、周りを見回すと「カフェ・カオス」という看板が目に入った。「……少し、勉強でもして帰るか」と青木はカバンにタブレット端末があることを確認しながら、カフェに入っていった。

店の中には妙にマフィアっぽい中年男性と、小柄なおかっぱメガネの老女がいるだけだった。

「いらっしゃい！」

おかっぱメガネに促されて青木は端の席についた。

注文を済ませると青木は、不動産投資の勉強をするために、タブレット端末に目を落とした。

そこには、不動産投資についての電子書籍が入れてある。青木の目下の目標は、会社の給与とは別に、安定した不労所得を手に入れることだ。そうすれば、不毛な会社員生活を続けなくてもよくなるかもしれない。

青木の前職は、年収が比較的高いことで知られるソフトウェア会社の営業部員だった。ノルマも上下関係も厳しい会社だったが、青木自身、もともと負けず嫌いの体育会系だったこともあり、当初はさほど苦には思っていなかった。同じ大学のＯＢである熱血漢の上司が異動してきたときは、頼もしく思ったくらいだ。

だが、その上司が来て、半年くらいで調子が狂い出した。自分の評価を上げたい上司が、青木たちのノルマを引き上げてきたのだ。「青木、おまえは特に優秀だから期待してるぞ」と毎日その上司から発破をかけられた。青木はすでに部内でもトップレベルの成績だったこともあり、自分に対する会社の期待が大きいのは仕方がない、と自負してひたすら頑張った。結果、営業成績は上がっていったが、成果を上げても「まだまだ期待してるぞ！」と上司はさらに青木に追い打ちをかけてきた。

その頃から次第に身体の調子がおかしくなってきた。身体がとても疲れているのに眠れないことが多くなった。その一方で日中突然、睡魔に襲われて仕事に支障が出るようになった。そのつど、上司にひどく責められた。失態を挽回するために、さらにノルマをこなすべく頑張った。頭痛や胃痛は当たり前、だが、そのうち、出社しようとするとめまいや吐き気で動けなくなることがあり、あるときなどは、出社途中の駅のホームで「なにしてるんだ！」と見知らぬ会社員に腕をつかまれたりもした。青木が線路に飛び込もうとしていたというのだ。

「すみません、そんなつもりはありません」

青木はそう答えたが、気づけば目から涙が流れていて、前後の記憶はなかった。

青木は会社を休職することにした。その際、上司から返ってきた言葉は「おまえにはがっかりしたよ」というものだった。

青木は会社を辞めた。

しばらく休息期間をとった後、給料は多少低いが、社風がぬるい現代建築社に就職することにした。

ここでは、偉そうな上司、黒田にしたって、かの熱血上司に比べれば、口ほどにもない。大した仕事もできない間抜けであるから、くみしやすい。会社の仕事は最低限の労力で済ませて、コスパよくやり過ごそう。余計なことはしたくない。そして、今のうちに英気を養って、不労所得を得られるようにして、悠々自適の暮らしを手に入れるんだ……。

そう青木が思っていると、マフィア風の変な中年男から声をかけられた。

「そんなカネを稼いで、あんたはなにがしたいねん」

「は?」

男は、青木のタブレット端末をのぞいていた。

「なにするんすか!　ってか、誰!?」

「『不労所得』なあ。見たとこあんた、会社員やな。そんなカネを得て、なにをするねん」

「そんなの、あなたに関係ないでしょ」

「『やりたいこと』をやるんやったら、『将来』『いつか』とかいうてないで、『今』やりや」

「は？」

「もったいないやんけ。今のあんた、会社で過ごしてる時間が長いんやろ？　その時間に好きなことをせな」

「会社で好きなことって」

鼻で笑う青木。

「時間とカネとどっちが大事やねん。カネなんかただの手段や。カネを貯めて将来やりたいことあるんか？」

「……カネが貯まったら考えます」

「『今』考えたらええやん。なんで先延ばしにするねん」

「はい？」

「『今』できへんことが、なぜ『将来』できると思うんや？　この先行き不透明な時代に」

「はあ？」

「それに、会社にいる間、あんたはなにしてるねん。なんのために働いてるねん？　会社のためか。カネのためか」

「それは……」

会社のためになんか働きたくない！

「『会社人になるな、社会人たれ』や。会社やカネのために働くんやない。会社はあくまでも個人が社会に貢献するための『乗り物』にすぎへん。『こういうことをしたい』『こういう問題に取り組みたい』という自分を活かすため、自分のために働く場所にせなあかん」

「……」

「そうでないと、ただ会社に使われるだけになるで。会社に使われるんとちゃう。あんたが、会社を使うんや」

「……」

「やりたいことをやる。そのために会社を使う。それがこの社会を生き抜く力、未来を自ら創る力になるんやで」

「……」と、青木は黙ってタブレットを片づけ、席を立った。

「あれ？　もうお帰り？」

おかっぱメガネが声をかけてきた。

青木の去り際に、男がまた声をかけてきた。

「やりたいことをやるっちゅうなら、また来たらええ。いつでも相談乗るで」

「……意味がわからない」

青木はカフェを後にした。

「なんだ、あの変なおっさん」

調子が狂う。

『会社でやりたいことをやる』だと？　本気でそんなことを思っていってるのか。

そう反発しながらも、心に残った言葉がある。

会社人になるな、社会人たれ。
会社に使われるんとちゃう。あんたが、会社を使うんや。
青木は、「会社に使われる」ことを当たり前だと思っていた。
『こういうことをしたい』という自分を活かすために働く場所……か」
自分は、なにがしたいのだろうか。そういえばあらためて考えたこともない。
「……」
青木は去ろうとして、ふと振り返った。
そして、「カフェ・カオス」の場所をしっかりと記憶に刻みつけた。

解説

リスクは相対的なものでコントロール可能 最大のリスクは失敗を恐れて行動しないこと

5–50ルール「創業五年で五十パーセントの会社がなくなる」

起業や経営には失敗がつきもの。統計的に見てもここ十数年間、日本では一日当たり約四十社が、アメリカでは約百十社が倒産しています（ともに年平均、図表8–1）。割合にして、日米とも

図表8-1　日米倒産件数

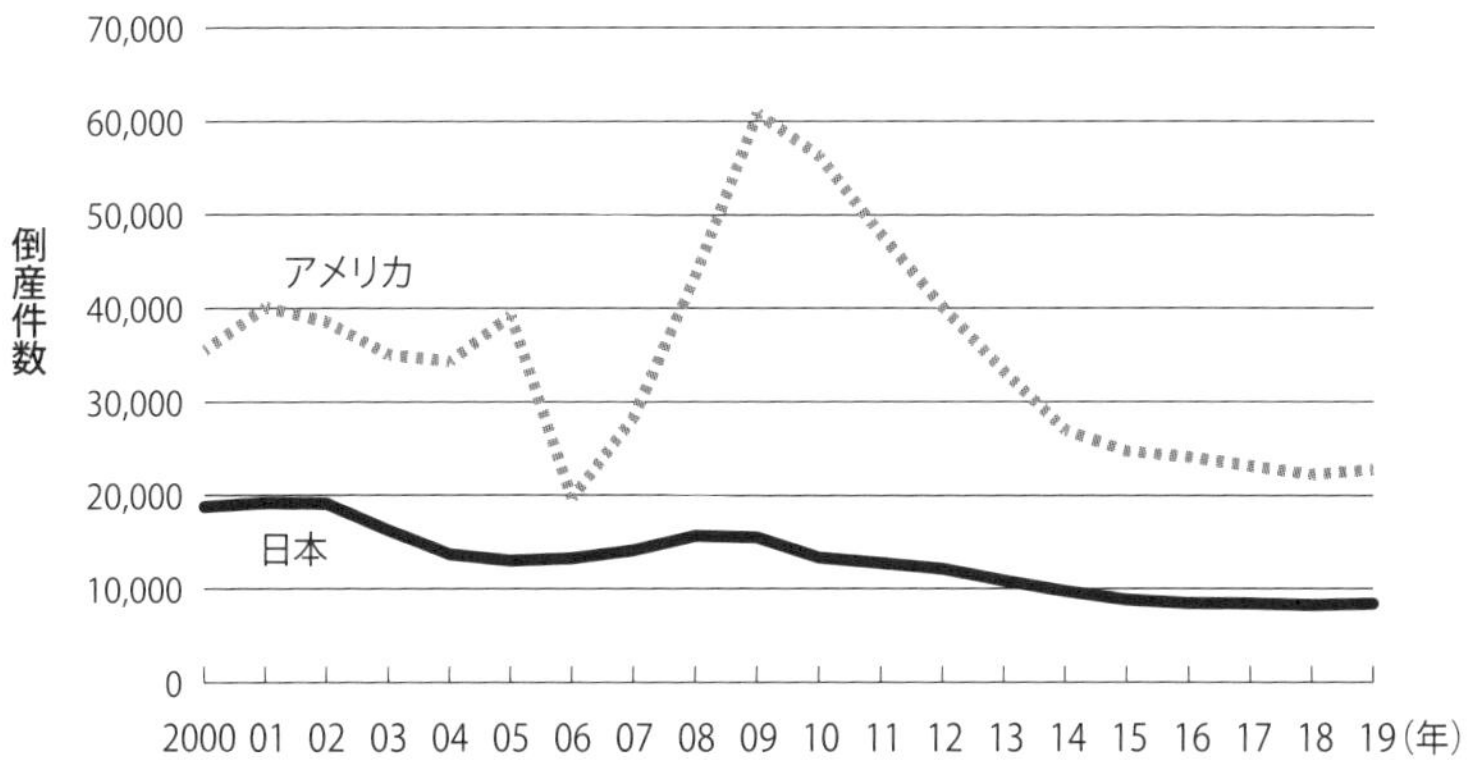

出所：米国国勢調査、東京商工リサーチ。

に約〇・三パーセントの事業会社が毎年倒産していることになります。

これを新事業会社に限って見ると、**新規登録の五年後には約半分（五十パーセント）の会社が登録抹消**になっています（吸収合併含む）。起業の世界ではこれを**5−50ルール**と呼んでいます。つまり、起業家ひとりひとりが成功を目指しても、残念ながらその大半は失敗してしまう。失敗は語らざるを得ない不可欠な要素なのです。

リスクは挑戦につきものだが、相対的なもの

起業は挑戦の繰り返しであり、リスクはつきもの。そんなリスクという概念ですが、実は相対的な概念だったりします。本文中では、ふたつのアプローチを紹介しています。

ひとつは**「Causation（コーゼーション）」というロジック。これは物事が因果関係に基づいているという論理を前提**とします。

ビジネスを始めようというときに、ハンバーガー屋さんあるいは今流行している飲食店など、とにかくすでにマーケットのニーズがあるものを選びます。そして、それに対してセグメント化し（どのようなタイプのものがどの客層に好まれるかなど）、自らの強みを活かせるターゲットを選定し、そこに向けてポジショニングをとっていく（商品・価格・プロモーション・販売手法等を固めていく）というアプローチです。これは、ビジネスのネタを既存の市場の中から「探す」ということになります。STPモデル（Segment-Target-Position）とも呼ばれます。この場合、需要があるのがわかっているので、ライバルもすでに参入しているか、あるいは後から参入してきます。熾烈な競争環境がリスクになります。

もうひとつは、**「Effectuation（エフェクチュエーション）」というロジック**です。これは、**ニーズを「探す」に対して「創る」というコンセプト**です。決まった結論に固執することなく、実験により改善を重ねるという論理を主とします。

ハンバーガー屋などを興すという例と比較するのであれば、自分の好きな食べ物を、今あるもので創作して提供していくようなアプローチです。

自分のもっている材料から取捨選択し、そのときの感覚で最適なものをつくり上げて提供する。そして客の反応を見て内容を変更していく。やってみないと需要があるかどうかわからないというのがこの場合のリスクです。他社との差別化は、もちろんユニークな商品そのものです。つまりビジネスのネタを既存のものから探すのでなく新規に創造することになります。

このように、リスクは相対的な概念です。人によって、リスクの度合いは変わります。大切なのは、誰がなんといおうと、自分自身にとってリスクが低いと感じられるか否かです。リスクは最終的には自分で判断するものです。自分のもっている知識、経験に基づく直感、個人的な見方、判断基準。だからこそ計算されたリスクと呼べるのです。

他人が「リスク高いなあ！」と思ってくれることに実は感謝していいくらいです。なぜならば、あなたのほかに「これはイケる！」と考える人が多ければ多いほど競争が激しくなるからです。他人の口から出るリスクという言葉、これは感謝すべきフィードバックなのです。

行動しないこと、つまり学ばないことが最大のリスク

今の時代、変化のスピードが以前よりはるかに速くなっています。このような状況では、他人がつくったルールに追従するよりも、自らルールをつくっていくほうがリスクは低い。受け身ではなく、能動的に自らが混沌の中に身を投じていく、自らが身をもって感じ、自らがなにかをやってみることが大切です。新しいものの中に、自ら飛び込んでいかないほうが、リスクは高いのです。

起業の世界では「最大のリスクは行動して失敗することより、行動をしないことだ」という考え方が主流です。

たとえば、大好きな女性に対して、告白しないでウジウジしているくらいなら、告白するべし。もしかしたら成就するかもしれませんし、ふられたとしてもその後、ふられた経験を活かして誰かとおつき合いできる可能性も高まります。同様に、事業に投資するほうが、なにもしない現状維持よりも、少なくとも収益が見込まれる可能性があります。失敗して損失が出たとしても、経験値が高まり、見込まれる学習効果が損益を上回る可能性だってあります。

大事なのは学び。私はＲＯＬと名づけています。投資利益率を意味するＲＯＩ（Return on Investment）ならぬＲＯＬ（Return on Learning）です。起業道とは学びのネバーエンディング・ストーリー。そして行動なくして学びはありません。その意味でも、やらないことこそが最大のリスクです。やってみることでなにかがわかる。朗報ばかりではありません。でも、バッド・ニュースほど役立つものなのです。

大成功の裏には大失敗あり、究極の失敗は挑戦しないこと

成功を保証する起業のバイブルなどありません。

バブソンの教える方法論は、誰しも必ず成功するという前提でなく、失敗は必然とし、その失敗をどのようにすれば効果的によきものとできるか、正しく理解を深め、着実に学ぶことです。失敗が成功につながる、という強い信念に基づいています。最終的には成功する確率が上がり、成功が早まり、社会全体として成功する起業家が増えて、良い経済効果をもたらすことが期待されます。

たとえば、バネを想像していただきたい。より高く跳ねるために、より小さくなる。そこからバネの力が発揮されます。飛躍力を生むのは反発力、はねのける力、です。大失敗なくして大成功なし。個人であっても、社会であっても、リスクをとらずして、失敗を受け入れずして、大いなる成長はありません。

Life is either a daring adventure or nothing at all. ――Helen Keller
人生とはハラハラする大冒険か、なにもなしか。ワクワクするリスクをとって生きましょう。

ヘレン・ケラーの言葉

起業道とは、果敢に挑戦し、失敗をありきとし、失敗を恐れず、ときには進んで失敗をし、そこから多くを学ぶ、ということの繰り返しです。

失敗の数より学びの大きさを重視します。繰り返しになりますが、人生の最大のリスクとは、失敗をすることより、むしろ失敗を恐れて行動をしないこと。だからこそ、果敢に攻める。挑戦する。失敗をする。そして多くを学ぶ。そうした姿勢が大切です。

No pain, no gain!
痛みなくして飛躍はない！

第九章　ピッチ——事業アイデアは短時間で簡潔に売り込め

「ピッチってなんですか。プレゼンとは違うんですか」

一歩は尋ねた。

その日、「カフェ・カオス」では、ピッチの勉強会が行われていた。

ピッチとは、短い形のプレゼンテーションで、自分や自分のアイデアを、短時間で簡潔に、投資家や新規顧客に対して売り込む方法だ。もとは、シリコンバレーでスタートアップを目指す若者が投資家に対して事業アイデアなどを売り込むことを「ピッチ」と呼んでいたのが、今では日本のビジネスシーンにも浸透してきている。

「普通のプレゼンとなにが違うんです?」

一歩が尋ねると矢弦が答えた。

「伝える相手も伝え方もまったく違うな。一歩のいうてるプレゼンと別ものと考えてもええ。

プレゼンっちゅうのは、会議室かなにか用意された場所で、特定の相手、クライアントや上司や、その内容をよりくわしく知りたい人のためにやるものやろ？　じっくり聞いてもらえるから、長々とデータやロジックで説明する。一方、ピッチは、初対面の人、これから伝える内容をはじめて聞く人、時には、まったくこちらに興味のない人に対してやるんや。だから、短時間で簡潔に、難しい専門用語も使わず、直感で理解してもらえるくらいにわかりやすく伝えなあかん。心に訴えて共感を得るんや」

「心に訴えて、共感を得る？」

「せや。起業家にとって、ピッチは必要不可欠な技能や。ピッチの出来次第で資金調達ができたりできなかったりするからな。洗練されてるかどうかで調達は大きく左右される。伝える技能がないと、せっかくええアイデアがあっても、投資家から門前払いを食らう羽目になったりもするしな」

「ええ？」

「それに、ピッチは会議室でなく、もっとカジュアルに、さまざまな状況で実施されることになる。ピッチが許されるその時間によって、エレベーター・ピッチ、ロケット・ピッチと呼ばれたりする。よくあるのが『三十秒バージョン』『一分バージョン』『三分バージョン』や。だいたいこの三つのパターン用意しておくことが多い」

「三十秒？　というか、どれも短いっすね！」

「せや。たとえば三十秒のエレベーター・ピッチで、『僕こんなこと考えてます』と手早く訴えて、向こうが『もう少し聞かせてくれ』と興味をもったら、相手のくれる時間に応じてより長い説明をすればええんや。ピッチの目的は、自分や自分のアイデアにとりあえず興味をもってもらって、次のミーティングにつなげることやからな。ただ、それでも勝負はせいぜい三分や。三分のピッチで相手の関心を引けなかったら、それ以上長くやってもほとんど変わらん」

「ええー……？」

「いかに端的に情熱をもってピッチするか、いかに投資家に意気投合させるか、事業の将来性を説得できるか。それらは、自分がどれほど自分と自分のビジネスについて知り尽くしているかにかかってるんや」

「……っていわれても。具体的にどうすればいいんですか？」

「せやな。ピッチの場合、まず『伝える相手は誰か』『最終的に（相手から）なにを手に入れたいのか』を事前に押さえておく」

「はい」

「そして、どのような構成にすれば相手に共感してもらえるかを考えて、魅力的な内容に磨いておく」

「構成？　内容を磨くっていっても具体的にどんなふうに……？」

「構成については、たとえばフック。つまり、最初になにをいうか、『釣り（ツカミ）』を意識する。**そして、内容については、①どういった問題をどのように解決しようとしているか、②その解決策がいかに競争力に優れているか（差別化）、③ターゲット（ユーザー）は誰で、どの程度存在し、今後将来規模的にどう推移・成長するのか、④それにともなう収支計画は？　⑤創業チーム・ボードの構成メンバーは？　これらの点をはっきりさせる**」

「あ、はい」

「そして**重要なのは、⑥そのためになにが欲しいのか（カネがいくらいるのか、ヒトがいるのか）をはっきり伝える。単刀直入にカジュアルに、かつ、それをストーリーとして語る**んや」

「ストーリー？」

「物語として語って、感情で相手の心をつかむんや。どうして自分がこの問題に取り組むことになったたか、そのへんがイメージしやすいようにな。そんな工夫が必要になる」

「うわ。難しそうですね……」

「まあ、せっかくやから、やってみよう」

「はい」

一歩は早速、ピッチの内容を考えてみる。

そういえば、カフェに集う起業家たちから、ピッチコンテストやピッチイベントなどがあることは聞いていた。

ピッチコンテストとは、起業したばかりの会社が、投資家や金融機関のみならず自分たちと同じ立場の企業といった不特定多数の参加者に対して、ピッチを行い、優勝を競い合うものだ。そうしたイベントはメディアでも紹介され、スタートアップ企業にとっては自社のサービスを多くの人に知ってもらうことのできる絶好の機会だという。起業家たちはそこで多くの仲間をつくったり、アイデアを得たり、サービスのＰＲをするそうだ。

「じゃあ、実際にやってみよう。一歩、やるか？」

「ええッ!?　あ、はい」

一歩は勉強会の参加者の前で、ピッチに挑戦することとなった。

緊張しつつ、正面に用意された演壇に立つ一歩。

「最初はフックか……ツカミっていってもなあ」

ブツブツつぶやいていると矢弦から声がかかる。

「なにゴニョゴニョいうてんねん。ピッチで大事なんは、第一印象やったりするねんぞ。そもそも第一印象って、何秒で決まるか知ってるか?」

「ええ?　一分とか二分とか?」

「〇・一秒や!　一秒もかからへんねん。その人物が信頼できるかは瞬きする間に決まってまうんや」

「ええ〜?!?!?　……っていわれても」

うろたえる一歩に、矢弦は続ける。

「もとい。投資家は一体、なにを見ているか?　もちろんビジネスの内容も大事やが、彼らはあんたという『人』を見てるんや。それは、その人のもつエネルギーやったり、着ている服やったり、どんなふうに座っていたか、たたずまいや身体の動きだったりする。そうした第一印象で判断されることも多い。そしてそれは、あとでどれだけ挽回しようと思っても、覆すことはできへん。とにかく、第一印象から、『もう少し会いたい』と思わせていくことが肝心や。自信もって堂々とやれ」

「は、はい」

一歩は、「子ども向けの弁当屋」について、三分間のピッチをすることになった。

一歩は客席のほうを向いて、こう切り出した。

「みなさんは、今、子どもたちの味覚がマヒしていたり、肥満が増えていることをご存知ですか」

一歩は観客を見回してみた。

「その背景には『子どもの食の乱れ』があります。子どもたちの夕食がコンビニ弁当やファーストフードに偏りがちになっています。それには、核家族化が進んだこと、共働きの家庭が増えたこと、子どもたちの習い事や塾通いが多くなったことなどが原因としてあげられます。働く親は帰宅が遅く、子どもたちの夕食も用意する時間的余裕がなく、外食、特にファーストフード店やコンビニなどの加工食品に頼ってしまいがちです」

――自分事としてストーリーで伝える。一歩は考えながら続けた。

「僕は、つい最近、近所の子どもたちが、塾や習い事に行く前の食事として、コンビニのお弁当や菓子パン、ファーストフードを買って食べているのを見ました。子どもたちに聞くと、それが『いつものこと』なのだそうです。おそらく、子どもに食事代を渡した親は、栄養のバランスを考えて食事をしてほしいとは思っているのでしょうが、子どもたちは好きなものを買ってしまいます。それに店の選択肢も、コンビニやファーストフード店以外にないのが現実です。僕はそうした子どもたちの食事に違和感を覚えました。成長期の子どもたちの食事が、果たしてこれでいいのだろうか、と」

――どういった問題を解決したいのか。

「僕はこの『子どもたちの食の乱れ』の問題を解決したいと思っています。実際、子どもたちのこれらの食の乱れは、先ほどもいった通り、子どもの肥満や、味覚のマヒをもたらします。栄養バランスの偏りは肥満など健康に支障を与えます。ジャンクフードや加工食品のとりすぎは、化学調味料など食品添加物のとりすぎにつながり、添加物の濃い味に慣れてしまうと、さらに濃い味を求めてしまいます。天然、自然の繊細な旨味を美味しいと感じられずに、偏った嗜好になってしまいます。子どもたちの健全な成長が阻害されてしまいます」

——どのように解決しようとしているか。

「具体的な解決方法は、子ども向けのお弁当を提供します。そのための弁当屋をつくることです。子どもたちの夕食の選択肢に、コンビニ弁当、ファーストフードのほかに『手づくり弁当』を加えることです。どんなお弁当を提供するかというと、栄養バランスに配慮した、無添加、低農薬、健康的な家庭料理を提供します」

——その解決法がいかに優れているか。

「提供するお弁当には、化学調味料や食品添加物を一切使いません。コンビニやスーパーで提供する食事は、安価につくるため、また保存性を担保するためにも食品添加物は不可欠です。ですが、我々は、その日に食べていただくことを前提に提供するので、これらの食品添加物は使いません。添加物を入れないことで、子どもたちの健康や健全な味覚の成長に貢献できると思います。また、お弁当も毎週利用する子どもが飽きないように、週代わりのメニューを用意するつもりです」

客席はシンと静まり返っている。

——ターゲットは誰？　どの程度存在する？　将来的な展望は？

「弁当屋の出店予定地は、ファミリー層が多く住むN駅周辺です。駅から距離はありますが、周囲には塾やスイミングスクール、学童保育など子どもが利用する施設が固まっています。ターゲットは主に、それらの施設に通い、お弁当を必要とする小、中学校の子どもたちです。弁当は配達も行い、現状、N駅周辺の数件の塾などでの利用販売を見込んでおり、一日百食販売の予定です。軌道に乗れば、受注を広げていきたいと思っています。N駅周辺はファミリー層の移住が増えてきているので将来的にも需要増が望めると考えています」

——収支計画は？

「一日百食、一食五百円での販売予定で、年間千二百万円の売り上げを想定しています……」

静かすぎる観客に不安を覚える一歩。

——構成メンバーは？　ピッチの目的はなにか。カネかヒトか、なにが欲しいのか。

「創業チームは僕と、町内にたくさんいる家庭料理のプロ、専業主婦のお母さんやおばあちゃんたちです。そうした人たちに集まってもらい、お腹を満たすだけではない、心も満たす食事をつくりたいと思っています。この弁当屋をつくるのに、初期費用として合計五百万円が必要で、うち二百万円が自己資金で、あと三百万円を必要としています」

一歩は、そう言い終えて、ふぅっと一息ついた。

そのとき、隼人が遅れて勉強会に入ってきたのが見えた。

「以上か？」矢弦が尋ねた。

「はい」一歩が答えた。

「よし、一歩。じゃあ、ここからは質問タイムや。質問のある人、どうぞ」

矢弦は客席を振り返っていった。

ひとりの観客が手をあげた。

「どうぞ」と矢弦が促すと、
一歩は緊張の面持ちで、その質問者を見た。

「無添加、手づくりの料理が身体によさそうというのはわかりますが、それだけで利用しますかね？　添加物は保存や安全性のために必要なんでしょ？　保護者が子どもの食事について、まず気にするのは安全性じゃないかと思うんですが」

質問者の質問に、一歩は答えた。

「食品の保存の安全性については、そのための添加物を使わないので、もちろん長期保存はきません。ただ提供までの温度管理、衛生管理などについては、保健所の指導のもと万全の対策をします。その日に消費していただくようお願いして提供するつもりなので、安全性に支障はないと思います。また、長期的に見ても、本来は使う必要のない保存添加物を摂取するより、添加物を摂取しないほうが、健康に対する安全性は高いのではないかと僕は思っています」

次に、別の人が質問した。

「近所の主婦が家庭料理のプロといいますが、所詮、味がシロウトの域を出ないのでは？　人が外食にお金を払うのは、美味しいから、なにか家のご飯とは違う価値があるからではありませんか？　添加物を否定されているようですが、添加物は安価でわかりやすい味をつくり出せるうえ、見た目、食感など美味しさの演出には欠かせない気がします。美味しさや値段でハンデはありませんか？」

「美味しさという点では、僕は余計な添加物はないほうが美味しいと思ってます。これは僕だけでなく正確な味覚をもっている人は、そうじゃないかと思います。添加物の味に違和感を覚える人は少なくないです。たしかに、添加物は、食品の触感や見栄えにも必要なのは知っています。ですが、僕はそれを使わずに自然の味で提供します。そしてそれが本来の美味しさであり、子どもたちの健全な味覚の発達に貢献すると信じています」

「実際に子どもたちが美味しいと思うかどうかは、二の次だと？」と質問者は尋ねた。

「いいえ、もちろん、子どもたちに美味しく食べてもらいたいという思いがあるので、時に試食会をして、子どもたちの意見は聞くつもりです」

「価格についてはどうです？　割高になるのでは？」と質問者は重ねて聞いた。

「いいえ、価格については、添加物を使わないからコストがかかるというわけではありません。たしかに、丁寧に出汁をとったりという手間は発生しますが、それがコスト高に直結するわけでもありません」

質問者がうなずいてくれたので、一歩はホッとした。

そのとき、別の質問者が問いかけた。

「でも、なぜ、それをあなたがやる必要があるでしょうか」

「え？」と一歩は身構えた。

「今、大手の弁当屋でもヘルシー弁当を販売しているところがありますよね？　子ども向け弁当を販売しているところだってある。そうしたところに任せてはどうですか？　なぜあなたがやるんです？　あなたのやろうとしているものとそれら大手のものとはどう違うんです？　あなたのほうが優れているという根拠は？」

「ええっと……ちなみに、実際、塾などに聞いてみると、子どもたちの食事を確保するために、塾でもいろんな弁当屋さんやファーストフード店に依頼したことがあるそうです。ですが、結局、ひとつの店に定まることはなかったそうです。値段や、量や内容について、『子どものため』になる決め手に欠けたとか。大抵の弁当屋の弁当は、大人向け弁当があくまで優先ですので、サイズの融通が利かないし、カロリーも高いし、栄養バランスにも偏りがあります」

「現状で、子どもたちに適切な弁当がないと？」

「はい、僕は、そう思っています。本当に子どもの健康のことを考えてつくられているお弁当が入手しにくいというのが現状だと思います。ないから、僕がやるんです。僕なら、無添加、低農薬の手づくり家庭料理を愛する僕なら、彼らのために、美味しく健康に配慮した適切なお弁当がつくれると思います。そうした点で強みがあると思っています」

一歩の答えに、質問者は納得したようだった。

「質問は以上でしょうか？」

矢弦は会場を見回した。

質問が一通り済んだようで、一歩はホッとして演壇を降りた。

「ああ〜、緊張した」

と一歩が、ヘロヘロにくたびれて、光代や隼人のもとに来ると、

「お疲れさん。はじめてにしては堂々としたもんや」と光代がねぎらった。

「ほかにやりたい奴は、おるか？」

矢弦が会場に尋ねた。

「じゃあ、僕が」

隼人が自信ありげに手をあげた。

「じゃあ、隼人」

隼人は、矢弦に促され壇上に上がった。

「珍し。今日は、ちゃんと参加するんだな」と一歩が、隼人の姿に思わずつぶやくと、

「『一歩にやれるなら俺も』っていうてはったで」と光代。

「まったく。……そういうことか」と呆れる一歩。

隼人は手際よく機材を操作し、スライドをスクリーンに映し出した。

「僕はＡＩを使って世の中をよくしたいと思っています」

スクリーンに「ＡＩを利用した『スマート管理人』で、マンションの管理人不足を解消！」と出る。

「ＡＩによるマンション管理人システム『スマート管理人』を全国のマンションに導入させたいと思っています。解決したいのは、『マンションの管理人の人手不足』です。管理人というと、以前は、定年後の仕事の定番中の定番でしたが、ゴミ捨てやマンション共有部および周辺地域の清掃、設備の点検、住民からのクレーム処理、などキツイ、汚い、危険の『３Ｋ』のイメージがつきまとっていました」

隼人は、スラスラとよどみなく話し、事情背景のデータをスクリーンで見せた。

「ここ十年来、企業が継続雇用・定年延長を打ち出し、高齢者の就業率が上がってくると、3Kのマンション管理人はだんだん敬遠される仕事になってきました。マンション管理会社も採用年齢を六十歳から六十五歳に、定年を六十八歳から七十歳に引き上げたり、努力していますが、高齢化に拍車がかかっているだけです。時給を上げてもなかなか人は集まりません。ある大手管理会社が、都心の大型タワーマンションの入札に参加できなかったといわれていますが、それもこの人手不足とそれにともなう人件費高騰が原因のひとつだそうです。この問題を放置すれば、管理人不在でスラム化するマンションが出てくるかもしれません」

静かに聞いている観客たち。

スライドを進める隼人。解決策が図で示されている。

「それを『スマート管理人』で解決したいと思います。ロボットではなく、音声対応AI、対話AI、認識AIを搭載したデジタルサイネージ（電子掲示板）です。一階の共用部、あるいは、各階に一台設置するという方法も考えられます。顔認証により住民ひとりひとりの顔を認識し、住人か部外者かを瞬時に判断します。住人からの問い合わせには音声でも、テキスト表示でも対応可能です。もちろん、英語、中国語にもゆくゆくは対応させたいと思います。今まで掲示板に載せてきたような情報は、すべてこのスマート管理人に聞けばわかるようになります」

「へえ……」

一歩は明快で堂々とした隼人のピッチを、感心して見ている。

「ターゲットですが、これから主要都市で完成予定の高層マンションは十万戸超といわれています。それらの大手マンション管理会社に売り込みます。マンションひとつ当たりに年間六十万

～七十万円でレンタル。これは人間の管理人の給料のおよそ三分の一です。すでに完成している高層マンションにも、管理会社を通じ、レンタルサイネージをお試し価格でレンタルし、採用の可否を決めてもらいます。今後の展望としては、マンション建設は再び増加傾向にありますし、既存マンションへの導入も考えると需要は高まる一方と思っています」

隼人は、最後に、チーム紹介のスライドを出した。

そこには、そうそうたるメンバーのプロフィールが全面に打ち出されていた。

「開発には十億円が必要です。営業は私が担当します。あとはこちらのＡＩの専門家、データサイエンティストが二名、サイネージを設計する技術者二名。製造はＥＭＳ（電子機器製造受託サービス）に依頼します。資金の半分は彼らの三年分の給料、半分は開発費です。三年以内に開発を完了させたいと思っています」

隼人は堂々とピッチを終わらせた。

一歩は思わず拍手する。

「さすが。僕のピッチなんかと全然スケールが違うな」と一歩。

だが客席はシンと静まり返っている。

「よし、ここからは質問タイムや。どうですか。参加されている投資家のみなさんも」

矢弦は客席を振り返った。

誰も手をあげないので、矢弦が、ひとりの参加者に声をかけた。

「どうです？　質問などは」

「……じゃあ」とその参加者は、立って質問した。

「質問はひとつだけ。あなたは『なぜ』このビジネスを始めようと思ったのでしょうか?」

「なぜ? それは僕がAIの技術に興味をもって、この技術をより効果的に使えないかなと思ったのがきっかけです」

「課題よりも技術ありき、ですか」

なんだ、と興味を失ったようにいう質問者。

「なにか問題でも?」と隼人。

「あなたの解決したい課題は、自分が実際に困った、自分の周りが困っている、というわけじゃないんですね? 世の中にそういう課題があるかもしれないという想像や妄想でいっているわけだ」

「は? 妄想じゃありませんよ」

ムッとして隼人はいった。

「実際に大手ゼネコンで、自社マンションにAIで管理員を備えつけようという話も出ているそうです。僕らはそれらよりもサービス面、たとえば警備機能を強化するなどの拡充でリードしようと思っています」

そう隼人がいうと、質問者もいった。

「当事者意識のない問題の解決策を打ち出したって、そりゃたしかに『あったら便利』かもしれないが、『なくてもいい』となりかねないよね」

「は? そんなことありません! 先ほどいった通り、大手ゼネコンも注目している分野ですから」

「それこそ、その大企業が本格的にやり始めたら、君らに勝ち目なんてないんじゃないのか？　どうしてあんたたちがやったら成功するといえるんだ。その根拠は？」

別の質問者がそう尋ねた。

「は？　それは、今のチームの中に、最先端の技術をもつ技術者がいるからですよ。僕らが特に強みにしたい認識ＡＩには彼の技術が必要なんです。ここは大手だってそうそう簡単に真似はできないと思います」

「彼と同じような技術者を、大手が絶対確保できないと？」

「絶対とはいいませんけど……なかなか難しいと思います」

「その認識ＡＩというのはこの課題解決に絶対ないといけないものなのか」

「そういうわけではないですが」

そのやり取りを「なかなか質問者も手厳しいな……」と一歩は唖然として見ていた。

質問者は続ける。

「じゃあ、そのメンバーがいるから勝てるというわけじゃないよね？　それに彼がチームから抜けて大手にいかないという保証は？」

「それは……」

言葉に詰まる隼人に畳みかける質問者。

「もしくはもう導入見込みの大手クライアントでもいるっていうのかい？」

「それは、えー」

手元の資料を探って答えようとする隼人。

だが明確な答えがなかなか出ずに、回りくどい説明が続くだけになってきた。

「……あれ？　なんだかグダグダになってきたな」

一歩がそう思っていると、矢弦が隼人に声をかけた。

「隼人。別にここは相手を無理に論破せんでもええねんで。知らんことは知らん、考えてへんことは考えてへんと、素直に、正直に、認めてかまへん。なにも、こっちも意地悪しようと思って質問しているわけとちゃう。起業家のピッチに対して、そんないいアイデアやサービスというなら『なんで今までなかったのか』『なぜ今なのか』『なぜあなたがやるのか』『どうやってビジネスにするのか』『なぜあなたたちなら成功させられるのか』なんて質問はよくあることや」

「はあ」

それでも不満げな表情を見せる隼人。

「逆にそうした質問を、聞かれた側は活かしていくんや。自分のアイデアの不備に気づいてブラッシュアップしてもええ、相手の意見を受けてアイデアを変えてもええ。いずれにしても、スタートアップにとって一番大切で、また投資家が一番注目しているのは、『どんな問題を解決するのか』や。『お金が欲しい』『これは儲かる』という理由だけで成功することはほとんどないからな」

「え？　『お金儲け』が目的ではダメなんですか？」

思わず一歩が聞いた。

同じ疑問を抱いているようで隼人も矢弦を見た。

「起業家は『カネが欲しい』『有名になりたい』『名誉を得たい』という外部からの報酬や賞罰

などを動機とした外的な動機（extrinsic motivation）より、『自分のために解決したい』『自立したい』というような内部から湧き上がる動機（intrinsic motivation）のほうが、成功につながりやすいといわれているからな」

「……そうなんですか？」と一歩がいうと、

「でも『お金を儲けたい』というのも大事な動機じゃないんですか」

隼人も不服そうに尋ねた。

「なにも金儲けが悪いというてるんちゃう。それを上回って、情熱をもって自分が解決したい問題はなにか、が大切やというてんねん」

矢弦は、そこでも、個々の起業家にとっての「質の高い問題」が必要だといった。すなわち、情熱を絶やさず諦めることなく追求できる問題が大切だと。

「……なるほど」

一歩が壇上のほうを見ると、

「僕のピッチは以上です……」

と隼人はピッチを終え、壇上から仏頂面で降りてきた。

矢弦がまとめる。

「ピッチの決め手として重要なのは、①**解決したい問題に対しての知見に加えて、当事者意識があるかどうか。データ上で『大変だ』と訴えるのみならず、自分事としていかに重要な問題であるかを訴えることや**。そして、②**なにをしてほしいかが明確であること。欲しいのはいくらの金か、どういう人か、どういった物流か、など要求をはっきりさせる**。あと、③**手段として重要**

なのは、エネルギー感。どれだけのパッションをもっているか、言葉の抑揚の有無、目線と気配りなどで伝えていく。そして、**④ピッチの後の質疑応答や。これがピッチよりも何倍も大事だったりする。質疑応答に対しては、知ったかぶりをしないこと。聞く耳をもっているか、などがチェックされる。**ピッチは一発勝負のようでそうではない。最も大事なのは信頼関係を築くことや。ピッチでさんざんな結果に終わったと思っていてもここで挽回してしまうこともあるくらいや」

「聞く耳をもつ？」

一歩が尋ねると、矢弦が答えた。

「ピッチに対して、ベンチャーキャピタル側がひらめいて、『こういうアイデアに変えるなら資金を出すよ』『このメンバーはいらんな』などと、こうしろああしろといい出すことが往々にしてある。そこで、ピッチをした側は、当事者意識をもちつつも、頑《かたく》なに自分のアイデアや手法に固執せずに、意見を聞いて変化させていったほうがうまくいく。……そんなことが世界ではしょっちゅう起きてるねん。ピッチをするというのはそうした化学反応が起きる場でもある。ピッチする側は、そうしていかに早く市場に合った形で方向転換をできるか、ピボットできるが勝負になるねん」

「へえ……」

「ちなみに日本の場合は、こうしたピボットという考え方がない。日本は、ガチガチの事業計画書を作って、ゴールをしっかりと固めてしまうからな。一度決めたゴールにひたすら真っすぐ走ろうとする。うまくいかなくても、時代遅れになっていても、はじめに設定したゴールにこだわるねん。だから、AirbnbやYouTube、Instagramのように、ピボットで成功するといったことが起こりにくい」

「ああ、なるほど」

「そうではなく、ロンチプランからスタートして、一歩歩いてピボットする。当初目指していたゴールはあるけど、やっぱりこっちがええ、あっちにしよう、なにかあるごとに変化していくんや。最終的に全然違うゴールにたどり着いてもええ。そうすることが早く成功に近づいていく鍵や」

「なるほど」と一歩はうなずいた。

「フン」とそばで声がするので見ると、気がつけば隼人が近くに立っていた。

「それと、最後にもうひとつ」

矢弦は、人を説得するには三つの手段があるといった。

「相手を**説得するポイントは次の三点。①正面からの正論、②横からの情、③背後からの恐怖、**や」

「正論？　情？　恐怖？」

「せや。まずは①正面きって論理的に納得させる必要がある。問題はなに？　質は高いか？　解決策は秀でているか？　持続的か？　チームの能力・経験値は？　ただ、この正論だけでは説得は難しい。そこで次に、②情に訴える物語が効果的になる。身の回りの話、親近感のある話、逼迫感のある話などで納得させる。そしてそれでもダメな場合、③脅迫ではないが、これをしなかった場合にどんな悪いことが起こりうるかを共有する。やるとよい、ばかりでなく、やらないとヤバいという理論や」

「説得の三ポイント。ああ、なるほど」一歩がいうと、

「ホントにわかってんのかよ」と隼人がいう。

「うん。……うちの姉ちゃんがよくやってるヤツだ」

——一歩は、今朝の姉とのやり取りを思い出す。

「一歩、今日の晩御飯の買い物、あんたがやっといてくんない？　ついでにクリーニング取ってくるのと、幸代さんのところへの差し入れと」

「また俺？」

「だって、あんたが一番暇だし、家にお金いれてないし、労働で返すしかないでしょ【正論】」

「はあ」

「あんたがそう渋い顔すると、母さんが気にして全部自分でやろうとするでしょ？　母さんに負担をかけたくないでしょう？【情】」

「ちえっ」

「あー、あと、夜、出かけるなら帰りに『潮屋《うしおや》』のプリン買ってきて」

「なんでだよ。ちょいちょい母さんに関係ない仕事も入れてくるよね？　昨日は姉ちゃんの車、洗わされたし。なんだよ、プリンて。姉ちゃんが食べたいだけだろ？『潮屋』なんて帰り道じゃないんだよ。わざわざ電車乗り換えろってのか？」

「あーあ。育児、家事ってのも重労働で疲れるなあ。文句あるなら、あんたの壊したギターも、コーヒーぶっかけて汚したマンガ四十巻も、今すぐ弁償してくれていいんだよ？　姉さんの大事な宝物だったんだけど、同じものが手に入るかなあ【脅迫】」

「……承知しました」

――ということで一歩は今日、帰りにプリンを買って帰らなければならない。

「――みたいなことだろ?」

「おまえんち、姉ちゃんものん気なんだな」

隼人がいった。

「隼人、一歩。ピッチでどんどん自分のアイデアを披露して、ブラッシュアップしていくんやで。ジッと考えこむより、そうして行動して成功につなげていく」

そういって、矢弦は別の参加者たちから声をかけられ、その場を去っていった。

「ちえっ」とぼやく隼人に、

「僕はすごいと思ったけど。隼人さんのプラン。ＡＩとか。さすがだなあって」

「うるさいよ。ヘタレに慰められるのが一番こたえる」

「あ、そ」

「つか、腹立つ。おまえのピッチのほうがよかったってことだろ? 俺は途中からしか聞いていないけどな。たしかにおまえは、質問に、知ったかぶりもしてないし、誠実には答えてた。当事者感があるっつうのは、ああいうことをいうんだろ」

「ええ?」と引く一歩。

「なんだよ?」

「……人を褒めるなんて珍しい。よっぽどさっきのピッチがこたえたんだね」

「うるさいな」

「でも僕が質問に答えられたのは、普段、隼人さんが僕のプランにうるさくケチをつけてくれたおかげだけどね。相当、鍛えられてたから。隼人さんのケチに比べれば、質問者の質問は優しいもんだよ。ホント助かった」

「ケチってなんだよ、感謝するなら、もっとちゃんと感謝しやがれ」

「へへ」と一歩は隼人に笑ってみせた。


「うーん？」

その一歩と隼人のピッチを、現代建築社の春奈が遠目に見ていた。

「赤井さん？　ぼちぼち、帰ろうか」

緑川がその春奈に声をかけると、春奈はまだ一歩のほうを見ていた。

「どうしたの？」

「さっきピッチをしてた人、知ってる人かも」

「え？　そうなの？　声かける？」

「いえ、いいです。知り合いの知り合いってだけなんで」

春奈はくるりと背を向けて歩き出した。

「……相変わらずマイペース」

緑川は春奈にしたがい、「カフェ・カオス」を後にした。

「じゃ、僕こっちなんで、また明日」

「あ、はい。あ！　新規事業チームの次のミーティングっていつでしたっけ？」

「明日だよ。会議室の都合で前倒しに。また『解決したい問題』を話し合うって」

「了解です！　ではまた」

春奈と別れて緑川は、家へと走った。

緑川には一歳の娘と三歳の息子がいる。テレビ局の広報に勤める妻が昨年、育児休業から復帰を果たしたため、緑川は一時期、妻に代わって育休や時短勤務をとっていたこともある。今は、通常勤務に戻っているが、なるべく早く帰宅するようにしている。

今日は、妻が代休をとって家にいるので、会社帰りに「カフェ・カオス」に寄ってみたのだ。というのも近頃、緑川もキャリアプランに対する悩みが尽きないからだ。

緑川が、ひとたび育休を申し出てからというもの、その後どう挽回しようと思っても「あいつはキャリアを諦めた」という空気を払拭できないのだ。

「諦めた覚えはないんだけど」

緑川にはそれが不満だ。

育休明けに、やむなく時短勤務を会社に申し出たときも、ひと悶着あった。取得の許可は得られたものの、「妻を説得もできないのか」、「俺らの時代は、家庭を振り返る暇なく働いたもんだぞ」「キャリアを捨てるってことか？」と上司や先輩、他部署の人からいわれることは少なくなかった。

今でも、子どもが熱を出すと、仕事を抜けられない妻に変わって、緑川が仕事を切り上げて帰ったりすることがある。早く帰るだけならまだしも、やむを得ず「会社を休みます」などといった場合には、その報告時や出社後、ちょっとした洗礼を受ける羽目になる。

「子どもが熱を出したくらいで休むなんて」

「嫁にやらせろよ。情けない」

「仕事をなめるな」

直接的でなくとも遠回しにいわれたり、態度で匂わされたりする。

そのたびに緑川は、

「専業主婦が当たり前の時代でもあるまいし」

と内心思いながら、やり過ごしている。

というのも、育休をとる男性会社員が全国で七パーセント程度しかいないという現状では、まだまだ緑川はマイノリティでしかなく、主張は認められにくい。真っ向から反論しようものならますます働きにくくなるからだ。

「夫婦ふたりの子どもなのに、妻のほうだけ育児の負担を担って、キャリアを犠牲にするのはおかしい」といい出したのは妻のほうだった。だが、そういわれて、緑川のほうにも特に異論はなかった。

夫が外で働き、妻が家を守るなんて構図は、自分たち夫婦には当てはまらないし、会社でも男女平等に仕事を与えられているのだから、育児の負担も平等でいいと思う。

緑川自身、実家は畳屋だったのだが、父親の仕事場と家庭の距離が近く、幼稚園の送り迎えも父親の軽トラックだったし、遊び場も父親の作業場のそばだったりと、育児の現場に父親が常にいた。父が特別に子煩悩だったせいでもあるが、母も専業主婦というわけでなく、店には必要な人材だったので、父と母とで育児を分担していたように思う。そのため、緑川自身は、子育てというものは、父親と母親とふたりでやるものだと思っている。

だが、会社員となると、そう簡単にはいかない。自分が休むとほかの人にしわ寄せがいってしまうような体制のため、常に休みづらい雰囲気があるし、迷惑もかけてしまう。いつも後ろめたさと罪悪感がつきまとう。

その一方で、育児に時間と精神を費やしすぎて、仕事上、自分の思うパフォーマンスを発揮できなくなっていることにも苛立ちを覚えてしまったりもする。

育児とキャリアの両立がこんなに難しいこととは思わなかった。

そんなこちらの気も知らず、

「経理なんて楽だからそんなのん気に休めるんだ。編集や、クライアントを相手にする営業じゃそうはいかない」

といわれることもある。

「育休で休むようなヘタレイクメンなんか首にして、ＡＩをいれりゃあいいんだ。経理なんて、人間がやるよりＡＩのほうがよっぽど優秀だろうからな」

といったのは広告営業の黒田部長だったか……。

おそらく彼はＡＩのことも経理のこともほとんどわかっていない。経理は思っているほど、ルールやマニュアル通りに進められるルーティンワークばかりではない。ＡＩが苦手とするような煩雑でそのつど判断が必要となる例外処理が山ほどあるのだ。

まあ、黒田のようにバックオフィスの仕事をバカにする人間は一定数いる。そして、間違いなくその手の人間が、経理書類の提出期限を守らなかったり、アバウトな支出報告をして、さらにこちらの手間を増やすのだ。自分の仕事だけが大変だと思っている、ただの想像力のない人間だ。それなのになぜか自分のことを「デキる人間」だと思っているからタチが悪い。

「こっちはあんたの頭じゃ理解できない高度で緻密な作業をしてるんです」

といってやりたいが、この手のオヤジは物分かりが悪いうえに執念深いのでやめておく。

近頃緑川は、こういう人間こそ、育児をやるべきではないかと思ったりもする。完璧、予定通りに進む、なんてことは決してない。長期的な見通しはあるものの、常に優先順位を判断しなければならない。不測の事態に効率的に対処しなければならない。忍耐強くならなければならない。想像力と創造力を駆使しなければならない。

これらのことは、ルーティンワークや与えられた仕事をこなすだけでは得られないスキルである。それなのに……。

「育児がキャリアのマイナス要因になるなんてバカげてる！」

と思ってもいえないのが現実だ。会社は短期的な成果でしか人を評価しない。

そんな中で新規事業という報われない業務に手をあげた自分がばかばかしくなることもある。ただ、経理の仕事をしていると会社の状況が真っ先に、かつ直接的に、客観的にわかってくる。このままではダメだ、なにか新しい事業をやらなければ、そして新しい事業ができるならそれに関わって見届けたい、と思ってつい手をあげてしまった。もちろん育児と普段の仕事をしながらだ。

「失敗したかなぁ」

そんなに頑張っても、どうせ会社はそんな努力を認めたりはしない。

だが、希望がないわけでもない。


「会社人」になるな、「社会人」たれ。


「カフェ・カオス」で聞いた言葉で緑川の迷いが吹っ切れた。

もはや会社のために働くんじゃない、自分のためにやるんだ。

「僕は社会人として、やりたいようにやるまでだ」


翌日、緑川は、新規事業チームのミーティングの前に、青木を捕まえていこうと思っていた。ミーティングの日時が前倒しになったのだが、新規事業にあまり乗り気でない青木なら、「知らなかった」とさぼってしまうのではないかと気になったからだ。普段なら、他人が仕事をさぼろうと特に気にしないタチだが、なんといっても今回は、人数の少ないチームだ。メンバーは大事にしたい。

そう思っていると、意外なことに、青木のほうから、経理部まで緑川を迎えに来た。

「ええ？　どうしたの？」と思わず、緑川は驚いた。

「今日に前倒しですよね？　ミーティング」と青木は確認しに来たのだ。

「あ、うん。今日だよ」と緑川は応じた。

珍しいこともあるもんだ。

そう思って緑川は青木と共に会議室に向かった。

会議室に入ると、春奈と黄島がすでに、待っていた。

「さ。座って」と黄島は促した。

ホワイトボードには、各自が事前にメールで送った「解決したい問題」案が列記されていた。

「みんな、事前にそれぞれが気になっている『問題』を送ってくれてありがとう。どう？　課題探し、大変だった？」と黄島。

「いやまあ。でも勉強になりました」と緑川。

「ホントにそうかも。ここ数日で、『やりたいこと』、『自分の解決したい問題』を意識して探すって、とてもいいことだと実感しました」と春奈。

「そう？　よかった。青木君は？」と黄島が青木を見ると、青木も渋々うなずいていた。春奈は続けていった。

「与えられた仕事をやってるだけだと、うっかり、社会の仕組みを知らずにやり過ごすとこでした。受け身で仕事をするのと、自ら『なにか解決すべき問題があるんじゃないか』と思って仕事をするのとでは全然、違いますね。受け身でいると、すぐそこにある問題が、見えないもんだなあって、思いました」と春奈。

「それは同感」と緑川。

「へえ。そういう赤井さんが、あげてくれた問題は……『建設職人の待遇の悪さ』だね」と黄島。

「はい。そうです。前回、リフォームのマッチングサイトのアイデアを出したんですけど、需要があるのにできないのは残念だなと思って。なにかできないかと、リフォーム会社の人や職人さんたちに話を聞いていたら、興味深い話が聞けて」と春奈。

「せっかくだから、説明してもらえるかな」と黄島。

「私が解決したいと思っている問題は『建設職人の待遇の悪さ』です。先にちょっと質問です。人手不足といわれる建設業界ですけど、実際、職人を集めるときって、どういうふうにしてるか知ってますか」

春奈は三人に尋ねた。

「……人手不足といいつつ、口コミとか紹介とか、非効率な人集めをしてるっていうんだろ?」と青木。

「え!? 知ってるの?」と驚く春奈。

「俺だって、まず建築業界の問題から洗い直したからな」

「ウソぉ。意外」

「え? ねえ、続きが気になるんだけど」と緑川。

「えっと。そう、建築業界って人手不足といいながら、雇い手である業者は広く人を募集したりしないんですよ。実際には、抱えている職人を使うだけで、それ以外でも、その職人の仲間を紹介してもらうだけなんですって。職人も仕事をくれる下請け会社を超えて、他の会社に仕事をとりにいくこともないので、かなり閉鎖的な受注形態なんです」

「へえ」と緑川。

「しかも連絡手段は電話。建設業界はびっくりするくらいICT化が遅れてます」

今日の青木は珍しく、スマートフォンをいじらず聞いている。

「……意外」と緑川はその青木を見ていった。

「こうした構造の結果、日本の優秀な職人は不当に安く使われているんです。たとえば、顧客が外装を大手施工会社に発注すると、四割をその大手がマージンとしてとって、下請けが二割をとって、職人は残り四割で受注するんです。実際には下請け会社がもうひとつやふたつ入るので、もっと低い場合もあります」

「へえ。そりゃひどいね」と黄島。

「それだけじゃありません。この川下にいる職人にとっては、支払い遅延や、未払い残業、長時間労働は当たり前。そのくせ、工事が終わると逆に次の仕事の声がかかるまで暇で収入が不安定。ひどくないですか」

「職人自身は声をあげないの？」と緑川が尋ねた。

「それが、職人は、下請け企業から声がかからなかったら仕事にあぶれてしまうので、下請け企業に対して文句もいわないし、下請けの顔を立てて、よそで仕事をとろうともしません。不透明な請負業務や過剰な下請け構造のせいで、声をあげようにも、発注元や元受けの力が強いし、何層にもなる下請け構造に抵抗しても無駄だと、あきらめてしまってるみたいなんです」

「……それを解決したいってことだね？」と黄島。

「そうです。私が解決すべきだと考える問題は、きつい、汚い、危険の３Ｋのうえに、不当に安く使われている職人の環境を改善することです。解決手段としては、利用したい顧客と職人をつなぐマッチングサイトをつくります」

「またマッチングサイト？」と緑川はいった。

「はい。『建設現場』と『職人』をつなぐマッチングサイト。サイトというより、実際はスマートフォンのアプリがいいかも、と思ってます。マッチングサイトで、希望する条件が明確になって、それに直接応じられるような仕組みになれば、職人の待遇も改善していくと思うんで。マッチングサイトづくりは職人を正当に評価してもらうための仕組みづくりです」

「なるほど」と黄島。

「……それはご立派だけど」と聞いている青木。

「……うん」と緑川。

「なによ？　緑川さんまで反応が鈍い」と春奈。

「いやあ、なんていうか、素晴らしいとは思うけど、壮大すぎて、イマイチ当事者感がないっていうか」と緑川。

「なんでですか？　これが今、私たち現代建築社の足元を揺るがしかねない問題でしょ？　そもそもこんな状態を放置してるから、建設現場に若者が来ないんですよ。大工の数は、一九九五年の七十八万人からずっと減り続けていて二〇二〇年には三十万人、二〇三〇年には二十万人になるともいわれています。なり手がいないこの現状をどう思います？　私たちが建築雑誌で食べていけるのも、この職人たちが建築現場を支えてくれてるからでしょ？　若い人が働きたいと思う現場に変えていかないと、建築雑誌に未来はないんじゃないですか？」

「まあ理屈じゃそうかもしれないけど」と緑川。

「日本には世界に誇れる職人がたくさんいるのに、そうした人が認められない、不当に企業に搾取されているというのは残念なことです。頑張ったって報われない。そんなところで、誰だって働くのが嫌になると思いませんか？」

春奈はさらにいう。

「建設業界に未来がないと、うちの会社にだって未来はないです。衰退の一途をたどるしかないですよ！」

「……」と黙り込む青木と緑川。

「このサービスで、建築業界の未来をつくっていこうと。そういうことだね」と黄島。

「でもさ、そんなに素晴らしいことだっていうなら、他社はやってないの？　そうしたサイトの前例は？」と緑川。

「前例？　出た。なに、それ。『ミスターしょうがない』みたいな」と春奈。

「どうせ聞かれるんだから準備しといたほうがよくない？　そんなに需要があるならどうして他の企業はやらないんだって話になるじゃん」と緑川。

春奈が説明する前に青木がいった。

「すでにやっている企業はいくつかありますよ」と青木。

「あるの!?」と緑川が驚いた。

「今いおうと思ったのに！　ええ、どこが一番ってわけではないですけど、市場が大きいから伸びてるみたいです」と春奈。

「なんだ、じゃあ、ただの後追いじゃん。ダメじゃん」と緑川。

「そんなことない。職人の種類が一体どれくらいあると思ってるんですか？　優に七十は超えるんですよ。まだまだ攻めるところはありますす」と春奈。

「だからこそ、もう少し絞り込みが必要なんじゃないか。特徴づけというのが」と青木。

「そうそう……って、あれ？　青木君、賛成なの？」と緑川。

「なるほど。絞り込みね」と黄島。

「たとえば手軽なリフォームに特化して、『商空間』の読者層、店舗オーナーやこれから店舗をもとうという創業者向けに、リフォーム職人を紹介するようなマッチングサイトをつくるだけでいいと思うけど」と青木。

「あ、なるほど」と春奈。

「いや、だめじゃない？　それこそコンサル業とかぶるし、マッチングサイトだし」と緑川。

「いやもう、マッチングサイトなんて、他社がいくらでもやりそうなことだし、反対すること自体がもうナンセンスじゃない？」と春奈。

「そうだね。ここまでくると、ホントに他社にやられてしまう前に、自分たちで市場をつかんでしまうことだね。『店舗オーナー』と『リフォーム職人』のマッチングサイト、か。いいね。テーマを絞るのは、当事者感が出ていい。いっそ、前回の打ち合わせで出たような、住まいの多様化に合わせて、個人と、リフォームの職人とをマッチングさせてみるのはどうだろう」と黄島。

「あ、いいですね！」と春奈と緑川。青木も顔を上げた。

「たしかに。子育て、セカンドライフ、それぞれのテーマに合わせて、リフォーム職人を気軽に頼めるっていいですね」と春奈。

「たしかに。イメージがクリアにわいてきました！　じゃあ、その線で収益予測や市場規模の数字を積み上げてみましょうか」と緑川。

「ああ、頼むよ」と黄島。

「じゃあ、俺は、ビジネスモデルと競合他社を洗い出しておきましょうか」と青木もいった。

「ええ⁉」と春奈は青木を見た。

「なんだよ」と青木。

「意外」と春奈。

「……じゃ、そういうことで。時間なので、僕は失礼します」と青木は去っていった。

「ええ〜？　帰った。でもいいのか。なんか調子狂う」

春奈と黄島と緑川は青木の去った後を眺めていた。

「青木さん、やる気じゃん。なんかあったの？」と春奈。

「さあ……」と緑川。

「いいことじゃないか。よし！　じゃあ、どんどん進めていこう！」

黄島がいい、春奈たちの新規事業は動き出すことになった。

黄島と青木が去った後、緑川もいこうとすると、

「緑川さん、すみません！　このプロジェクターとスクリーン、上の階に返しにいくの手伝ってもらっていいですか？」と春奈に声をかけられた。

「あ、うん、いいけど」と緑川は手を貸すことにした。

そのとき、春奈のスマートフォンが鳴った。着信履歴を見て「やべ」と春奈がいうので、「なに？　システムトラブル？　なら、あと、やっとこうか？」と緑川は尋ねた。

「いいえ、私用で。昨日、『カフェ・カオス』で知り合いを見たかもっていったじゃないですか？

あれ、実は友だちの彼氏なんですよね。それでちょっと、友だちに連絡したら、『別れたほうがいいかな』とか『別れないほうがいいかな』とか、ちょっとめんどくさいこといい出して。なんか『超』情緒不安定で参っちゃうんですよねー」と春奈。

「へえ、思いっきり私用だね」

「ということで。すみません、ちょっと友だちヤバいんで。あと、よろしくお願いしまーす」

「ええ〜!?」

唖然とする緑川を尻目に、春奈はスマートフォンで「あ、美月? どうした?」と話しながら、会議室の外へと出ていった。

「相変わらずマイペース」と緑川はぼやきながらも、後始末を引き受けた。


翌日、「カフェ・カオス」には再び一歩と隼人が来ていた。

矢弦がおらず、気楽に先日のピッチの反省をしている一歩と隼人。

「なるほど、ピッチの内容って、クラウドファンディングや、銀行にお金を借りるときの事業アピールにも使えそうだね」

一歩がのん気にピッチ内容を直しながら、隼人にいった。

「なに? クラウドファンディングやんの?」と隼人が尋ねると、

「いや、うーん。でも、三百万円も集めるのは難しそうだし」と一歩。

「なんだよ」

「借金したくないなあ」

「はあ？　じゃあ、どうすんだよ。おまえの資金なんかじゃ、店をもつなんて絶対無理だぞ」

一歩の手元の資金は、これまでの貯金と、退職金とファンの店で働いたお金を合わせて合計二百万円ほど。

隼人はいう。

「個人開業の小さな飲食店でも七百万円〜千二百万円はかかるというぞ。店の場合は、物件取得に数カ月分の保証金や厨房機器の設置費用もいるし、開業から半年〜一年分の運転資金と生活費も見ておかないと危ないからな。二百万円なんかで、店をもてるかよ」

「むむむ。わかってるよ」

「ちなみに、銀行の創業支援融資だって、カネのあるうちにしか貸してくれないぞ。開業資金の三分の一から二分の一を自費で賄うのが基本だからな。それに、ベンチャーキャピタルは、そんなしょぼい起業にお金出さないし」

「ちえっ」

「それか補助金や助成金でも使えよ。補助金はとれるかどうかわからないけど、助成金は申請すればとれるだろ」

「でも受け取れるのはどっちも一年後だっていうんだろ？　何度も聞いたよ」

「それかいっそ一年働いて、カネ貯めるか」

「むむ。一年か。うーん。まあそれくらいはかかるよね」

「なんだよ。歯切れの悪い。開業を諦めるか？」

「いや、開業はする！」

一歩は、先日、母に頼まれ幸代に差し入れに行った際に、「子ども向けの弁当屋」について語ってみたのだった。すると、幸代はひどく興味をもって、そのまま近所の友人らを呼んできて、彼女たちとともに「社会の役に立つことなら関わりたい」「私たちもまだまだ活躍したい」「短時間のシフトなら働きやすい」と意欲を見せたのだった。

そのうえ、彼女たちからも、スーパーやコンビニの惣菜について「時々利用するならいいけど、毎日はちょっとね」「味が濃い」「飽きる」「身体にいい気はしない」との不満があることも聞くことができた。それらを聞いて、一歩はますます「子ども向けの弁当屋」を町に開きたいと考えた。

「なんとか開業費を抑えて開業する！」

「なんとかってなんだよ。ああ。店舗をもたないってことか？　デリバリー専門とか、キッチンカーとか？　おお、キッチンカーってどうよ」

「それがさあ。子ども用弁当って、同じ地区内で似たような時間帯で同時多発的に必要になるからさ、デリバリーも機敏でないとダメなわけ。キッチンカーだと拠点も定まらないし、停める場所も難しいからなあ。それに俺、やっぱりイートインスペースは譲りたくない」

「ふうん。じゃあ店舗にするわけ？」

「そうなんだよ。で……店を間借りしようかなぁって」

「間借り？」

「今、バルとかバーとか、夜だけ営業するレストランとかが、昼の空いている時間だけ、店を貸してたりするだろ？」

「ああ。そういうことか。おまえにしちゃ、考えたな」

「うん、まあ……」

これは、飲食店経営をしているファンの受け売りだ。実際ファンも、最初のカフェは、深夜営業のバルのスペースを、日中、格安で借りてオープンさせたそうだ。それを参考に、一歩も今、地元で間借りできる店を探している。

「うまく見つかるといいけど。隼人さんのほうはどうなの？　スマート管理人は？」

「『隼人』でいいよ。仕切り直すよ。時間はまだあるからな。俺、起業前に勉強したいし、人脈つくりたいから留学するし」

隼人は、アメリカ、ボストンにＭＢＡ留学することが決まったのだという。

「え!?　そうなの？　すごいね！　また急に」

「急じゃねえし。ずっと準備してたし。俺は、本気で世界を変える起業家になりたいから。どうせなら世界一になりたいし」

「世界一？　すごい！　じゃ、俺も俺も！」

「黙れ、凡人。なにが俺も俺も、だ。『ついでに』みたいに軽くいうんじゃねえ」

一歩と隼人が話していると、カフェに思わぬ人物が入ってきた。

美月だった。

「え!?」と一歩。

「なんだ？」と隼人。

「え？　どうして」

一歩は驚いて立ち上がった。

隼人も、一歩の視線の先を振り返って、美月を見た。

「誰？」と隼人。

「えっと、彼女……」

「は？　嘘つけ」

そのとき、店内を見回していた美月も、一歩に気づいたようで、静かに歩み寄ってきた。相変わらず姿勢がいい。顔立ちもいいので、みんなが美月を見ている。

美月が一歩の前まで来て、立ち止まった。

「……」と互いに黙り込む美月と一歩。

「……？」と隼人が距離を起きながら、ふたりを盗み見ている。

「……ええっと。久しぶり」

一歩が沈黙を破り、なにから説明しようかとうろたえていると、美月はいった。

「春奈に聞いたの。一歩をここで見たって」

「え？　そうなんだ。来てたんだ、彼女ここに」

「うん。春奈もびっくりしてた。起業家になるって、ピッチをしてたんだって？」

「え？　ああ、あのときか。へ、へえ。気づかなかったなあ……と。えーと……」

なにから話せばいいんだっけ？

一歩が話の接ぎ穂を探していると、美月がいった。

「とどろきスポーツ、辞めたんだね」

「ああ、そうそう！」

そうだった。

「辞めたっていうか、倒産しちゃってさー」

明るく自嘲気味に一歩はいった。

「知ってる」

「え、ええ？　なんで？　いつから？？」

「昨日。なんでとどろきスポーツ辞めたのか不思議に思って春奈と話してたら、春奈が検索してくれてわかったの」

「そ。そっか」

「……話してくれたらよかったのに」

美月は笑うこともなく一歩を見ていた。

「いやあ、はは」

「……。なにがおかしいの？」

「……いや別に、おかしくないです」

「……いってくれてもよかったじゃん」

「そうだけど」

美月が少し責めるような口ぶりになったので、一歩は思わずはぐらかしたくなった。

「まあ、いっても、仕方ないかなって思って」

だって、そのあと、起業するとかしないとか、もっと大騒ぎすることになって、失業とか倒産とか、そういえば、そんなことどうでもよくなっていたし。

「仕方ない？」

美月は少しだけ表情をゆがめた。

「だって、そうじゃん。まあまあ、そうそう、それに、俺、最近やりたいことが見つかったっていうかさー、それでここんとこバタバタしちゃって」

違う、こんなチャラい説明をするはずじゃない。

たしか、もっと話すべきことがあったはず。

「でもまあ、そんな感じで元気にやってるよ。そっちは？」

一歩がそういうと、美月はいった。

「あのさ、一歩」

「うん」

「私、なにか手伝えることあるかな」

「え？」

「小さなことでも、別になんでもいいけど」

美月はいった。

一歩は美月の思わぬ提案に戸惑った。

「いやー、別に……」

美月が真面目な顔で返事を待っているので、一歩もふと真面目に正直に考えた。

「うーん。……別になにもない。うん。なーんにもないよ。てか、今自分のことで手いっぱいって感じかなあ」

「……そう」

「うん」

「そっか。だよね」

「うん、ぜんっぜん、大丈夫。俺のことなんて、心配しなくていいから！」

そのとき、にわかに一歩は、近々、美月の誕生日であることを思い出し、急にお祝いをしようと思い立った。

「そうだ！　美月、来週さ！」

「あのさ、一歩」

「うん」

「……私たち、別れよっか」

「え？」

一歩は驚いて美月を見た。

美月は真顔だった。

「なんで？」と一歩。

「別れよ。そのほうがいいよね」

「え？　え!?　どういうこと？」

一歩はうろたえた。

不穏な空気に、隼人は数人の野次馬をふたりから遠ざけ、追い払っていた。

「えー……？」と一歩が二の句をつげずにいると、うつむき加減だった美月が、

「じゃあ」と、背を向けて歩き出した。

「え、ちょっと待って！」

といいつつ、追いかけられない一歩。

美月の背中が、一歩のことを頑なに拒否しているように見えたからだ。

「え？　怒ってる？　怒ってる？　俺なんかまずいこといった？」

逡巡する一歩が、追いかけられずにいると、

「おい。追いかけるなら、さっさと行けよ」

と隼人が、一歩の背を押した。

「でも……」

美月は頑固だ。

特に、ああいういい方をしたときはちょっとやそっとでは機嫌が直らない。

なにがあったんだ？

「早くしろよ。行っちゃうぞ」

隼人がせかすが、動けない一歩。

美月の姿は外へと消えていった。

「あーあ」と、隼人。

「……どうして」と唖然としながらも一歩は、ふと気づいた。

美月の誕生日は一週間前で、とうにすぎていたことに。
「……あれ。なにやってんだ？　俺。なんかいろいろしくじってる？」
と、一歩はただその場に呆然とたたずんだ。

解説　「これを解決したいから、カネ、ヒトが欲しい」ストーリーを明確にするのは必要不可欠

ピッチも「構想」よりも「行動」でよくなる

起業家にとって、ピッチは必要不可欠な技能です。その技能の優劣によって、資金調達に成功したり失敗したり、結果が左右されます。さまざまな状況下で、チャンスを逃さず対処できるよう準備をしておきましょう。

第六章で「事業計画は『構想』より『行動』でよくなる」と述べました。計画を、時間をかけて何度も頭の中で練り直す「構想」よりも、プロトタイプを持って人に聞いて回る「行動」こそが成功への近道だと。ピッチも同様です。ぜひ、自分のアイデアをもって、いつでもどこでもピッチをし、フィードバックから学び、成功につなげていきましょう。

ところで、投資家というのは起業家のピッチのなにを見ているのでしょうか？

一番はビジネスモデル。次に、「その起業家が本当に信頼できる人なのかどうか？」、また、「聞く耳をもっている人かどうか」ということです。

そして同時に、第一印象が重要だったりします。その人のもつエネルギー、動き、服装……といったことから得られる第一印象は〇・一秒で決まります。第一印象の九十三パーセントはノンバーバル、すなわち言葉以外の行動（姿勢、立ち方、握手の仕方、アイコンタクトの取り方）で決まります（バブソン大学アクセラレータープログラムのリサーチデータより）。こうしたことをもとに、投資家たちは意思決定をしていくことが多いのです。

「なにが欲しいか」を明示する

また、ピッチの最大の失敗は、Call To Action がないこと。素晴らしいピッチでも、最後に求めるものがないと意味がありません。「私たちのビジネスはこんなものです、すごいでしょう」といって終わるパターンほど無駄なものはありません。そうではなくて、「本当に困っているので、ここの部分をなんとかしたいから資金をください」「この点を解決したいので、誰かを紹介してください」というなど、必要なことを必ず明示する。なにかしてほしいという訴えを抜いてしまうピッチというのは、なにも起きませんし、意味がありません。起業とは潮流を創ること、すなわちファンを増やすこと、人をどんどん巻き込んでいくことです。ですから、「なにをしてほしいか」を具体的に明らかにして、人にしっかりと伝えることが大切です。

起業のモチベーション

起業家は、「金持ちになりたい」「有名になりたい」という物欲、エクストリンジックなモチベーション（extrinsic motivation）よりも、「自分自身のために」「自立したい」「他人の指図を受けたくない」など、イントリンジックなモチベーション（intrinsic motivation）のほうが成長するというリサーチがあります。起業の際のみならず、失敗から再起をはかる際も、イントリンジックなモチベーションの傾向をもつ起業家たちがその後成長を遂げています（"Rising from the Ashes: Cognitive Determinants of Venture Growth after Entrepreneurial Failure." *ET&P*, 39（2）: 209-236より）。

「お金」というのはひとつの手段であり、本来の目的は、「お金が欲しい」ではなく、「お金を使ってこれをしたい」というところにあるのではないでしょうか。

まず、自分ありき。そして、「自分がこういうことをしたいから」、また、「自分が社会のこういう問題を解決したいから」、だからこそお金が欲しい、というように、まずは「自分がどうありたい」という動機、欲望、そしてビジョンを明確にさせることが大切です。

ロジックの使い分けが重要

過去のデータや参考になるものが不確実な場合、「因果関係に基づく理論」（Prediction or Causation）より、「今あるもので始めるアイデアに肉づけをしていく」（Creaction or Effectuation）がより効果的です。ただし、場面・局面によって前者と後者のロジックを使い分けることこそが起業的思考です。

日本では論理的思考や、統計データをとること、確率を考えることの重要性が尊重されがちですが、「まずはやってみること」です。

説得の3モード

人を説得するには、エトス（Ethos：倫理／信頼）、ロゴス（Logos：論理）、パトス（Pathos：情熱）の3モードが有効だといわれています。

エトス（倫理／信頼）とは「相手が倫理的に信用できるかどうか」、ロゴス（論理）は、「理屈や論理的に正しいことをいっているかどうか」、パトス（情熱）は「相手に共感できるかどうか」ということです。

人は説得されるとき、「倫理的に正しい」という理由だけや、「筋が通っている」ということだけ、「相手に共感できる」だけでも、なかなか動きません。

エトス（倫理／信頼）、ロゴス（論理）、パトス（情熱）の三つが組み合わさったときにこそ、最も人が動くとされています。説得力を高めるために、ぜひ踏まえておきたい技術です。

第十章　「進んで失敗する」という余裕が新しい価値を生む突破口

Entrepreneurship is about anticipating failure, accepting failure, learning from failure, and making use of the lessons learned.
起業道とは、失敗を必然として受け入れ、そこから学び、次に役立てることの繰り返しである。

「起業をしたら、ミスを犯すなんてことは日常茶飯事や。ビジネスに失敗はつきものやからな」

矢弦が淡々とそういうと、

「え〜〜！　もう、そんな脅されても」と一歩は文句をいった。

一歩が「カフェ・カオス」で、自分の起業プランを「果たしてこれで失敗しないでやっていけるだろうか」と不安げに見直していたときのことだ。

「脅してるんとちゃう。失敗は必然のことや。事前にどんなに心構えや準備をしていたって、想定外のミスは起きる。せやから、必要以上に不安に思ったり、警戒せんと、前向きなつき合い方をせえっちゅうてるねん」

「ええ？　うーん……でも、とれないリスクはとらないほうがいいに決まってるじゃないですか。事前に『許容しうる失敗』を見極めておけっていってたじゃないですか」

「それはそうや。以前、説明した通り、事前に『いくらまでだったら失ってもいい』『いつまでなら続けてもいい』『どこまでなら評判を落としてもいい』、そうした許容できる失敗の範囲はあらかじめ定めておく必要はある」

「でしょ？」

「そうした範囲で小さな失敗を重ねて、失敗に慣れて、より大きな挑戦、大きな成功へと導いていければ、それでええ。だが、それでも、や」

「ええ？　まだなにか？」

「失敗というんは、想定の範囲内で起きるもんばかりやない。どれだけ準備していても、事故が起きたり、資金繰りに困ったり、仲間に裏切られたり、さまざまな想定外の失敗が往々にして起こりうる」

「ええー……嫌だなあ」

「なにが『嫌だなあ』や。日本人は失敗を否定的に考えすぎや。そりゃ、失敗というても千差万別、いろんなものがある。たわいのないミスから、人の生死にかかわる重大なものまでさまざまや。そうした致命的な失敗は、もちろん、全力、全知識をもって避ける努力をするべきや。それでも、新しいことをやると、思い通りにいかないことがなんぼでも起きる。ただ、最善の努力のうえにおける失敗は、決して『害』ではない。『悪』でもない。学びの機会であり、飛躍のチャンスや」

「む、む」

「だいたい、『失敗しない人』なんてものを、わしは見たことない。成功の影に失敗あり、や」

「はあ……」

「失敗は必然。だからこそ、失敗に対しての姿勢、失敗とのつき合い方が大事になるんや。起業の成否を左右するというてもええ。大切なのは、失敗は起きるもの、必然やと受け入れ、それを成功につなげていくことや。失敗には必ず学習効果やチャンスが潜んでいると前向きにとらえて、学び、次に活かしていくことや」

「簡単にいいますけど」

「それに、や。『失敗』というその困難な状況にどう立ち向かったか、どう乗り越えたか。そうした力こそが、この不透明、不確実な時代を生き抜く力になっていくんや。これからの時代、未知の状況、前例のない状況に遭遇することはなんぼでもある。そんなとき、どういう大学を出たかとか、どういう肩書をもっているかとか、そういうことが事態を解決してくれるわけとちゃう。自分で考えて、行動して、乗り切るしかない。知恵や人脈や粘り強さやいろんなものを駆使して、とにかく、良い方向へ、前へと進めていくことや。そうした力は、行動、経験でしか培えへん。ひとつひとつの失敗を乗り越えて身につけていくしかない」

「はあ……。なんか大変そうだな」

「失敗を恐れず、その失敗をどう活かすかに注力する。考えもしなかった失敗は、それこそ思いがけない新たな価値を生む突破口になってくれたりするんや。だから『失敗はラッキー』なんや。『失敗で遊ぶ』くらいの余裕をもて」

「遊ぶ〜？　無理、無理」

「なにが『無理、無理』や。すべては、あんたの『これをやりたい！』『こうなりたい』という力強い志や信念がそれを可能にするねん。だからこそ、しっかりその原動力となる『やりたいこと』、ビジョンをしっかりもてっちゅうことや」

「はあ……」

「……とはいえ。うーん……」と自宅に戻った一歩は深いため息をついた。

自室の机の上には、描きかけの弁当屋のイメージ図が置いてあった。

プランを具体的に進めていきたいところではあるが、今の一歩は心が折れている。どうにもやる気が出ないのだ。

「カフェ・カオス」で美月に「別れよう」といわれてから、十日ほどが経っていた。

一歩はあの後すぐに「ちゃんと話し合おう」と連絡をとろうとしたが、美月は電話にも出ず、メールに返信をくれることもなかった。

「……怒ってるよなぁ」と一歩は、返信のないスマートフォンを片手によくよく考えると、とどろきスポーツが倒産してからというもの、美月と会っていない期間は三カ月にもなっていたことに気がついた。そのうえ、一歩は、美月の誕生日をすっかり忘れていたのだ。誕生日は、毎年、お互いに大切にしてきたにもかかわらず、だ。「まずいよなあ。なにやってんだ、俺」と一歩は自分に呆れ、嘆いた。矢弦のもとで、「自分のやりたいこと」を追求するのに夢中になっていたあまり、時間が経つのもすっかり忘れていたのだ。

「とにかく一度きちんと話さなきゃ」と、一歩はその後も何度か美月のマンションにも行ってみたが、美月の不在が続いて会えないままだった。訪れるたびに、郵便受けには郵便がたまっていて、どうやら不在は一日二日のことではないらしい。

「どこに行ったんだ?」と一歩は首を傾げた。

美月のことが気になりつつ過ごしていると、つい先日「カフェ・カオス」で見覚えのある顔を見つけた。春奈という美月の友だちだ。一歩は思い切って声をかけてみた。

「ああ。美月のこと? 今、ルートヴィヒスハーフェン・アム・ライン」と春奈はいった。

「え? ルートヴィヒ……な、なに?」

「世界最大の化学メーカーのドイツ本社があるんだって」

「ドイツ? え? でも、なんで?」

「出張だって。学会に参加するとかいってた。会社から派遣されて勉強しに行ってる」

「そ、そうなんだ。いつ戻ってくるんだろ」

「さあ? 帰りに会いたい昆虫博士がいるとかいってたから、時間かかるんじゃないかな」

「昆虫博士?」

「環境博士だったかな? なんか忘れちゃった」

そうだよな。オタクすぎる美月は、好奇心が旺盛でやりたいことが多く、常に忙しい。仕事や趣味に没頭してしばらく会えないなんてことはこれまでもあった。ここしばらく会わなかったことは、さして問題じゃないのかもしれない。

「あの……、美月、俺のことなにかいってなかった」

恐る恐る一歩は、春奈に尋ねてみた。

「なにかって？　美月の誕生日を無視したこと？　プロポーズをほのめかして止めたこと？『相談したいことがある』っていったのに会わずに済ませようとしたこと？　失業とか倒産とか大事なことをひとことも相談しなかったこと？　数カ月会おうとしなかったこと？　えーと、ほかにもあった気がするけど……まだいる？」

「えーと……。いえ、十分です……。ありがと。……帰ってきたら話してみる」

春奈の一言一句がこたえて、一歩は凹んだ。

「帰ってきたら、か。戻ってきたら、また忙しいと思うけどな。ボストン行く準備とかで」

春奈は意味深にいった。

「ボストン？　ええ？　そんな出張ばっかりなの？」

「出張とは限らないわよ。ニューヨーク転勤の話もあるみたいだし」

「ええ？　ニューヨーク!?　え？　どうなってんの？」

「ホント、なんも知らないんだね」

「……はあ」

「美月、最近いろいろあったんだよ。プロポーズはなかったことにされるし、ほかにも転勤話とか、やりたい仕事のこととか、人生の転機っていうか、相当悩んでたし。そういうの、『彼氏』

がいるならその『彼氏』と相談したかったんじゃないのかな」

「いってくれたらよかったのに！」

「ってか、そっちが全然、聞こうとしなかったんでしょ？」

「え？　……いや」

思い返す一歩。そういえば、少し前に「時間があれば相談したいことがある」というメッセージは来ていたように思う。でも前にあったとき美月は、合気道を習うかテコンドーを習うかで迷っていたから、てっきりそのことだと思って、軽くスルーしてしまった。

「そんな大切なことで悩んでいるなら、ちゃんといってくれないと！」

と一歩はいうも、「……と、どの口がいうよ」とすぐに自分に跳ね返ってきた。

自分だって、いわなかったじゃないか。

「じゃあね、私、行かなくちゃ」

春奈は一緒に来ていた仲間たちと去っていった。

「……はあ。転勤って」

一歩はその場にたたずんだ。

……美月は、アメリカに行くのか。

そんな遠距離で自分たちの関係は続けられるのだろうか。

「って！　続けられるもなにも、続いてないじゃん！　終わってんじゃん」

自宅で考えにふけっていた一歩に、美月の「別れよう」という言葉が再び胸に刺さった。

「最悪だ」と一歩の気持ちは、ますます沈んできた。

「そのうえに、だ」と一歩はつぶやいた。

美月にフラれた自分には、「もう仕事しかない」「起業するしかない」と思って、弁当屋のプランを切実に考えていたのだが、そこに姉や母が、例のごとく、追い打ちをかけてくる。

「弁当屋なんてバカなことといってないで、さっさと就職しなさい！」と姉は前にも増して口うるさくなったし、母も、「一歩、母さんの知り合いのやってる会社で人手が足りないっていってるんだけど」とまめに就職先を薦めてくるようになったのだ。

「だから。そういうんじゃないんだって」と一歩は日々抵抗するが、あまり効果はない。気が滅入ってばかりで、さらなる一歩が踏み出せずにいた。

そんなある日、一歩は、気晴らしと、姉の「郵便出してきて」という使い走りのために、商店街に立ち寄った。

そのとき、ふと精肉屋「さとう」の前に、学校帰りのオヤカタの姿が見えた。

「オヤカタ、またコロッケを？」と一歩が見ていると、オヤカタも一歩に気がついた。

「おす」とオヤカタ。

「おす。またコロッケ？」と一歩がいうと、

「違うし」と、オヤカタはため息をついて、「さとう」を通り過ぎた。

「なんだよ？　元気ないな」

一歩が尋ねると、オヤカタはコロッケを買わない理由を説明した。

「健康指導？　学校で？」と一歩。

オヤカタは、学校で、肥満改善のための健康指導を受けているのだという。

「そ。だから、お母さんが、しばらくコロッケ買っちゃダメって」とオヤカタ。

「なるほど」と一歩。

それはいいことかもしれない、と思っていると、オヤカタは別の惣菜屋の店先で、

「フランクフルトか」と立ち止まった。

「やめとけやめとけ、健康指導中だろ?」と一歩が行こうとすると、

「フランクフルト十本ください」とオヤカタが、背後で注文していた。

「待て待て!」と一歩は戻って、それを止めた。

「なんだよ。コロッケじゃないし」

「そういうことじゃないんじゃない? うーん。……よし。おまえ、うちで食え」

「ええ?」

「俺がうまい飯つくってやる。来いよ」

「嫌だよ。なんで人んちで食べなきゃいけないんだよ」

「じゃあ……」

一歩が、その足でオヤカタの家に行くことになった。

オヤカタはシングルマザーの母親と古いアパートに暮らしている。

「お邪魔しまーす……」

一歩がオヤカタの後に続いてアパートの部屋に入ると、そこにはまず台所があって、その奥に六畳二間の部屋があった。本棚に入りきらないマンガやゲームなどで散らかっているその奥の部

屋にオヤカタはランドセルを置きにいった。

「……。オヤカタ、さっき、なに食べたいっていってたっけ?」

一歩は台所のテーブルに、買ってきた食材を広げながらいった。

「カレー」とオヤカタが答えると、

「……そうか。じゃあ、肉じゃがにしよう」

「なんでだよ。なんで聞いたんだよ」

「同じ材料で、普段、オヤカタが食べないものつくってみる」

「意味わかんないし」

一歩が料理を始めると、オヤカタはテレビをつけて、ゲームを始めようとした。

「そういや、肉じゃがってさ。失敗から生まれた料理って知ってた?」と一歩は話しかけた。

「失敗から生まれた料理?」と、オヤカタは答えた。

「そ。明治時代のえらい軍人さんがさ、『ヨーロッパで食べたビーフシチューがうまかったから、同じものをつくってくれ』って、軍のコックに命令して再現させようとしたんだ。けど、コックは、ビーフシチューなんて食ったことも見たこともないわけ。で、聞きかじりでつくろうとするんだけど、ドミグラスソースってやつがどうにもつくれなくて、結局、醤油と砂糖で味つけしてつくっちゃったのが、この肉じゃがってわけ」

「へえ。ビーフシチューのなりそこない?」

「うん。再現に失敗したわけだけど、今や日本の家庭料理の代表だもんな。俺も失敗からこんな名作を生んでみたい」

「ふうん」とオヤカタはいいつつ、おもむろにベランダを開け、洗濯物を取り込んだ。

「えらいな。ちゃんと家事を手伝うんだ」

「これやらないと、お母さんが怒るから」

照れ隠しにムスッとしながら、オヤカタは邪険に部屋の隅に洗濯物を押しやった。

その後、何度かここを訪れるうちに一歩は知ることになるのだが、オヤカタはいつもは洗濯物を取り込んだら簡単なものだけは自分でたたんで片づけている。ご飯を食べたら後片づけは自分でやるし、彼なりに母親の手伝いをしようとしているようだ。

そうして片づけた後は、マンガやゲームに囲まれてオヤカタはひとりで時間を過ごす。オヤカタの母親は、トンカツ屋で働いているそうで、帰りは遅い。オヤカタが習い事や塾に通ったりしないのは、教育方針というよりおそらく経済的事情だろうと思われる。それでもオヤカタがひとりで過ごすのに困らないよう、母親は塾代には及ばないなけなしの小遣いをオヤカタに与えているようだ。それが、マンガやゲームやコロッケに費やされているのだな、と一歩は思った。

一歩は、オヤカタと同じ年ごろだったときの自分のことを思い返す。一歩の母もまたシングルマザーだった。一歩の家も決して裕福ではなかったが、オヤカタと違うのは、一歩は家に帰ると祖母がいた。祖母がいて、食事をつくってくれて一緒に食事をとったりしていた。一歩も他のみんなのように塾には行けなかったが、祖母が宿題をしろと口うるさく面倒を見てくれた。宿題を見てくれる祖母に甘えて「おばあちゃん、こんなこともわからないの?」とバカにして悪態をついたりもしたものだったが、祖母のおかげで、自分はさみしい思いもしなかったし、健康や勉強や生活の心配をすることなく無邪気に過ごすことができたのだ。

「できたぞー」

一歩はゲームにふけっているオヤカタを呼んだ。

メニューは、栄養バランスを考えた和食だ。

肉じゃがに、ほうれん草の白和えなどの副菜に具沢山のおみそ汁。白身魚のチーズ焼きはマヨネーズ好きのオヤカタの嗜好に合わせたつもりだ。

「ほうれん草って、必要?」とオヤカタは不服そうにいった。

「コロッケや肉だけで腹を満たすより、いろんな野菜で腹を満たしたほうがいいんだよ。ほうれん草は身体にもいいからな」

「どういいんだよ?」

「それはだな……」

一歩にもわからないから、スマートフォンで検索した。

「知らないんじゃん」

「βカロチンってのがあって、髪や目の健康維持に役立つんだってよ。それにビタミン、ミネラルが豊富で……って、あ、おまえ!」

オヤカタは、一歩の見ていない隙に、マヨネーズをかけようとする。

「なんでもかんでも、マヨに頼るな。俺がしっかりつくったんだから、ちゃんと味わって食ってよ」

一歩はオヤカタからマヨネーズを取り上げた。

「ええー?　ちえッ」

それでも、オヤカタは、もりもりと満足そうに食べ始めた。

「……」と一歩はそのオヤカタを眺めて思っていた。

一歩の家に祖母がいたように、オヤカタの家にだってこういうおせっかいな人間がいてもいいはずだ。今の母親たちはみんな忙しいのだ。

毎日、オヤカタの身体のことを考え、食事を提供してくれる人がいれば、オヤカタだって、肥満を防げるかもしれない。

やっぱり、弁当屋は必要だ。

とりあえずは、オヤカタに食べてもらいたい。

「……オヤカタ、そういえば、YouTubeどうなったの？」

「……ネタ切れ」

「……ダイエットをテーマにYouTubeするってどう？」

「どういうこと？」

「ダイエットを頑張るオヤカタを配信するとか」

「ええ？」

オヤカタは、今ひとつ、イメージがつかめないようだ。

「ダイエットって具体的になにするの？」

「こういう、バランスのいい食事を食べたり、運動したり、かな」

「それって面白いの？」

「面白くすればいいじゃん。運動だって、ひと工夫して、オヤカタが変顔、変ダンスをしてもいいし」

「ええ?　なんだよ、変ダンスって。えー、俺、ダイエットするのか〜」

「オヤカタ、YouTubeはお母さんのためでもあるっていってたじゃん。オヤカタが健康だと、お母さん安心するよ?」

「む」

「それに今よりモテるかもだしな」

「むむ」

「俺、運動だってメシだって、なんだって協力できるから。その代わりっていっちゃなんだけど、俺、『子ども向けの弁当屋』やりたいんだ。オヤカタは俺の『やりたいこと』にも協力してよ」

「ほう。『交換条件』ってやつか。協力ってなにすんの?」

「そうだな。弁当の試作品の味見して、意見をくれるとか」

「え?　そんなのでいいの?」

悪くない、と思っていることが、オヤカタの鼻の膨らませ具合からうかがえた。

「やろうよ。面白いじゃん」と一歩はいった。

「やるしかないね」

帰宅した一歩は、「子ども向けの弁当屋」のやる気を取り戻した。取り戻したというより、以前より確固たる意志になってきた。

翌日、一歩は、姉から、浩太と昇太の夕飯の世話を頼まれた。その日は、母の帰りが遅く、姉も夕方から仕事に出るというのだ。

「それそれ、それだよ、姉ちゃん！」

「なによ？」

「姉ちゃんだって、忙しくて、子どもたちのご飯を用意できないことってあるだろ？　そのとき、俺のご飯があったら便利だろ？　コンビニ飯やファーストフードを食べさせるより、料理上手な俺の料理がさ」

「別にあんたがいなけりゃ、スーパーの惣菜で済ませるけど」

「そりゃ、一日二日はいいけどさ。ずっとはやっぱ嫌だろ？　俺の手づくり料理のほうがいいだろ？　添加物いっぱいのできあいの料理よりさ」

「なんなの？　もしかして、タダではやりたくないっていってる？」

「うーん。たとえば一食五百円、二人分で千円」

「高ッ！」と口を尖らす姉。

「ええ？　じゃあ、一食三百五十円、二人で七百円」

「まあいいわ。材料費込みなら五百円でも」

「さすが、細かい」

「じゃ、お願いね」と行こうとする姉を一歩が追いかける。

「姉ちゃん。今働く親が増えてるだろ？　子どもの夕飯が用意できない、ってことがちょくちょく起きる。そのとき、毎日コンビニやファーストフードじゃ、ホントは嫌だろ？　そういうとき、あるとうれしいよね？　手づくりの健康的なお弁当があると」

「しつこいなあ」

「ね？　選択肢としてあるといいだろ？　だから、俺が、つくって提供するんだよ！　子ども向けの弁当屋で！」

一歩の訴えを、姉はあっさり却下した。

「別にあんたがやることないじゃない」

「ええ？　ほかに誰がやるんだよ。誰もやってないじゃん」

「あのさあ。仕事ってのは食べていかないといけないの！　家族を養っていかないといけないの！　そんな弁当屋でなんで食べていけるのよ！」

「食べていけるよ！　というか、誰より、俺が今、その必要性を感じているんだ。俺しか今、ここでそれを実現できる人はいないからね」

「はあ？　あんたどうかしちゃったの？」

「どうもしてない。俺はやる。姉ちゃんだって、きっと利用するよ。必要だからね！」

一歩は、いい切った。

そして、一歩は、具体的にプランを進めていくことにした。

それには姉の数々の指摘が役に立った。

「姉ちゃんは、プレ・モータム、失敗の事前検証の天才だな。うまくいかない想定ばっかりいってくる」と一歩は、姉の指摘を整理して弁当屋のプランを練り直していた。

たとえば、一歩は、姉の「弁当屋でどうやって食べていくんだ」という意見に対して、収支計画を見直してみた。

「数字なんてなんとでもつくれる」という姉の言葉に反論すべく、一歩は実際に、近所の塾やコンビニにはりついて、弁当やおにぎりを購入する子どもたちを調査してみた。そして「この一〜三割が弁当を購入してくれた場合……」などとシミュレーションをいろいろやってみた。少し望みと自信が湧いてきた。

そうした新たな計画にも姉は「仮に売上目標を達成したって、粗利二十万？　こんなのバイトの月給じゃん。バイトのほうが何倍も楽じゃん」と指摘してきた。それには、「そっか、そのくらいの利益しか出ないのか……」とあらためて、それで続けていけるのか自身に問い直したり、収支計画を見直したりした。

ほかにも、「子どもの食事って簡単にいうけど、あんたみたいなの、保護者は信用しないからね！　実績なし！　経験なし！　それに親が心配するのは栄養より先に、衛生面！　食中毒でも出したらどうすんの！」という指摘に対しては、「そっか。食中毒か」と、一歩は、開業に必要な食品衛生責任者の資格をとる一方で、食中毒について、別途研修を受けたりもした。そうして予防策と、起きてしまったときの対策を講じることにした。

残る問題は、特に姉がしつこくいってきたお金のことだ。

「だいたい、開業資金五百万円？　って、こんなお金どこにあんのよ。負えない借金を負って、結局家族に泣きつくとかやめてよね！　うち、ビンボーだから」と姉にいわれ、「なんとかする！」と答えたが、まだ具体的なメドは立っていない。

当初はお金を借りることに躊躇していた一歩だったが、結局、お金が貯まるのを待つのでなく、今やるべきだと思って、開業資金に足りない三百万円を借りることにした。三百万円であれば、もし失敗しても店をたたんで必死に働けば返せるのではないかと思ったからだ。

お金を調達する方法は、クラウドファンディング、自治体の制度融資、補助金・助成金なども考えた。補助金や助成金なら金融機関と違って返済義務がないのが魅力だが、基本的にこれらは、お金を受け取るのに一年ほどかかってしまう。それに審査に通るかどうかも定かでない。

開業資金の不足分三百万円を確実に、かつ一番早く借りられそうな日本政策金融公庫に申し込んでみることにした。起業する人が金融機関からの借り入れを考えるときにまず候補にあげるのが、この日本政策金融公庫からの借り入れだ。特に「新創業融資」は、これから事業を始めようとする人や事業を開始して間もない人が無担保・無保証人で借りられる制度で、金利が低く、返済期間も長い。

民間金融機関より融資が通りやすいという公庫だが、自分の起業プランが融資に値するものか客観的に見直すいい機会だとも思った。

その申し込みのために、一歩は物件の仮押さえもした。

物件はいろいろ思案した結果、間借り物件だと昼と夕方に稼働しにくいため、一歩が少し前から目をつけていた、地元の小さな元ビアバルの居抜き物件に狙いを絞った。

駅から遠く、二等地の物件で比較的賃料が安い。デリバリーが主体になると思われるので、駅が遠いなどの立地は問題ではない。それどころか、そこは周辺に、学校や塾など、子どもたちが集まる場所がたくさんある。それに、通りに面した扉がガラス張りで中が明るく見通せるのが心を惹いた。仮にイートインスペースを設けた場合、子どもが入りやすく集まりやすい気がしたのだ。

融資審査の面談は、少々身構えたが、ピッチの練習や姉の反対などで、質疑応答に慣れていたこともあり、割と落ち着いて答えることができた。

「そうですか。子ども向けのお弁当を。でも、その近辺に競合店などはないのですか」担当者は一歩に尋ねた。

「はい、惣菜の競合店はコンビニしかありません。コンビニとは差別化できます」

「お弁当屋といっても……イートイン形式なんですね？」

「食べる場所に困った場合はそこで食べられるようにしたいんです。ゆくゆくは、そこをハブにして食育のコミュニティをつくっていければと」

「なるほど。しかし、そうした市場があるというなら、なぜ他社が参入しないのでしょうね？」

ピッチで聞かれたような質問が続き、一歩は難なく熱意をもって答えることができた。

「そうですか。しっかりお考えのようですね。ただ、この資金計画のほうは本当に問題なく回りそうですか？　運転資金の使い道についてもう少し説明いただけますか」

担当者は事細かに質問してきたが、真摯に答えると、比較的好意的に計画に対してアドバイスもしてくれた。

その後、審査の結果が来るまで、二週間もかからなかった。

無事融資を受けることが決まったので、一歩は物件を本契約することにした。それでようやく起業することが確定した。

一歩はその日の夜、実家で姉と母に起業のことを打ち明けた。

「ええ⁉　お金を借りた？」と案の定、姉は怒った。

「お金なんて、どうやって借りたの？　保証人は？」と母も驚いて尋ねた。

「日本政策金融公庫の創業者向け融資だから、担保とか保証人はいらないんだ」と一歩。

「そういう問題じゃない！　バカじゃないの？　なんで借金してまで起業すんの！」と姉。

「別にバカじゃないよ」

「借金返せなくなったらどうすんのよ。母さんやあたしじゃ面倒見れないよ！」

一歩は返済プランを描いたノートを見せて、

「姉ちゃんや母さんに迷惑かけないよ。返済計画については、ここの時点で予定通りに返せなくなったら、閉店して就職する。三、四年かけて残りの借金を返済する」

「はあ？」

「この時点でやめても俺、まだ二十代だし。それに、今、起業経験者を優遇する会社もある。ほら」

一歩は、起業経験者を積極採用している企業一覧を見せる。

「呆れた。頭イタ」と姉。

「もう。止めても無駄ってことね」と母も深いため息をついた。

「絶対、迷惑かけないから！」と一歩。

「……」と姉も母も黙り込んだ。

「なに?」と一歩。

「あんたバカなの? そんな言葉どうやって信用しろと?」

「きっと姉ちゃんだって、わかるよ。この事業の必要性がさ」

「バッカ、ほんとバカ」

姉は返済計画ノートに目をやった。

「気になってんじゃん」と一歩。

「家族に迷惑かけられたら困るからよ! ……てか、この返済計画、なに? あんた、閉店するのにもお金かかるでしょ? それはどうするつもり」

「え?」と一歩、返済プランを見る。

「退去する建物の原状回復に百万、二百万、吹っ飛ぶとも聞くわよ」と姉。

「えーと……。そういうのは、計算に入れてません」

姉は怒りにまかせて一歩のノートを放り投げた。

「なにすんだよ!」

「甘いのよ! そういうとこが!」

「てか、姉ちゃん、なんでそんなにくわしいんだよ。すげえな」

「ちょっと調べりゃわかるじゃん!」

「あ、そうか、姉ちゃんの友だち、タピオカドリンク店を出店して失敗したっていってたな」

「決して他人事じゃないからね!」

「はい、すみません」

「それに、よ。あんた家族を巻き込まないで済むと思ってたら大間違いだからね。すでに巻き込まれてるし！　こんな甘々の計画、絶対予定通りにいかないに決まってる」

「母さんも心配だわ。飲食店はどう考えたって厳しいわよ。お弁当屋さんを一生懸命やったって、利が薄いじゃない。わずかな利益を出すためにあんた、ずっと店に縛られることになるのよ。それでもいいの？　そんな辛く厳しい生活を一生続けていく気？」と母の顔色もさえない。

「店に縛られるんじゃないよ。俺はやりたいことをやるんだし、普通のサラリーマンくらいの利益は出るはず。同じ働くなら、自分のやりたいことをやりたい！」

「ああ。バカになにをいっても、もう無駄」と姉は嘆き、母も黙り込んだ。

そのまま沈黙だけが続いたので、一歩は、姉の投げたノートを回収して、

「そういうことなので……」といってその場を退こうとすると、

「一歩。返済計画に無理が生じたらすぐにやめなさいね。約束よ」と母は力なくいった。姉はもうなにもいわなかった。

「……はい。覚悟を決めてやります」と一歩は部屋を立ち去った。

そんなに俺って信用がないのかな、と少しさみしく思いながら、翌日から、再び一歩は開業に向けて動き出した。


その頃、現代建築社では、新規事業チームのミーティングが行われていた。

「なにも専務が、ホントになにもしない！」と、むくれている春奈。

「灰田専務のこと?」と緑川が聞いた。

「そ!」と春奈。

春奈たち新規事業チームの「リフォーム職人と個人ユーザーのマッチングサイト」の案を、黄島と春奈は、二週間ほど前に経営企画室長の灰田に提出していたのだが、それが灰田のもとで無意味にとん挫しているというのだ。

「ホント信じられない!」と春奈。

春奈は悔しそうに、先ほどの灰田とのやり取りを青木と緑川に報告した。

つい数分前のこと、黄島と春奈は、灰田のもとに行き、新規事業案の進捗を確認したのだった。

「灰田専務。新規事業の件、どうなりましたか」と尋ねる黄島と春奈に、

「うん?」と灰田はポカンとした顔を向けた。

「新規事業の件です。社長に話してくださいましたよね?」

「ああ、その件ね。話しとくよ。そのうち」

「え? まだ話をされてないんですか」と黄島。

「二週間前に出したやつですよ?」と春奈も驚いていった。

「うんうん。そのうち、話しとくから。そのうちね」と灰田。

「そのうちって……!」と不服気な春奈。

「いいんだ、いいんだ、君たちは気にしなくて。物事にはタイミングってのがあるからね」とのん気な声でいう灰田。

「新規事業は社長肝いりのことじゃないんですか。社長は待ってるのでは?」と春奈。

「肝いり？　ふふん」と灰田は笑っていた。

ムッとする春奈。

「灰田専務。あまり寝かせるのも意味がないと思うんですが」と黄島。

「まあ、そう焦るな」とニコニコと灰田。

「でも！」と春奈。

「さ、もう仕事に戻っていいよ。忙しいんだろ？　君たち」と灰田。

「いや、でも」と黄島もいった。

「いいから。黄島君、うちにはうちのやり方があるんだよ。君らは心配しなくていい。さ、行きたまえ」

灰田はそういって、黄島と春奈を追い払った。

その話を春奈から聞かされた青木と緑川は、

「なんだそりゃ」と呆れる。

「ノラリクラリの繰り返し。なんなのあれ。ボケてんの？」と春奈。

「なんだろうね。ひどいよね。あれは」と黄島もいう。

「さすが、なにもしないことで有名な、灰田専務だな。ホントになにもしないんだね」と緑川。

「結局、『新規事業をやる』ってのも建前だけなんじゃないの？」と青木がいった。

「そんなわけないと思うけど。人もこうして配置してるわけだし」と黄島。

「対外的なアピールなだけでは？　どうせ失敗すると思ってるんだ、あの人たちは。灰田も社長のプロジェクトで失敗したくないから、ノラリクラリと、なかったことにしたいんじゃないですか」と青木。

「でも、社長の『新規事業をやりたい』という言葉にウソはなかったと思うけどな」と黄島。

「まあ、灰田専務の『なにもしない』『責任もとらない』ってのは今に始まったことじゃないですしね。仕方ないのかなあ」と緑川。

「そんなのになんで新規事業を統括させてんだよ」と青木。

「そうだよな。なぜ、そんな人が専務なんだろうね?」と黄島。

「若い頃は僕も知りませんが、……あの人、基本デキる人の腰巾着やコバンザメになるのがうまいっていうか。デキる人と一緒に成果を上げるんですよね。一応もとは編集部の出身でその時代も優秀な部員がいて成果を出したんですけど、優秀な人は会社を去っちゃって、残った灰田専務が評価を独り占めしたっていうか。そんなことの繰り返しですよ。今の社長が『商空間』の編集長で苦労した時代にも、太鼓持ちとして下支えしたわけで。だから今、社長に重用されてるんです」と緑川。

「なんだそりゃ」と黄島。

「なんちゅう処世術。でも、そんななにもしない上司が、いつまでもそう評価されるのは、さすがにおかしくない?」と春奈もいう。

「そりゃ、会社がチームの結果しか見てないからだろ」と青木は吐き捨てるようにいった。

「え?　どういうこと?」と春奈。

「結果しか見ない会社にとっては、その部門の利益を、部下が出そうが、上司が出そうが関係ないんだ。成果を出すために誰がどんな行動を起こしたかなんてことは気にしない。チームの結果さえよければいいんだから、そりゃ、上司はなにもしなくなるよな。失敗すれば評価を下げられるから、自分はなにもしないで、部下にやらせて、失敗の責任は部下に押しつけたほうがいいに決まってるし、万が一、うまく行けばチームの成果は自然と自分のものになるんだしな」と青木がいった。

「そうそう、それもある。青木君、プロパーでもないのによくわかってるね」と緑川。

「どこの会社も似たような仕組みだよ。特に金原社長みたいに『しのごのいわず黙って結果を出せ』っていう侍タイプは結果しか見ないよな」と青木。

「なるほど。潔いようだけど、そういう姿勢が、あんななにもしない上司を生み出してるとは社長も思ってないだろうね」と黄島。

「もう。最低」と春奈。

「まあ特に、経営企画室長は、もうすぐ田中常務に変わるって噂だから。それまで灰田専務は動きたくないんじゃないですかね。なにもしない、なにも失敗しないのが出世する秘訣だって、このまま突き通すんだろうな」と緑川。

「なによそれ！　いっそ灰田が室長の間に、派手に失敗してやろうぜ！」と春奈。

「おまえバカなの？　だから失敗しても、それは俺らの責任になるだけだって話」と青木。

「ええ？　そっか。もう！　腹立つ！」

「とはいえ室長がGOを出さなければ、僕たち動けないしね。困ったもんだ」と黄島。

「どうしても動かしたいなら、根回しするしかないんじゃない？」と青木。

「根回し？」と黄島。

「根回し？　令和の時代に？　そんなの平成で終わったんじゃないの？」と春奈。

数日後、突如、新規事業案は、動き出すことになった。

広告営業部長の黒田が、部長会で、

「新規事業案『リフォーム職人のマッチングサイト』が進んでるらしいですね。いや、画期的ないいアイデアじゃないですか」とほめちぎって持ち上げ、それが社長の耳にも入ったからだ。

新規事業チームのミーティングのために会議室で待機していた春奈はそれを緑川から聞き、

「黒田部長が褒めてた？　まさか」と耳を疑った。

「青木君が進言したらしいよ。『新規事業チームがまたしょぼいマッチングサイトを立ち上げようとしています』って。『黄島を失墜させるなら今です』って」と緑川。

「なに？　その二枚舌！」と春奈。

「そういうと黒田部長が動くと思って、やってくれたんだ。黒田部長は、黄島さんのこと、ホント毛嫌いしてるみたいだから」と緑川。

「それが根回し？」

「みたいだね」

「変なの……」

などと、春奈たちが話していると、黄島と青木が遅れてやってきた。

「待たせたね」と黄島。

「どうしたんです？」と春奈。

「マッチングサイトのシステムの外注先についてちょっとな」と青木。

「黒田部長がぜひに、って広告営業で懇意にしてるシステム会社を斡旋してきて。断れなくなっちゃって」と黄島。

「ええ？　黒田部長が？」と春奈。

「うん。どう思う？　この会社」と会社案内を見せる黄島。

春奈はそれを見る。

「なんだ。βシステムズじゃん。てか、ここがどうこういうより、斡旋してきた人が気になるんですけど。黒田部長って」と悪意を疑う春奈。

「うーん。そうだけど。でもまずは冷静に検討してみる？　赤井さん知ってるの？　この会社」と緑川はいった。

「えー？　業界では名の通った老舗《しにせ》ですよ。システム部でも一部作業を委託してますけど、正直、印象はあんまりよくないですよ」

「そうなの？」

「ここの社員、えらそうにうんちくは垂れるけど、実働は大したことないっていうか。そのくせプライドも値段も無駄に高いし」

「いうねえ」と緑川。

「昔からつき合いがあるってだけじゃないですか？　老舗に仰々しく頼むよりも、いっそマッチングサイトの制作で実績ある新進のところに頼んだほうがフットワークもよくていいと思いますけど」と春奈。

「フン。いずれにせよ、これは断れないよ」と青木。

「どうして?」と春奈。

「黒田部長の進言で、社長がもう認めちゃったから」と青木。

「ええ!? 大事なところを事情のわかってない人がなんで決めるの?」と春奈。

「まあ、老舗でつくれるってなら問題ないかもしれないしさ」と黄島。

「いやいやいや、老舗だからいいってわけじゃないですよ。フットワークの悪い会社とやると、検証や修正指示やらでこちらの手間が増えるだけですよ?」と春奈。

「そう? 黒田部長が強硬に薦めてくるんだけど……、代替案があるっていうならそっちを推してみようか」と黄島。

その黄島を「甘いな」というふうに見ている青木。

「そんなことできますかね? よくわかんないけど社長、承認しちゃってるんでしょ?」と緑川も心配そうにいう。

「社長がなによ。そんなのおかしいじゃない! デメリットのほうが大きければ断りましょうよ、仕方ないですよ」と春奈は黄島に加勢する。

「やれるもんなら……」と青木は春奈を見下したようにいうが、

「やってみましょうよ! ここからの作業効率にもかかわってくる大事なところです。直談判してみましょう!」と睨み返す春奈。

そして春奈と黄島は、社長の金原のもとに行った。すると慌てて灰田がついてきた。

「君たち！　何事だ！」と灰田が小声で叱責するのを無視して、春奈は、システム会社の代替案を進言した。

「マッチングサイトの作成を依頼するシステム会社については、WEBシステム開発で近頃評判のいい、αテックがいいと思います。創立間もない会社ですが、別件で仕事を依頼したことがあり、若手社員が多く、熱意もあってフットワークがよく仕事も早いです。コストと期間のことを考えても、ここが絶対にいいと思います」

と春奈と黄島は、熱心に報告した。

「**前例がない**っておっしゃるかもしれませんが、ここは、今、実は大手サイトの決済システムなどもやっていて、実力のある会社です。一方、今、黒田部長の薦められているβシステムズはたしかに名のあるシステム会社ですが……とにかく、フットワークが悪いです。システム部ではβシステムズとも一緒に仕事をしていますが、打ち合わせや手続きが多くて、なかなか動きが遅いです。しかもコストも割高のように思えます」と春奈。

黄島と春奈は懸命にαテックを薦めた。どう考えても安くて早くて臨機応変な開発会社のほうがいいと春奈と黄島は訴えた。だが……。

「ダメだ」

と、金原社長は黄島と春奈の提案を一蹴した。

「ええ？」と春奈。

「そんな得体の知れない会社にうちの一大事業を任せられないだろ」と社長。

「得体の知れない？」と春奈と黄島は社長の発言に驚いた。

「信用がないってことだよ。老舗のβシステムズなら安心じゃないか」と灰田が補足した。

「ええ？　でもβシステムズは高いし遅いし。マッチングサイトに特別強いわけでもないですし」と春奈。

「ダメだ。老舗で信用のある会社にしか任せられない。ここで**失敗するわけにはいかないからな**」と社長はいった。

「ええ？　老舗だったら失敗しないってわけじゃないと思いますけど？」と春奈が反論すると、

「なんだ、その口のきき方は！」と灰田が咎《とが》めた。

「すみません」

「いや、でも彼女のいうことはもっともです。新規開発には失敗がつきものです。だからこそ、軌道修正がしやすいよう、フットワークのいい会社がいいと」と黄島がいうと、

「なにをいってるんだ君は！」と社長は怒鳴った。

「ええ？」と春奈と黄島。

灰田は「見ろ」とばかりに、ほくそ笑んでいた。

「やるからには**失敗は許さん！**　業界の笑いものになるようなことは絶対にするな！」と社長。

「はあ？」と春奈。

「あの、でも**新規事業には想定外のことがつきもので**」と黄島がいった。

新しいことをやるのに、失敗が起きないわけないじゃないですか、と、黄島はいいたかったのだが、

「やる前からなんだ、おまえたちは！　情けない！　はじめから失敗するなんて弱気なことで

どうする！　失敗など決して許さん！　失敗など、恥と思え！」

その社長の言葉に、春奈と黄島は唖然とするとともに、内心ガッカリした。

そして新規事業についての発注先は、黒田の薦めるβシステムズに決まったのだった。


『どすこい弁当』ひとつください。ここで食べます」

ある日の夕方、オヤカタが、カウンター越しに注文した。

『どすこい』ですね、承知しました」と一歩が応じてレジを打つと、オヤカタは手慣れたように、スマートフォンで支払いを済ませた。

そこは、十坪ばかりの「にこにこ弁当」という小さな弁当屋。

一歩がオープンさせた店だ。

子ども向けの弁当屋のため、動物や花のイラストなど明るい装飾が施されていて、レジの後ろの壁に貼った紙には大きく「にこにこ弁当」という店名が記され、その横には、クアッカワラビーの笑顔のイラストがトレードマークとして描かれていた。

弁当屋だが、店内でも食事をとれるよう、六席ばかりのテーブルも用意されている。

どすこい弁当が用意されるのを待つ間に、オヤカタはテーブルにランドセルを置き、お茶をいれる。お茶は無料のセルフサービスだ。

「にこにこ弁当」のお弁当のメニューは、日替わりで、給食のように今月一カ月分のメニューがあらかじめ決められている。その日に提供されるのは一種類だけだ。ただし、サイズは三種類ある。やや小さいのが「あっさり弁当」、標準サイズが「しっかり弁当」、大人用とみまがう大きめサイズが「どすこい弁当」だ。

ちなみに、このネーミングはオヤカタによるものだ。オヤカタはネーミングのみならず、開業前のお弁当メニュー開発で大いに活躍を見せていた。また、店のトレードマークのクアッカワラビーのイラストもオヤカタの描いた絵がもとになっている。一歩が描くのよりよっぽど愛嬌があって見るものを和ませる。オヤカタの「にこにこ弁当」開業にあたっての貢献度は大きい。それを自負しているのか、オヤカタはこの弁当屋では我が物顔で堂々と振る舞っている。そのオヤカタも近頃は、ダイエットの効果も出て、「ぽっちゃり」から、「少しぽっちゃり」に変貌を遂げていた。

「はい。どすこい弁当、お待ちどうさま」

店の厨房から、チーフスタッフでもある幸代が、お弁当を運んできた。現在、店は、スタッフ二人体制で、短時間でも働けるよう、勤務時間は一コマ二時間のシフト制にしている。幸代ら近所の主婦たちが数人、交代で入ってくれるようになっている。

一歩は、幸代から受け取った弁当をオヤカタのもとに運んだ。

「はい。どすこい弁当お待たせしました。ブロッコリー、おまけしといたから」

「え!?　なんで!?　バッカじゃないの！」

「冗談だよ。今日は、オヤカタの好きなものばっかり」

「フン。もう手伝ってやんないぞ！」

オヤカタは憎まれ口を利いた。

オヤカタをからかった後、一歩は配達のための準備にとりかかった。

弁当の配達は、すべて一歩がやっている。

弁当屋を始めて二週間ばかりだが、いまだ心休まる暇がない。

開業準備には大わらわで、結局、「迷惑をかけない」といっていた舌の根の乾かぬうちに、母と姉の力を大いに借りることにもなってしまった。

開業費用を少しでも節約するため、厨房機器をファンの知り合いなどからタダ同然で手に入れたり、改装は極力自分でやるなどしたが、時間がかかりすぎてなにもしないうちに家賃などの費用がかさんだり、保健所の指摘で追加工事が必要になったりと、てんてこまいの状況に陥ってしまったからだ。やむなく、母が知り合いの大工に助言を求めたり、不器用に経理処理をする一歩を見かねて、姉が「バカでもできるように」と経理ソフト一式を使いやすいよう整えてくれたりした。

その際、姉からは『『家族に迷惑をかけない』なんて無理だっていったでしょ。やりたいことをやるときは、家族に『やらせてください』と断りを入れるのが筋よ」と怒られた。

「おっしゃる通りでございます……」と一歩は頭が上がらなかった。

その間に、スタッフになってくれることになっていた幸代とオヤカタが、積極的にメニューの開発を進めてくれていたりと、ずいぶんと周りに助けられての開業となった。

すでに、この店は一歩の店というより、そうしたみんなの力の結晶といった感じだ。

弁当の配達は、直接営業して仕事をもらった進学塾向けの数件と学童保育向けの一件だ。配達は主に夕方に集中し、一歩は配達用の車で弁当を運ぶ。曜日によって配達する塾が違うし、時間も異なる。お弁当の数の変更も、突然にあるので注意が必要だ。

　順調な滑り出しのように見えて、そうでもない。一日当たりの販売数にすると、まだ目標に届いていないのだ。

　順々にリピーターが増えると思っていたのだが、それも思うように確保できていない。ここにきて、強敵が現れたからだ。

　つい先日、大手弁当チェーン店が子ども向けブランド店として「わくわくキッズ弁当」という子ども用弁当屋を始めたのだ。子どもに人気のキャラクターを宣伝に起用し、お弁当の種類も数種類から選ぶことができ、みんなの興味がそちらに向いてしまっているのだ。

「まずいな。これは」と一歩もさすがに焦っていた。

　そのうえに、一歩はもうひとつ悩みを抱えていた。

ライバルが出てきたときこそ、メニューが大切なのだが、今、メニューづくりで、モメている。「にこにこ弁当」のキッチンスタッフは今、幸代を含め六人の主婦が入れ替わりで調理にかかわってくれている。日替わり弁当は、一カ月のメニューを決めてつくっていて、一歩は、来月分から「家庭の味」を活かすべく、主婦のみんなにメニューづくりに参加してもらいたいと思っているのだが、この連携がうまくいっていないのだ。

　一歩は、極力、みんなの得意料理を活かしたいのに、どうしても、自己主張の強い人の意見に流れがちなのだ。特に温和な幸代は、スタッフの中に入ると、意見を控えてしまう。一方、自己主張の強い人は、主張するものの意見がコロコロ変わってまとまらない。一歩はチームをまとめるのに苦戦していた。

一歩は、休日に、久々に「カフェ・カオス」を訪れてみた。スタッフを統率するのに、いい方法はないか、意見を聞いてみたいと思ったからだ。

「おう、一歩。久しぶりやな」

矢弦が一歩に声をかけた。

「矢弦さん！」

「どうや。その後。うまくいってるか」

矢弦は尋ねた。

「それが……」と一歩は、スタッフの事情について話した。

すると矢弦は、「人はそれぞれに行動スタイルがあるからな。人になにかをしてもらおう、人を動かそうと思ったら、その特性を踏まえたほうがええ」といった。

「行動スタイル？　特性？」

「せや。ＤＩＳＣ理論って知ってる？」

矢弦はホワイトボードを使って説明し出した。ハーバード大学のウィリアム・モールトン・マーストン博士が提唱した理論だという。

人はその行動特性により、主導型（Dominance）、感化型（influence）、安定型（Steadiness）、慎重型（Conscientiousness）の四つのタイプに分けることができるというのだ。

①主導傾向の強いタイプ（D：Dominance）

【特徴】

意志が強く、直接的で決断が早い

行動力があり強引、結果をすぐに求める

勝ち気でチャレンジ精神に富む

【接し方のコツ】

適宜、主導権をもたせる、任せる

細かい指示・命令をしない

型にはめない

②感化傾向の強いタイプ（I：Influence）

【特徴】

楽観的、社交的、情熱的、活発

グループ活動が好き

人々を励まし楽しませる

【接し方のコツ】

フレンドリーに接する

人前で褒める

業務の指示は書面で

③安定傾向の強いタイプ（S：Steadiness）

【特徴】

人助けが好き、表立つことなく働く

謙虚で穏やか、忍耐力があり、聞き上手

変化を嫌い、安定を好む

【接し方のコツ】

感謝を伝える

漠然とした指示を出さない

役割を明確に示す

④慎重傾向の強いタイプ（C：Conscientiousness）

【特徴】

緻密で正確、質を重視

規範と基準を重視、分析的

慎重で控えめ、納得しないと動かない

【接し方のコツ】

データや事実をもとに褒める

正確性を尊重する

感情的にならない

「タイプによって考え方、受け止め方が違うんや。たとえば、主導型の人間と、主導型の人間が、共同創業者になると、衝突しがちになる。主導型の人間には主導権を渡してやるとか、感化型にはフレンドリーに接してやるなど、その特性を踏まえて接し方を変えていくとええ」と矢弦。

「なるほど。こんな分類ができるんですね」と一歩。

「せや。注意したほうがええんは、メンバーがひとつの型に偏ってしまうと、うまくいかないことが多いねん」

「え？　そうなんですか？」

「だから創業メンバーにはまんべんなく、いろんな型の人間が入るようにしたほうがええんや」

「なるほど。そっか……それは意識してなかったですね」

そのとき、矢弦と一歩に「やあ、ＤＩＳＣ理論ですね」と話しかけてくる男がいた。男は、現代建築社に勤める黄島だと一歩に名乗った。

「うちの新規事業メンバーはうまく、いろんな型に分かれてますよ。赤井君が主導型だな、で、僕が感化型、緑川君が安定型で、青木君が慎重型だ。いいチームですよ」と黄島。

「それはええチームやな」と矢弦。

「ただ、うちの場合は、それぞれの個性が強すぎて、よくメンバー同士、小競り合いをするんですよね」と苦笑する黄島。

「へえ……」と一歩。

「どうしても事業が進んでいくと、ストレスやプレッシャーによって、それぞれの個性が強く出てしまうからな」と矢弦。

「え？　そうなんですか」と一歩。

「たとえば、主導型はストレスやプレッシャーが強くなると、独裁的になったりするねん。感化型は、ストレスで他人を攻撃するようになったりな」

「へえ……」と一歩。

「安定型では、やりたくないのに賛同してしまったり、慎重型はタスクをボイコットしたり、とかな」

「あ、なるほど」と一歩は、やりたくなくても周囲に賛同している、安定型の幸代のことを思い浮かべた。

「大切なのは、他人のそうしたスタイル、尊重する価値観を理解して、それに合わせることや。相手のスタイルに柔軟に対応することはできるやろ？　なにも利き手が右手だからといって、左手でなにもできないわけではないやろ？　自分が多少心地よくなくとも、自分のスタイルを柔軟に変えて、チームのパフォーマンスを上げることも、時には大切なことや」

「そっか」と一歩はうなずいた。

「実際にタイプ分けをするワークシートがさまざまに手に入るようですよ。それをメンバーで確認し合ってみるのも面白いですよ」と黄島は一歩にいった。

「はい。ありがとうございます」

一歩は店に戻ってメンバーの特性を把握し、適切なコミュニケーションを図ろうと決心した。

「あと、それはそうと、弁当屋に強敵が現れまして。大手チェーン店が子ども向けの弁当屋を始めちゃって」

「おお。いきなりピンチやないかい」

「困ってるんですよ」

「へえ。どう強敵なんや？　どんな点で負けてるんや？」

「ええ？　なんだろう。あっちのほうが宣伝効果も強くて華やかだし、キャラクター人気にあやかってるし、こっちは一日一種類だけど、あっちのラインナップは豊富だし……。今人気はあっちに流れている感じで。まあこれからよく調べてみますけど。ってか客も結局あんな見栄えに騙されるんですねって、ちょっとやるせない感じです。てか、こんなタイミングであんなのができるなんて普通ないじゃないですか。ったくなんか、ここにきて運に見放された気がします」

「あのな。こういうとき、『客のせい、天気のせい、運がないから』と失敗を他人のせいにしとったら成長はないで。まあ、よく研究してみることやな。いずれにしてもピンチはチャンスや。相手と見比べて、より今の強みを増すのがいいのか、はたまた改良を加えるのか、とんでもない転換をするのか、あるいは、撤収も視野に入れるのか」

「撤収〜？　それはまだ考えてませんけど！」

「いずれにしても学びのチャンスや。よく見てよく考え、よく学ぶ。正解はひとつでないので、その時点でベストな選択をして、良い結果につなげていくんやで」

その帰り、一歩は、偵察のため、自分の店に一番近い「わくわくキッズ弁当」の店に立ち寄ってみた。そこには子どもの好きな、唐揚げ弁当、ハンバーグ弁当、カレー弁当、牛丼などのラインナップがあった。ジャンキーなメニューではあるが、野菜は無農薬をうたっていた。また、お弁当の包み紙に食にまつわるクイズがあって、それに解答すると抽選でプレゼントが当たるお楽しみもあった。

「うちとはコンセプトが違うようだけどな」

と一歩は内心、安心したものの、一歩が店にいる間にも次々と親子連れの客が入ってくる。

「うーん……」と一歩。

それは一歩の店では見られない光景だ。

一歩は調査のために、「わくわくキッズ弁当」全種類の弁当を買って帰った。

「ただいま」と家に帰ると、姉や母が、居間にいた。

「あれ?」と一歩が見ると、テーブルの上には、一歩が買ってきたのと同じ「わくわくキッズ弁当」の弁当があった。

「あら?　あんたも?」と姉は一歩の手にある、キッズ弁当の手提げ袋を見た。

「遅いから、食べちゃったわよ。さっきまで幸代さんもいたのよ」と母もいった。

「姉ちゃんたち、買ったんだ。その弁当。……俺の敵なのに」と一歩。

浩太や昇太も来た。

「キッズ弁当うまかった!」と浩太。

「ハンバーグ美味しかった!」と昇太。

「……ちえ。そっか。うまかったか」と一歩。

浩太と昇太ははしゃぎながら、キッズ弁当のクイズの用紙をもって遊び部屋へと去っていった。

「なにしょげてんのよ」と姉。

「子どもにはこっちのほうがうれしいのかなあ」と一歩は、キッズ弁当のハンバーグ弁当を開けて食べてみた。

「うーーん。……それでもやっぱり俺の弁当のほうがうまいと思うんだけど」

「なら、いいじゃない」

「え?」

「母さんたちも、同じ意見よ。これじゃコンビニ弁当とあんまり変わんないねって」

「ええ? じゃあ、母さんも姉ちゃんも『にこにこ弁当』のほうがいいと思ってる?」

「中身はね」と姉。

「あ、ありがとう! え? どういうところがいい? 具体的にいって!」と一歩。

「……調子に乗るねえ」と姉。

「一歩のお弁当のほうが、美味しくて味が自然よ。子どもに食べさせたいお弁当だわ。これは、ザ・化学調味料ってとこね。包装はかわいいけど、肝心の中身がイマイチ。子どものことを本当に考えているとは思えない」と母もいった。

「え? ホント? そう思う? 俺の弁当のほうがいいってことだよね? よっしゃー! 俺もそう思う! 俺のほうが子どものことを考えてるうえに、うまいし!」

「フン。まあ、キッズ弁当が明らかに主婦の支持を受けそうなら、あんたにさっさと閉店させようって魂胆だったんだけどね」と姉はいった。

「はあ？」

「でも、いくら『にこにこ弁当』がいいっていっても、お客さんが来ないんじゃねえ……」と母が心配そうにいった。

「それはなんとかする！」と一歩。

「なんとかって？」と姉。

「要は、知られてないんだよ！　俺の弁当の良さがさ！」と強気になる一歩。

「いっとくけど、返済計画に無理が生じたら閉店って約束は忘れてないからね。そのために経理ソフトもしっかり入れて管理してんだから。客が入らなければ、問題解決にはならないからね」と姉は釘をさした。

「はい。なんとかします！　ありがとう！」と一歩。

「商品を知ってもらえさえすれば、きっと支持してもらえる」と一歩は、販促・宣伝に力を入れることにした。

実際に試食用のお弁当を、塾や学童保育に無料で配布してみたりもした。

保護者や子どもたちに、無添加、旬の素材を使ったお弁当の良さをわかってもらうために、お弁当の包装紙に、イラスト付きの解説を加えたりもした。イラストはオヤカタに手伝ってもらった。

一歩の弁当の良いところがよくわかるよう、お店のホームページも充実させた。

お店専用のＳＮＳアカウントで「今日のにこにこ弁当」と食べたくなるような情報発信も毎日

まめに行った。

やれることはなんでも丁寧にやった。

お店の幸代たちスタッフや、姉や母も手伝ってくれた。

「自分たちのお弁当をよく知ってもらおう」ということにみんなで一丸となって動くうちに、お店にも活気が出てきた。

スタッフ同士もうまく打ち解けてきたように思う。

そのうち、お弁当を気に入って繰り返し注文をしてくれる保護者も増えてきた。親子連れでお店を訪れてくれる人も増えた。

「リピーターさんが、ＳＮＳで、うちのお弁当を褒めてくれてるよ〜！」といった会話がスタッフの間で頻繁に交わされるようになった頃、一歩たちの日々のお弁当の販売は、軽く目標数を上回るようになっていた。

解説

真の原因はなんであれ、自分に帰属する要因を認識する者ほど学びが多い

歴史的な三大失敗

ひとことで失敗といっても、千差万別、いろいろなタイプがあります。たわいもないミスから発生する無害なものから、人の生死にかかわる重大なものまで、さまざまです。たとえばエンジニアリングの世界で、「歴史的三大失敗」と呼ばれる次の三つを見てみましょう。

●タコマブリッジの崩壊
一九四〇年、アメリカ・ワシントン州の海峡タコマナローズに架かる吊り橋、タコマナローズ橋が、架橋後四カ月も経たないうちに強風のため落橋した（死者はなし）。

●リバティシップの沈没
リバティシップは、第二次世界大戦中にアメリカで大量に建造された輸送船の総称で、実際に就航すると沈没事故が多発し、大きな問題となった。

●コメットジェットの連続墜落
一九五三〜一九五四年、世界初のジェット旅客機であったイギリスの「コメット」機について、空中分解して墜落するという航空事故が多発した。

それぞれが生死にかかわるような大惨事を引き起こした失敗例です。このように、失敗は時に悪をもたらします。全力・全知識をもって避ける努力を怠ってはなりません。

失敗からの学び

一方で、失敗は成功のもとでもあります。失敗があることで学びがある。学びがあることで改善がある。改善があることで進歩がある。先の三大失敗もそうです。実験室では解明できなかった現象がそこにありました。

●タコマブリッジの崩壊
当時の最新理論で設計され、想定の範囲内の強風だったにもかかわらず、橋が落ちてしまったのは、当時未知の現象だった自励振動のためといわれている。

●リバティシップの沈没
溶接用の鋼鉄が使われず、また応力への見識不足から船体の一部に負荷がかかる設計であり、ここから溶接割れが生じて破断に至った。鋼の低温脆性《ぜいせい》の発見につながった。

●コメットジェットの連続墜落
機体胴体への与圧の繰返しによる金属疲労が原因。設計当初、疲労破壊についての実験方法が未熟であり、正しい見積もりができていなかった。

それぞれの原因が特定されたことで、技術的進歩があり、その先の技術革新につながりました。過去、特に技術革新におけるさまざまな発展は、失敗から学ぶことから、生まれてきました。失敗は進化の源です。ぜひ失敗を、より効果的に活かしていただきたいものです。

失敗作を大ヒット商品に進化させた3M

ビジネスにおいても失敗を成功の源にする。

世界有数の化学企業として有名な3Mの接着剤開発担当の科学者スペンス・シルバー博士は、接着力の強い接着剤をつくるはずが、簡単に剥がれてしまう接着剤をつくってしまった。その時点では明らかな失敗です。

しかしシルバー博士は、その失敗作を捨てることができずに他の使い道を模索しました。それが付箋「ポスト・イット」という、これまでになかった画期的な商品を生み、世界的な大ヒットとなりました。今では、家庭、学校（教育）、会社（ビジネス）、病院（医療）などなど、さまざまな現場での必需品となっています。

このように、些細なミスからでも世界を変える商品が生まれるのです。これは「失敗は成功のもと」であることを示す数々の事例のひとつです。

Even a small mistake can blossom into a big wonder!
小さなミスからでも世界を変えることができる！

ちなみに3Mという会社は、「果敢に挑戦し、進んで失敗し、そこから学び、商品開発に活かす」という組織構造と、それを支える企業文化があることで有名です。それゆえ、ポスト・イットのサクセスストーリーは、単なる偶然ではありません。3Mにすれば必然の結果、当然の成功なのです。

失敗を責めても、なにも生まれない

実際に失敗が起こった際に、責任の追及をすることよりも原因究明に焦点を移す文化が必要です。失敗が起こった場合、反射的に、感情的に、非難し罰する。そして責任の所在を明らかにすることに注力するような文化であれば、そんな環境では誰もが失敗を隠蔽したくなります。罰則を強くするほどその情報は深く埋もれてしまう。すると失敗から学ぶ機会を失います。そして同じ失敗が繰り返されるのです。

企業トップが「失敗に厳しく対処する」というメッセージを社員に送ると、失敗は減るでしょうか。

答えは否、です。実際、減るのは失敗の報告の数に過ぎません。失敗を責め立てられるのがわかっている中で、誰が進んで自分の失敗を報告すると思いますか。

たとえば、ある銀行でシステム障害が起きました。その際、銀行は、安易に現場に一番近いシステム担当者をクビにしました。世間に対して責任の所在を明らかにしなければならないという事情で、特に悪くもない担当者が処罰されたのです。一方で、真の原因は究明されていません。結果として、その後も大規模システムトラブルが多発し、誰も解決できない状態が続きました。

そうした環境や文化では、失敗の報告を避けてしまううえに、状況の改善のために進んで意見を出すこともしなくなります。その結果、業務の責任も果たさなくなります。

相手を訴えたり裁判にかけたりすれば人々は責任感を強くもつようになる、というのも誤った思い込みです。それで責任感が強化されたという証拠は、いまだひとつもありません。誰かに責任をとらせるのは、安易なことです。会社にとって、都合がいいかもしれませんし、政治的にも利用できるかもしれません。しかし、それは一時的な措置に過ぎず、根本的な改善にはなりません。

失敗を悪とすると、そこから学ぶことができません。犯人をつるしあげてもダメです。どんな失敗もあらゆる角度から検討して、出来事の裏表を検証して、問題の真の原因を把握するべきです。

重要なのは犯人探しではなくて要因分析。どんな失敗が、どんな状況で、なぜ起こったか、が大切です。「誰のせいだ」と後ろ向きに犯人を探し、非難し、責任を問うよりも、前向きに、くわしく調査、検証、という行動をとるほうが、実際の改善につながっていきます。

失敗の原因は自分にあると認識する人ほど学びが多い

ミスを認めること、そのミスをいい出しやすい環境をつくること、みなでミスを共有する習慣をつくること。それには、なによりも失敗に対しては必ず進んで聞く耳をもつこと。そして最終的に失敗を許す心をもち、実践することです。

ここに、二百人以上の失敗経験者をサンプルとした分析結果があります（図表10−1）。

それによると、起業家が失敗した際、真の原因がなんであれ、失敗を自分の責任ととらえる人ほど（Internal Attribution: High）、失敗から学ぶことが多く、次の起業に役立てることが多く、実際に二度目の事業の成長度は一度目よりも高くなることがわかります。

たとえば、自社が倒産した際に、景気が悪かったから、商習慣が変わったから、というような

図表10-1　失敗に対する認識と事業の成長

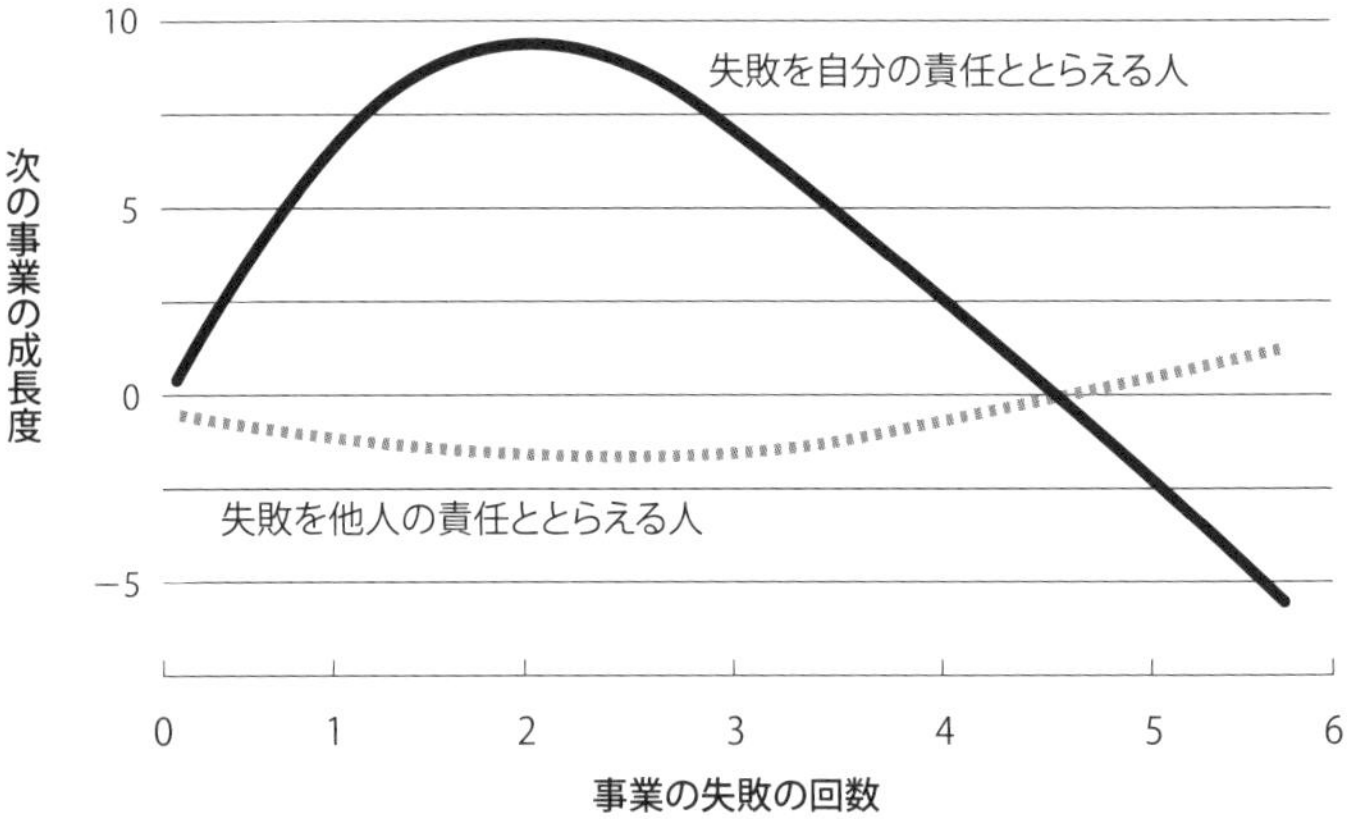

出所：Yamakawa, Peng, & Deeds, "Rising from the Ashes: Cognitive Determinants of Venture Growth after Entrepreneurial Failure," *Entrepreneurship Theory and Practice* 39, No.2, 2015, pp. 209–236.

外部要因のせいにしないで、ファイナンスの数字が自分の見込み違いだったとか、プロモーションのメディア選択を誤ったとか、自分のミスととらえる。本当の原因はどうであれ（現実的には真の原因の多くは自分に起因するものと他人に起因するものが混在したものである）、そうして自分のせいだと認められる傾向のある人は、その要因を自らコントロールし、よく学ぶことができ、なおかつ、次にそれを活かすことができるのです（"Rising from the Ashes: Cognitive Determinants of Venture Growth after Entrepreneurial Failure." *ET&P*, 39 (2): 209–236 より）

　失敗を認めることの意義は、こうして次の成長につなげることにあります。ぜひ、失敗を成功に進化させる教訓として活用していただきたいものです。

第十一章　とにかく行動し、失敗から学び、仲間を増やせ

「え？　まずい、もうこんな時間か」

教授の部屋を出た隼人は、時計を見て思わずつぶやいた。

隼人は、目下、アメリカのマサチューセッツ州ボストン郊外にあるバブソン大学に留学している。バブソン大学は、起業家教育に特化した大学で、その分野では「U.S. News & World Report」の大学ランキングでも、長きにわたり全米ナンバーワン（ＭＢＡで二十七年連続、学部で二十四年連続）を誇るという世界的に評価の高い大学だ。

「やばっ。あいつ、もう、着いてるかな？」

隼人はスマートフォンでメールをチェックした。

ある事情で教授に泣きついているうちに、すっかり時間のことを忘れていた。

「よし」

まだ到着したという連絡はないようだ。

隼人はあらためて駆け出した。

バブソン大学は、世界中から起業を志す学生が集まり、教員もほぼ全員が現役の実務家だという起業教育の名門だ。だが、なにも起業家を輩出することだけを目的としているわけではない。

バブソン大学では、起業教育に「Entrepreneurial Thought & Action®（ET&A™）（起業家的思考と行動法則）」という特有の方法論を用いており、この「起業家のように考えて起業家のように行動する」方法を、起業家に限らず誰もが習得できるとしている。起業・新規事業の創設のみならず、日常の仕事や生活、社会・文化活動など、あらゆる分野で新しいものを生み出したり、変革を起こしたりするのに活用できるアントレプレナーシップ教育を行っているのだ。

「イノベーションを起こして世界を変える起業家になりたい！」と願う隼人は、早くから、この世界的に名高いバブソン大学の起業家育成プログラムを受けたいと思っていた。

魅力的であるのはプログラムだけではない、
ここ、バブソン大学であれば世界の起業家とのネットワークを築くことができ、将来のグローバル展開にも役立つのだ。

バブソン大学は、MBAの学生の六割（学部は四割）強が留学生という多国籍な環境で、かつ、約四割がファミリービジネス経営者の子息という珍しい環境だ。そのため、卒業後自国で経営者としての道が用意されている学生が多くいて、豊かなネットワークを築くことができる。

「……あっちの扉から出たほうが早いかな」

隼人が勢いこんで、外に出ようと振り返ると、ホールの天井からぶら下がった巨大なオブジェに頭をゴツンと派手に打ちつけた。

「イッテ!」

思わず隼人は痛みに、のたうち回った。

この教授陣のオフィスのあるArthur M. Blank Centerの天井からは、バブソンの起業家たちの会社のロゴや商品をかたどった大きな像が多数ぶら下がっている。巨大なキャラウェイのゴルフクラブ、巨大な鶏……、それらは実に多様な起業家が生まれていったことを物語っている。

「なんだよ! 痛いけど、行く! 俺は約束を守る真面目な日本人だからな!」

と気を取り直して隼人は起き上がり、外へ飛び出していった。


隼人がボストン市内の、とあるバス停まで走って来ると、そこにバックパックを背負って、ジッとそばの広告塔を眺めている青年がいた。

一歩だ。

「一歩!」

隼人は声をかけた。

「やあ!」

一歩も隼人に気づいて手をあげた。

とかく他人に警戒心を抱かせない一歩だが、その姿はまるでまだ学生のように見えた。

「いや、学生っていうより、万年浪人生ってとこか」といって、隼人は駆け寄った。

一歩は、隼人に誘われ、日本からはるばるバブソン大学の見学に来たのだ。

「なんだよ、浪人生って」

「気にすんな。なに、熱心に見てたんだ?」と隼人が尋ねると、

「これ」と一歩は広告塔を指差した。

「?」と隼人もそれを見た。

それはバブソン大学の広告で、次のふたつのフレーズが掲げられていた。

If you could solve one world problem, what would it be?
世界中にある問題のうち、あなた自身がひとつを解決できるとすれば、それはなんですか?
There is an entrepreneur in all of us.
起業家精神はみんなに宿っている(あなたにも)。

「ああ、これか」と隼人。

「うん」と一歩。

一歩は妙に真面目な顔で、それを見ていた。

「こっちは、『あなたが解決したい問題はなにか?』ってやつだろ? こっちは?」と一歩。

「『誰もが、起業家精神をもっている』。誰もが世界を変えられるってやつだよ」と隼人。

「ああ。そっか。なるほど」と一歩。

隼人は、一歩と「カフェ・カオス」でそのフレーズを矢弦から教わったときのことを思い出していた。

一歩も同じことを考えていたようで、

『あんたのやりたいことはなにか?』『それを起業家のように考えて、行動する』『それを日常生活や日々の仕事で活かせば誰もが世の中を変えられるんや』ってやつだ」とつぶやいた。

「うん」と隼人。

『そして、その力は、不確実性の高い世の中を生き抜く力にもなるんや! 未来を創る力になるんや!』っていう」と一歩。

「へえ。ちゃんと覚えてるんだな」

「何度も聞いたからね。『カフェ・カオス』で」

「そうだな。さて。行くか」

隼人は一歩を連れてバブソン大学に向かった。


バブソン大学は、ボストンから車で三十分ほどのウェルズリーの閑静な高級住宅街にある。歩いているうちに、林立した木々の隙間から品のいい落ち着いた建物が見えてくる。

隼人が一歩にキャンパス内を案内する。

――The Babson Globeと呼ばれる巨大な地球儀。

――アントレプレナーシップで世界トップであることをうたう垂れ幕。

――冬は雪に覆われるという屋外キャンパスで、輪になって座り、議論している学生たち。

一歩が珍しそうに、それらを見ている。

「じゃあ、Dr. Failureの授業でものぞきに行くか」と隼人。

「ドクターフェイリュアー?」

「矢弦さんのことだ」

「むむ。ホントに先生なんだね」

「もうここで十年以上、教鞭をとってるらしいよ。Dr. Failure、または、Failure Guyって呼ばれてることもあるな。なんだか、みんな、キャンパス内で矢弦さんを見かけると、『こんな失敗したぜ!』て、やたらうれしそうに報告にいくんだよ」

「失敗を? なんだそりゃ」

「ここでは、『Failure is Good』なんだ」

「『Failure is Good』? 失敗がいいってこと?」

「『Failure is Good(失敗は素晴らしい)』は、矢弦さんのつくった授業のひとつでもあるんだ。矢弦さんは失敗学を教える教授で、失敗博士ってニックネームで呼ばれてる」

「へえ」

隼人と一歩は講義棟に入っていった。

矢弦の授業をのぞきに行くふたり。

「あ、矢弦さんだ」と一歩は見る。

そこには、矢弦と、起業家を目指して世界から集まった学生たちがいた。

「Action trumps everything!」

矢弦の授業中、学生たちは声を張り上げた。

バブソン大学は、「学んでからやってみよう」ではなく、「やってから学ぼう」でもなく、「やりながら学ぼう」という教育だ。

たとえば、バブソンの学生は、もれなく「実際に起業を体験する」授業を受けることになる。MBAでは、六カ月の期間内に、学生数人に分けられたチームで、プランニングだけでなく、実際に校内や近くの地域でそのビジネスを立ち上げ、収益をあげることまで実行するのだ。

学部では前期・後期の一年間のFoundations of Management and Entrepreneurship（FME）と呼ばれる一年生の必須コースがあり、それは数々のアワードを受賞した、バブソン大学の看板授業として知られている。

学生同士で、アイデアの発掘から事業の設立をする。社長など役職を創出したうえで一社当たり三十万円程度の運営資金を大学から資金調達し事業を回していく。学期末には必ず会社をたたみ、収益を寄付するので、学生はエントリーからエグジットまでのビジネスサイクルすべてを経験することができるのだ。費用は大学が負担するので破産する心配もない。知識を得るだけでなく、実践で体得させるバブソン大学ならではの、ユニークな教育プログラムだ。

しかも、そのチームメンバーは、ご丁寧にも「文化的な衝突が多くなるように」、多国籍のメンバーがそろうよう調整されていたりもする。

隼人などは、積極的に学びたいと、果敢にプランを通し、リーダーを買って出たのだが、「けど、ホンットに大変なんだな、これが」と、ぼやく隼人。

「そうなの？」と一歩が尋ねた。

「まず、英語でチームをまとめるのが至難の業」と隼人。

ヨーロッパや南米、アジア系の非ネイティブの学生たちの話す英語が、隼人には聞き取りづらい。発音の癖や訛りがわからないし、しかも早口だ。しかし、これはお互い様で、隼人の話す英語が伝わらないこともある。

そのうえ、文化や価値観の違いからくる衝突もある。

ミーティングに来ない。三十分の遅れは日常茶飯事。自分のやりたいことしかやらない。遠慮や配慮がない。調子はいいが、約束を守らない。

「へええ。大変そうだね」

「うん。毎日が試行錯誤の連続だ」

矢弦の授業で起業・経営を学ぶにあたっても、学生たちは、実践に重点をおいている。試行錯誤しながらアイデアの創出や資金調達について、あるいはマーケティングやオペレーションについて、生きた事例や経営者から直接学んだりするのだ。理論は「こういう経営理論がある」と示唆する羅針盤であり、解決策を与えられることはない。答えはひとつではないからだ。実際にどう解決するかは自分たちで考え、実行し、体得していくのだ。

隼人にそう解説され、「へえ」と一歩は感嘆して見ていた。

「『起業には失敗はつきものや』って。Dr. Failureは、『どうやってスマートに失敗し、どうやって失敗から学び、どうやってその学びを最大化するのか』ということを教えているんだ」

たとえば、その日の矢弦の授業では、チームでエベレストの登頂を目指すシミュレーションが行われていた。五人のチームで、それぞれ医師、写真家、環境保護団体の一員、アスリートなどの役割を演じる。それぞれ、上手に情報交換をしないと、天候を見誤ったり、酸素ボンベが足りなくなったり、トラブルも多発する。時にはチームの仲間の救助を余儀なくされたり、シミュレーション内で死亡もする。それらのトラブルをどう解決するか、どう救助していくか、など、コミュニケーション力やリーダーシップ、心理的安全性などについて、試験的に学んでいくのだ。

矢弦が、学生たちチームに
「Oh… so you failed?（失敗したんだね？）」となじると、

「How lucky we are!（なんてラッキーなんだ！）」とクラスのすべての学生が叫んだ。

すかさず矢弦は彼らに問う。

「So why is that?（なぜラッキーなんだ？）」

すると、学生たちは、なぜ失敗したことがラッキーなのか、その理由を誇らしくクラス全体に説明し出すのだ。

「なに、あれ？　彼女は『私、こんな失敗したのよ！　すごいでしょ』的なことをいってるわけ？」

と一歩が隼人に尋ねると、

「うん。まあ、『こんなに失敗したけど、こんなことが学べたのよ！』的なことかな」

と隼人は答えた。

「なるほど」と一歩は見ていた。

矢弦は、学生たちがミスするたびに、「失敗したなんて、ラッキーや！　なぜかわかるか？」

と、失敗からなにを学んだかを引き出すのだ。

そして「成功」ではなく「失敗」を評価する。

事実、バブソン大学の起業の授業は、「いくら儲けたか」で成績が決まるのでなく、「どれだけ学んだか」、すなわち「失敗から、なにを、どれだけ、学んだか」で成績が決まる。失敗から繰り返し学ぶことの重要性を学ばせるためだ。そうすることで学生たちの失敗に対する不安や負担が軽減され、許容できる失敗の範囲も広がっていく。そのため学生たちは、彼を「Dr. Failure」と呼び、失敗を犯したときでも笑顔で報告に行くようになるのだ。

「ええ？　いいなあ。失敗したら褒めてくれるの？」と一歩。

「うん。矢弦さんはいっていた。『失敗を評価することが重要なんや。そうすることで失敗を恐れず、多くの新しいチャレンジができ、その失敗から多くを学ぶことができる。そのうえ、成績・評価も上がる、という好循環が生まれる』ってね」と隼人。

日本では考えにくいが、失敗に寛容な環境をつくり出すことで、学生たちは失敗で遊ぶ余裕を身につけているのだ。だから、大小多くの失敗を進んですることができ、それを深掘りして多くを学ぶことができる。

「そういや『失敗はオーケー、でも失敗を恐れることはノットオーケーや』っていつもいってたもんな」と一歩。

成功ばかりしていても成績に直結しない。

成績を上げる一番の近道は、どんどん新しいことにチャレンジし、普通では考えられない道を選び、たくさんの失敗をすることだ。そしてたくさんの経験を積んでその失敗を誇らしげにレポートすることだ。

無謀なリスクテイカーになれと指導しているのではない。

とれないリスクはとらない。むしろとれるリスクを見極め、行動し、その失敗から学ぶ。その繰り返しでリスクを掌握し、前に進めと教えているのだ。

こうした挑戦を促す環境で、学生は、起業の三原則『行動ありき』『失敗ありき』『人を巻き込む』を実践してどんどん習得していくのだ。

「いいなあ！　羨ましい環境だ」と一歩はつぶやいた。

そのとき、矢弦が声をあげた。

「一歩？　よう来たな！　そんな隅におらんとこっちに来い！」

「ええ？」

矢弦は、一歩を学生たちに紹介する。

「一歩は、日本で起業をしている起業家でもある。どうや、その後」

「ええ……まあ失敗なら、僕もいっぱい」と一歩。

「はい」と隼人。

「また、そうやって失敗を経験すると、起業もうまくなっていく」

矢弦の言葉に一歩も隼人もうなずく。

矢弦は続ける。

「起業を実践するための方法論としては、まず、『Desire：自分がなにをしたいのか、どんなインパクトをもたらしたいのか』が原点。そして、起業の三原則『行動ありき』『失敗ありき』『人を巻き込む』。これの繰り返し」

起業の三原則

Act quickly with the means at hand!

行動ありき

必要なものをリストアップする前に、今、現実にもっているもので始める。何事もやってみないとわからない。

Pay only what you can accept/afford to lose

失敗ありき

失敗は必然。起業すればミスを犯すことは日常茶飯事。メンバーと失敗の定義や許容範囲を共有しておく（それ以上のリスクはとらない）。

Bring others along to your journey

人を巻き込む

さまざまな人（ステークホルダー）を巻き込む。課題やソリューションが大きければ大きいほど、ひとりでは実現できない。時には人に頼る強さをもつ。潮流を生む。

「あとは、Act, Learn, Build, and Repeat.『Act』とにかくやってみて、フィードバックを得て、『Learn』なにかを学び、それを『Build』する。そしてまた『Repeat』するためにDesireに戻る。『これって、やりたいことだったっけ？』と考えて、軌道修正して、動いて学ぶ。そうして体得していく。とはいえ、これはなにも起業においてだけのことやない、一般化できるんや。趣味や日常生活を送るうえでも役に立つ。そうやって、自分を変える、自分の周りを変える、そうやって世界を変えていくんや」と矢弦。

授業を終えた後も、矢弦と一歩たちは話が尽きなかった。

「失敗をすればするほど成績が上がるっていうのが面白いですね」と一歩。

「アメリカと日本ではそもそも、失敗に対する寛容度が違うからな。アメリカでは『失敗したことがない』という起業家は逆にネガティブなイメージをもたれてしまう」

「なるほど。そうなんですね」

「失敗していれば、そこからどうやって挽回したのか。失敗から学んでいれば、成功する確率も上がるという考え方やからな」

「へえ」

「かたや、日本人は失敗をタブーだと感じているから、『失敗したことがある』とはいいたがらない。アメリカでは、失敗を表す言葉にもいろいろあって『Failure』『Loss』『Mistake』『Pivot』の順に軽くなる。それに、欧米人は日本人に比べて『失敗』を客観的にとらえていて『個人の評価』とは結びつけへん。だが、日本人にとっては、『失敗』は英語における『Failure』と同じで、個人の評価と一緒にしてしまうんや」

「なるほど。たしかに」

「日本は失敗を『恥』ととらえるところがあるやろ？　だから『失敗するのが嫌だ』『誰かにバカにされたくない』『責められたくもない』『笑われたくもない』という思いも強い。だから、プランもガチガチに固めて、失敗を恐れて思い切ったピボットもできへん」

「そうですね」

「アメリカで投資家にピッチをすると必ずといっていいほど、失敗体験を聞かれる。そこで自分はこうして失敗して学習してカムバックした、と話すと、起業家としてたくましく見えるねん。でも、日本人の多くは、ちゃう。失敗したことを聞くと『うっ』と警戒するし、社会も『また失敗するんじゃないか』とネガティブにとらえる」

「それはありますね」

「いわば、日本は、みんな最初は百点をもっていて、それが失敗で減点されていくような世界や。失敗したら二度と這い上がれないと思い込んでる人もいる。一方、アメリカは最初0点から始まって、なにかをしないと点が得られない文化。だからみんなチャレンジするんや」

「なるほど。へえ」と一歩。

「ああ、それは俺もこっちにきてすごく実感してます……」と隼人もいった。

というのも、隼人が本日、教授の部屋に泣きつきにいったのは、ここでは授業中に発言しないと出席したことにならず、評価がどんどん下がってしまうからだ。授業中は黙って板書を書き写すだけの日本教育とはまったく文化が違うのだ。隼人は、あまりに発言できず、成績が不安で、とうとう教授に泣きついてしまったのだ。

「え？　隼人でも？　日本じゃ、あんなに思ったことをズバズバいうのに」

「それとは次元が違うよな。つたない英語で『なにいってんだ？』と笑われるのも恥ずかしいし、英語でなくたって、今いわれたことに対して、即、『自分はこう思う』と主張することにそこまで慣れてない。それに受け身の学習に慣れているから、『え？　なんで？』『それホント？』と疑う習慣もないから、質問も湧き出てこない。自分がいかに受け身に学んできたかを思い知ったよ」

「た、大変なんだね。え？　で評価上げてくれたの？」と一歩。

「いや。もう一度、挑戦するチャンスをくれただけだ。だからさー。日本とここでは行動を起こす、挑戦する、ということの頻度やとらえ方が全然違うんだよ。日本では挑戦する頻度が少ないから失敗が普通のことだとの認識もされにくい。やらない人ほど批判するし文句も多くて挑戦しにくい文化」と隼人。

「そうかもしれんな」と矢弦は笑って説明を続けた。

「日本でも、『失敗』はその人自身の問題でなく、その行動自体が失敗だというマインドセットに変えて広げていくことが大切や。個人を否定されるものではない。そして人の失敗を社会で共有して再発を防ぐという意識が必要や。**自分のミスを認め、人のミスを許すことができれば社会は大きく変わってくる。失敗は失敗でも、最善を尽くしたうえでの失敗なら、それは素晴らしい**ことのはずや」

「とはいえ、日本のビジネス社会だと、まだまだ難しいでしょうね」と隼人。

「日本の大企業でも、挑戦をたたえる人事評価が導入されることを祈りたい。日本は『失敗から学ぶ』仕組みづくりや『失敗の成功例』がもっと必要や」と矢弦。

「日本では『責任の所在を明らかにすることが第一』という文化が根強いですからね。失敗について世間から受ける制裁もきついですし」と隼人。

「せやな。けど、そんな環境では誰もが失敗を隠蔽したくなる。罰則を強くするほどその情報は深く埋もれてしまう。**企業トップが失敗に厳しく対処するというメッセージを社員に送ると失敗が減ると思うか？　そんなわけあれへん。実際減るのは、『失敗の報告の数』や**」

「そうなんですか」と一歩。

「せや。失敗を責められるとわかってて、誰が進んで自分の失敗を報告する？　失敗を悪とすると、人は失敗を隠す。だから、そこから学ぶことなんかできへん」

「そっか」

「大事なんは、犯人をつるしあげることやなくて、失敗を受け入れることや。どんな失敗もあらゆる角度から検討して、出来事の裏表を検証する。そして、問題の真の原因を把握する。大事なんは、失敗から学んで今後に生かすことや」

「そうですね」と一歩。

「そして、ここでの学びにおいて、大切なのは『どんな人間とつながることができたか』や。プロジェクトやグループワークを通じて良い人間関係づくりを能動的に学んでほしいと思ってる。大きな失敗を共に経験することで絆が深まる。信頼関係がよりいっそう構築される。**人は失敗しているときこそ本性が現れる**んや。**そんな窮地に追い込まれて真っ裸になっている自分に、手を差し伸べてくれる人は誰かを知ることも大事**なんや。一歩にもいい出会いがあることを祈ってるで。『意味のない出会いを求めよ』や」

「はい！」と、一歩と隼人はうなずいた。

「ほかの日本人留学生にも会ってみる？」と隼人は、一歩を、カフェテラスにいた日本人留学生に引き合わせた。

彼は、日本の大企業から派遣されてきた垣内《かきうち》という男性で、年は「隼人より少し上」といっていた。日本では企業内起業家として、新規事業を担当しているらしい。

「ここにきて一番、衝撃を受けたこととか、影響を受けたこととかってあります?」と一歩が尋ねると、「もう、衝撃ははじめからだよ」と垣内は笑った。

垣内は、まず、学期が始まる前のオリエンテーションから印象的だったという。

「もう早速、PredictionとCreaction、チームワークの重要性を実感させるんだ」と垣内はいった。

オリエンテーションのワークショップでは、学生が六人一組のチームに分けられて、①ジグソーパズルを完成させるワークと、②たくさんの布や毛糸の素材から自由にキルトをつくり上げるワークをやったという。

「へえ」と一歩。

「①のパズルは、『正解』のあるものだろ? ひとつの正解=完成図に向けて予測、つまりPredictionで解決しうるもので、日本人の得意とするところだ。でも②のキルトの作成が問題だ。これには『正解』がないだろ? 自分たちで自由に正解をつくり出さなければならない。こちらは、創造的行動、つまりCreactionだ。日本人学生の多くがこれには困惑するよね。慣れてないからさ」と垣内。

「わかるわかる。それぞれに求められるチームワークも違ってくるし、ちなみにあれで僕は、自分は、『答えのあるもの』『目的があらかじめ決まっているもの』へのアプローチは得意でも、

『答えがひとつでないもの』『目的がメンバーや資源によって変化するようなプロセス』は超苦手なんだなってよくわかった。起業には両方のアプローチが必要なんだけど」と隼人。

「へえ。面白いね」と一歩。

「あと、なんだろうな。とにかく学生の姿勢が日本と全然違うよね。学生はもうずーっと、『俺こんな面白いこと思いついたんだけど、どう思う?』とかって、聞いてくるよね」と垣内。

「そうそう。常にアイデアを転がしてる。なんでも思いついたら人に話して、フィードバックを得て、絶え間なく高速でアイデアを磨き続けてる。日本の企業とかだと、あっけなく却下されそうな粗いアイデアでも、どんどん転がすうちに、すごいアイデアになってたりするもんな。またそうしたことができる環境がここにはある」と隼人。

「へえ」と一歩。

「だいたい、入学前に矢弦さんに『どんな準備をしたらいいですか?』と聞いたとき、『真剣にイケる! と思える新しいビジネスアイデアを十個は考えとく』といわれたんだ。ホントそう。そういうのをどんどん転がしていくんだよな」と隼人。

「とにかく、みんな絶えずアクションを起こしてる。もう誰にどう思われるかというより、『俺はこれをやりたい!』というパッションに正直で、大学もそういうところを尊重するし、しょっちゅう『自分のことを一分でピッチしなさい』みたいなことがあるし」と垣内。

「へええ。そんなに自分自身のことを考えたりする機会なんてないけどね」と一歩。

「日本の大企業なんかにいると、新規事業を検討するとき、市場調査でも調査会社に依頼してよくよく調べて予算もしっかり立ててからやることが多いだろ? いわゆる、ＰＤＣＡでいうと

P（計画）に時間をかけすぎるけど、もう、俺、次に新規事業やるときは、なによりもとにかく、自分の欲求を大事にして、アイデアを転がしながら進めるね。とにかく小さな一歩を繰り返して動き続けることが大事だなと」

「面白いね」と一歩。

「うん、ここにいると、ビジネスアイデアを考え続けるのが習慣になってくる。授業の中で、実際に投資家にピッチをすることもあるんだけど、いいプロダクトをつくる以上に、いかにいいストーリーを創るかが大事だと認識したよ。人の心を動かさないとなにも始まらないんだなってね。だから自分もパッションがぐっと湧き出てくるまで、アイデアを考え続けなきゃいけないんだなって」と隼人もいった。

「へええ」と一歩は感嘆して聞き入っていた。

同じ頃、日本の現代建築社では、会議室に、新規事業のメンバーが集まっていた。春奈が仏頂面でいう。

「だからいったのに」

βシステムズからマッチングサイトの試作品が出てきたのだが、納期が遅れたうえに、こちらの意図が伝わっていないのか、思わぬ不備が多々ある欠陥サイトになっていた。

「ボロボロじゃん」

春奈は、パソコンでその試作サイトをいじりながらぼやいた。

「ひどいね。あんだけ督促したのに、こんなに納期が遅れたうえに、この出来」

緑川ものぞいていう。

『やってます、やってます』ってのは嘘で、散々待たせた挙句、全然やってなかったんだと思う。で、さすがに納期やばいってので、やっつけでやったんでしょうね。だってこれまでプロトタイプが一回も出てこないなんて絶対おかしいし。やっぱ、βシステムズの担当者、私たちのことを舐めてんのよ。でしょ?」

春奈は、青木に尋ねる。

「そうかもな」

青木も否定はしない。

「どうするかなあ。これで修正するとなると」と黄島もいう。

『追加見積もりを』っていってくるんでしょうね。またお金と時間がかかる。あーあ。やっぱり黒田の嫌がらせだったんですよ。このシステム会社を、私たちにあてがってきたのは」と春奈。

「で、どうするの?」と緑川。

「とりあえず修正指示はするけど、このペースだと大分時間とコストがかかりそう」と春奈。

そのとき、黒田が広告営業部員たちを連れてやってきた。

「おい、この会議室。俺たちが押さえていると思うんだが」と黒田。

「……すみません。もう終わります」と黄島たちが、出ていこうとすると、黒田が春奈にいった。

「ああ、おまえ。新規事業のマッチングサイトの発注に失敗したらしいな」

「はい？　なにがですか」と春奈。

「発注の仕方が悪くて、つくりにくいって、βシステムズの担当者も愚痴ってたぞ。結局失敗したんだろ？」

「はあ？　こちらはちゃんと発注しました！　それなのに、こんなサイトが仕上がったんです！」

「それは、おまえ、もしくは、おまえらの責任だろ？」と黒田。

「黒田さん？」と黄島が咎める。

「システム依頼の担当はおまえだろ？　だったら、結果がダメなのはおまえのせいだ。違うのか？　結果がすべてだろ？　まったく。仕事には責任感ってものをもってほしいね」

「はあ？　ってか、おまえでなくて、赤井です！」と春奈は怒った。

「はっ？　はいはい、赤井さん。じゃ、出てってくれるかなー？」

と黒田が退場を促す。

春奈がムッとしていると、緑川が「行こう」と声をかける。

青木はそのまま広告営業部の会議のためにその場に残り、黄島、春奈、緑川が外に出ていった。

「なによ、あいつ！　あいつのせいじゃん！　変な会社押しつけやがって！」と春奈。

「ホントだよ」と緑川。

「私ちゃんと、発注しましたよ！　進捗確認だってちゃんと！」と春奈。

「わかってる。赤井さんが悪いんじゃない」と黄島。

「しかし、困りましたね……。なんだか、数年前の新規事業の失敗のことを思い出してきた。

ああやって黒田に士気を奪われて……」と緑川。

「そんなことしてなにが楽しいんだろうな、彼は」と黄島。

「ああいう人は、昔とった杵柄《きねづか》に頼るしかないんですよ。だから人の足を引っ張る。青木君もいってました。黒田部長は、部下に仕事を教えない、得意先も絶対に部下に譲らないって。あれでいて自分のポジション守るのに必死みたいです」と緑川。

「やだな、既得権益にしがみつく系の人間は。なにも新しいことに挑戦できないくせに文句ばっかりいうんだ」と黄島。

「で。どうします?」と緑川。

「もう、新規事業なんて、やめちゃいましょうよ。バカバカしい。この会社にはロクな上司がいない。こんな会社、潰れりゃいいじゃん」と春奈。

「おいおい」と緑川。

「潰れても別に転職すりゃいいじゃん。会社なんて乗り物なんでしょ?」と春奈。

「あのさ。まあ、腹は立つけど、まだ始まったばかりだよ? 新規事業って、どんなことでもそんな簡単にはいかないんだけどな」と黄島。

「ええー?」と春奈。

「僕なんかは、障害が多いほうがやりがいを感じるんだけどね」と黄島。

「ええ? 黄島さん、ちょっとキモイ」と春奈。

「スムーズにいかないほうが人は成長するんだよ。君だって、このままでいいの? やりたいことがあったんじゃないの?」と黄島。

「だって頑張ったって報われないじゃないですか。失敗を認めないタコ社長に、なにも専務に、人の足を引っ張る腹黒野郎がいる限り」と春奈。

「前に新規事業で頑張ってた人も、結局出世コースから外れたままだしな」と緑川はため息をつく。

「そうだ。ちなみに、ずっと気になってたんですけど」と春奈。

「うん？」と黄島。

「矢弦さんは、会社に変革を起こすには、変態が五人いればいいといってましたよね？」

「いってたね」とうなずく黄島。

「黄島さん、緑川さん、青木さん、私。今、四人しかいません。灰田が五人目の変態なわけありませんから。あれは変化を徹底的に避ける真逆の生き物でしょ？」

「うん。そうだね」

「もうひとり、本当の変態がいたら変わりますかね？」

「もうひとり？」

「もうひとりって？　でも、どっから連れてくるの？」と緑川。

「それなんですけど。緑川さん、ちなみにその、前の新規事業で失敗して飛ばされて出世コースから外れた人って誰ですか？」

「え？　知らなかったの？　赤井さんのよく知ってる人だけど」と緑川。

「え？」と春奈は首を傾げる。

一歩は、数日間、バブソン大学やボストンを観光したのち、日本に帰っていった。

一歩がバブソン大学から刺激を受けたのと同時に、隼人も一歩の弁当屋の話を聞いて、その着実にやりたいことを実現している姿に刺激を受けた。たった数カ月間のうちに、一歩はずいぶんとたくましくなっていた。

隼人も早く、自分の解決したい課題を見つけなければ、と焦った。

「自分は本当になにがしたいんだろう？」

その隼人に矢弦が、「comfort zone vs. "un" comfort zone」について話をしてくれた。

「Comfort zoneからUncomfort zoneに飛びでてみることや。Comfort zoneちゅうんは、自分の居やすい場所。心地のいい、安住の楽園や。そこを目指して頑張り抜くっちゅうのはええけど、そこにいつまでも浸っていてはアカン。成長はない。一方、Uncomfort zoneちゅうのは、居心地の悪い環境。慣れない環境や。成長のためにそこに飛び出すんや。なんでもええ、右利きなのに左手を使ってみる、海外留学をして異文化・価値観に触れるんでもええ。自分の領域を知り、そこから抜け出す。気づきがたくさんあって、それこそが成長の糧になる」と矢弦はいった。

Comfort zone is a wonderful place...but nothing grows there.

Get out of your comfort zone and grow!

居心地の良さにひたっていては成長しない。安住地から抜け出すことで成長しよう！

「Uncomfort zoneね」と隼人は矢弦の言葉を思い出しつつつぶやいた。

そういえば一歩もいっていた。

一歩が起業道を学ぶことにしたきっかけは、会社が倒産したこともひとつの理由としてあるが、当時の彼女との結婚を意識し始めたことも理由のひとつだったそうだ。

「俺の彼女には常に熱中していることがあるんだけど、俺にはそんなもの、なくてさ。俺もひとつ、『自分はこれだ！』ってものをつかんで結婚しようと思ってたんだけどな」

と一歩はいっていた。それで『起業』というこれまでの自分とは無縁の世界に飛び込んでみたのだという。

……で、肝心の彼女と別れてしまったのだから、あいつはトコトン不憫な奴だ。

「飯でも食って帰るか」

隼人は、大学のカフェテリアへと向かった。

そのとき、向かいから歩いてくる日本人っぽい女性たちにふと目がいった。

「こんなところで日本人女性が四人も固まって歩いてるなんて珍しいな」と思って何気なく見ていると、そのうちのひとりのキリリとした顔立ちの女性と目が合った。

背の高い、姿勢のいい、髪の長い女性。どこかで見たような。

「あ！」と隼人が思わず声をあげると、その女性も、「？」と隼人から視線をそらさずに立ち止まった。

――間違いない。彼女は、一歩の元恋人だ。

「あの……」と思わず隼人は美月に話しかけた。

解説

学びの仕掛けは組織のハード&ソフトの両面で

「正解」「不正解」で成績が決まらないバブソン大学

バブソン大学は、世界ではじめて起業家教育を学部・MBAに導入した先駆者であり、現在では、起業家教育の指導者のための教育シンポジウムやイノベーションセンターなどの場づくりにも積極的に取り組んでいます。

かつてはベンチャーなどの起業家を対象としていましたが、現在では「全種類のアントレプレナーシップの教育者でありたい」と大企業からファミリービジネス、NPOの組織に至るまで、すべてにおけるアントレプレナーシップの教育者であり、牽引者であることを目指しています。

そのバブソン大学では、失敗を通じて学ぶことの大切さを教えています。

失敗についてオープンに語れる雰囲気をつくり、失敗を認め、それについてみなで話し合う環境づくりをしているのです（心理的安全性の確保）。起業の授業でも、会社の売上・利益で成績をつけるのでなく、起業体験を通じ、なにを学んだかで成績をつける。つまり、成功か失敗かよりも、学生が「なにを学んだのか」ということを重視するのです。

日本では「正しい解答」をしたかどうかで学生の成績が決まりますが、バブソンの試験問題の正解はひとつではありません。考え方がテストされるのです。「自らの力でなにをどう学んだか」

によって正解が変わってくるのです。

失敗の定義には個人差がある

バブソン大学では、起業学と同様、失敗学も失敗ありきの方法論として教えます。

まず、そもそも、人それぞれ「失敗の定義」が異なることを認識させます。

エグゼクティブ・プログラムで起業における失敗学を教える狙いは、失敗からいかに学び、次の成功に結びつけるかをケース・スタディー（実例）を用いて体得してもらうことにあります。

その講義のはじまりの質問が「失敗ってなに？」です。

議論はゆうに三十分を超えます。

なぜか。

みながみな、違う定義をもっているからです。ちなみに欧米とアジアの受講者ではウォーム・アップに要する時間が異なってきます。

往々にして、講義のタイトルは当日まで明らかにされません。失敗という言葉を使うとみなが身構えるからです。アジアの受講者の場合はなおさら。私が登壇し、「今日一日は失敗について討論する」と発表すると、いったん部屋が静まり返ります。重苦しい空気に包まれます。ここから「失敗ってなに？」を引き出すのは少々困難です。

一方で、欧米の受講者の場合、テーマを明らかにした瞬間、顔がほころんだりします。笑い声も聞こえます。惜しみなく自分の経験を語り、「失敗とはなんぞや」という持論を展開します。人によって、失敗は形あるものであったり、ないものであったり（前者は失敗作・欠陥品といったもの、後者は不名誉など)、客観的であったり主観的であったり(前者は成績・評価といったもの、後者は満足度など)、自分が失敗したと思っていても他人から見たら失敗でもなんでもないこともあります。

それゆえに、大事なのは、「自分にとって、失敗はなにか?」ということを、前もって理解しておくことです。

特に会社といった組織内であればなおさらチームメンバーで、「なにをプロジェクトの失敗とするか」を、あらかじめ同意しておくことが大切です。そうでなければ、成功に向けた最善策など検討できるわけがありません。

同じビジネスに取り組む経営者とチームメンバーとの間で、認識に大きな差があるのも、この失敗の定義だったりします。

その失敗の定義を共有するためにも、理想の社会をどう描き、理想に対して企業の目的やミッションをどう設定するか、そうしたビジョンの浸透・共有が不可欠になります。

失敗から「学習する組織」をつくる

イントラプレナーシップを推進する際には、いかなる場合でも、まず組織内で失敗を活かすインフラをつくり上げることをお勧めします。必ず失敗はつきものですし、それをいちいち恐れていては、大義を果たすことなどできません。

そのためには、ハード面(組織構造・システム)と、ソフト面(企業文化)の両方から攻めていく必要があります。

失敗から学ぶことを奨励し、実際にその学びから新たな価値を創造するインフラをつくる。失敗からなにかしらを得て、後につなげる。それは、学びから得た知識による再発防止、負の連鎖を止めることに伴うコストダウン、業務改善、新たな知見から生まれる革新・イノベーションであったりします。

それにはまず、組織内にストラクチャー、システム、ルーティンをつくることです。具体的には、たとえばまず、原因究明・失敗分析（なぜ？　どうして？）のための部署や部隊をつくる。次に、軌道修正や検証（では、どうすれば？）を行う部署・部隊をつくる。そして、情報共有するためのシステムを構築し、運用する、そのためのCLO（Chief Learning Officer）を立てる、などです。

あなたの組織で失敗が起きた場合、原因究明・失敗分析を担当する部署はどこですか。改善策を検証する部署はどこですか。特定できますか。外部機関に頼るはめになりそうですか。責任の追及と謝罪で精一杯になりそうですか。今までの失敗について蓄積されたデータベースはありますか。それとも、あなたの会社は失敗しないから、そんなものは必要ないですか。

いくらハード面を充実させても、それを円滑に運用するためには、企業文化などのソフト面がなければ十分ではありません。「失敗は学習のチャンス！」というような、失敗に寛容な組織文化を醸成しなければなりません。

情報共有システムで、いくら素晴らしいものが構築されていても、人がそもそもミスを共有しなければ宝の持ち腐れに終わります。

つまり、失敗を認める、失敗を語れる、失敗を共有できる心理的安全性の高い環境をつくらなければならないのです。失敗を認めるのは簡単なことではありません。

リサーチによると、頭脳明晰、あるいは権威のある人ほど、自分の犯したミスを認めない。自尊感情が高いほど、成功体験をより強く認識しており、自分をより肯定する傾向にある。大きな失敗を犯した企業ほど、その上層部ほどミスを認めず正当化・隠蔽する傾向があるという。

自社にとって都合よく失敗の解釈を塗り替えるのでは、そこに学びはありません。エリートほど（名誉・知識があるほど）頑なに自分のミスを認めない。自分の信念と事実のギャップを埋めるため、事実を捻《ね》じ曲げて、自己正当化・自己防衛に入り、失敗から学ばない。

失敗は単なる人的ミスに起因するものもあるが、複雑な要因から生まれることが多い。原因そのものが明白でない場合も多い。曖昧でわかりにくいほうがずっと多い。だからこそ認めづらい。自らが認めなくとも他にも理由があるから、周りのせいにできるからです。

そもそも失敗かどうかはっきりしなければ、そこから学ぶこともできません。なので、はっきりと明白な原因がわからない場合でも、自分に問題があったかもしれないと認める勇気が大事です。

起業家が失敗した際、真の原因がなんであれ、失敗を自分の責任と考える人ほど（Internal Attribution: High）、失敗から学ぶことが多く、次の起業に役立てることが多く、実際に二度目の事業の成長度は一度目よりも高くなります（第十章の章末解説を参照）。

失敗を自分の責任にできる人、自分の問題だと認められる傾向のある人ほど深く学び、その要因を自らコントロールし、よく学ぶことができ、なおかつ、次にそれを活かすことができるのです。

自らが失敗を認められるカルチャー、みなが失敗を共有できるカルチャー、他人の失敗を許すことができるカルチャー。それこそが、学習する組織をつくるための出発点です。そこがなくてはシステムもなにもありません。日本発、「失敗の成功例」が増えることを願っています。

第十二章　多くの人を巻き込めば、推進力が生まれる

Entrepreneurship is about enrolling others. It is about creating a movement and momentum by connecting at the emotional level.
起業道とは、人を惹きつけ巻き込んでいくこと。人と感情的に結びつくことで潮流を生むことである。

「『人と人とのつながり』こそが大切や」

バブソン大学で矢弦は一歩にそういっていた。

帰国後、一歩は、バブソン大学での出来事を思い返していた。矢弦は一歩に「人を巻き込むこと」の重要さを解説してくれていた。

「**起業道とは、人を惹きつけ巻き込んでいくことや。成し遂げたいこと、アイデアが大きけれ**

ば大きいほど、人ひとりの手には負えへん。人と感情的に結びつくことで、ムーブメントが起こり、より大きなモメンタム（推進力）が生まれる。絶大なエネルギーを生むんや」

「人を巻き込む？　絶大なエネルギー？」

キョトンとする一歩に、矢弦は重ねていった。

「せや。人を巻き込むんや。良い起業家というのは頼り上手でもあるねん。多くの仲間が集まれば、新たな発想も湧いてくる。広げた人脈から大きなチャンスを得ることだってある。共感や信頼あるつながりから、資金調達ができることもある。今あるものだけで始められるのも、人とつながることで、さまざまなものを外から調達することができるからや」

「なるほど」

「人は、人とつながることで、ひとりではできへんかったことができるようになる。**人とのつながりは重要な『資産』**になるんや」

矢弦は知識や技術といった人の能力を資本とする「ヒューマンキャピタル」のみならず、人と人とのつながり「ソーシャルキャピタル」こそが大切だという。

そして矢弦は、多様なイノベーターたちがつながる場所として、日本に「カフェ・カオス」を設けている。そこには多くの起業家や起業を志す人、企業の新規事業担当者や投資家、研究者などが、社会に対してこれまでにないイノベーションを生み出そうと集まっているのだ。

「そこでの出会いや学びから、さまざまな変革のリーダーが生まれたり、良きイノベーションの輪がどんどん広がるようであってほしいんや」と矢弦はいう。

そうして、矢弦はボストンに居ながらにして、そこにとどまらず、イノベーションの拠点を日本にも広げるべく、時折来日して、コミュニティを牽引しているのだ。一歩たちの集う「カフェ・カオス」というのは、そうしたイノベーション創出のためにつくられた場所だったのだ。

「なるほど。でも人を巻き込むといっても、それほどの求心力が自分にあるかっていうと……かなり疑問ですけどね」

一歩が不安を口にすると、

「そうか？　人を惹きつけるにも『自分のやりたいこと』つまり『ビジョン』が基本や」と矢弦はいった。

「ああ、自分の思いに共感してくれる仲間を地道につくっていくわけですね？」

一歩は、「にこにこ弁当」開店時に助けてくれた幸代やオヤカタや母や姉のことを思い出す。

「せや。それに、潮流を生むにはコツがある。今までは自己理解、自己欲望、当事者意識と、自分をセンターにおいてきた。けど、ここでは考え方をシフトさせる」

「え？　自分がセンターじゃないんですか？」

「多くの人を惹きつけ、潮流を生むには、『自分のこと』よりも大事なもの、それは、『やろうとしていること・ビジョンという名の理想郷』を第一に考えることや。潮流を生むことに焦点をおいて、ときには自分というエゴを消す。それがフォロワーシップにつながる。潮流をつくるにはフォロワーが必要なんや」

「フォロワー、ですか？」

「せや。**人を動かすには、リーダーの存在こそがすべてだと考えがちや。けど、起業の世界ではいかにフォロワーを増やすかということの方が、潮流をつくるのに大切なこと**なんや」

矢弦は、空いていた教室で、一歩に「裸で踊る男」という動画を見せてくれた。

動画の内容は、次のようなものだった。

ある晴れた日の丘の斜面に、大勢の人々が日光浴に集まっていた。

そこで、ひとりの男が、にわかに上半身裸になって、音楽にあわせて踊り始めた。

とてもこっけいな踊りで、誰もが近寄りがたく思って遠巻きに見ている。

だが、その踊りを見ていたひとりの男が、踊る男に近づいていった。

最初のフォロワーだ。

そして、そのフォロワーは、おもむろに踊る男の振りつけを見ながら踊り始めた。

踊る男は、そのフォロワーを快く受け入れ、一緒に踊りまくる。

ふたりの動きは妙だが、とてもシンプルで真似しやすい。

するとどうだろう。

最初のフォロワーを真似て、さらに人が数人集まってきた。

そして、彼らもその妙な踊りを真似て踊り出した。

フォロワーがフォロワーを呼び、さらに人が増えていく。

気づくと十数人もの人々が、斜面をつたって集まってきた。

そして、みるみるうちに大きな群衆となって踊り始めた。

もはや踊りに参加していないほうが仲間はずれだと、違和感を抱かれるほどの勢いだ。

「へえ」

一歩は感嘆してそれを見た。

「つまり、ムーブメントを生むにはまず、バカげたことでも堂々とやってのける勇気ある人物が必要となる。そして次に、この一風変わった振る舞いをする人物をフォローする、これもまた極めて勇気ある人物が必要となるんや」

「なるほど!」

「フォロワーなくしてムーブメント・モメンタムは生まれへん。大事なんは、フォロワーが現れたとき、最初の男がフォロワーに対して上から目線でなく、公平な立場で対応することや」

「公平な立場?」

「せや。フォロワーを拒むことなく受け入れる。さらにいえば、なるべく簡単に追随しやすいようにすることや。なるべく多くのフォロワーがついてこれるようにな。そうすることによって、より効果的に、効率的に、求心力を発揮できるんや」

「そうか、なるほど」

「これまでは、『リーダーこそが唯一完全な存在』と教育されてきたかもしれん。たしかにチームにリーダーは必要や。しかし、みながみなリーダーではチームはうまく機能せん。**特に起業という場面では、リーダーよりもむしろフォロワーの役割が重要**なんや。フォロワーなしでは潮流は起こらんからな」

「なるほど、そういうことですか」とうなずく一歩。

「いかにして一風変わった発明者をフォローし、さらにフォロワーを増やすことができるか。

それこそが最大のポイントや。**起業的リーダーシップとは、フォロワーシップであったりするんや」**


そんなことも教わりつつ、帰国した一歩だった。

今の一歩は「にこにこ弁当」の店内で、次なるプランを考えていた。

「弁当を提供するだけでなくて、子どもたちの居場所をつくりたい」と一歩は漠然と考えていた。オヤカタが「にこにこ弁当」に来るときのように、食事ついでに宿題をしたり、なにか困ったことがあれば気軽に相談したりする場所を提供したいのだ。

するとそこに学校帰りのオヤカタが現れた。

久々に見るオヤカタは、また〝ぽっちゃり〟に戻ったように見える。

「あれ？　オヤカタ……？」

太った？　と、一歩がいいかけると、

「最近、ちょっと食べすぎちゃって」とオヤカタは、指摘される前に憮然と答えた。

「ちょっと、ね」と一歩は、まるまると膨らんだオヤカタのお腹を見た。

「うん」と、オヤカタは涼しい顔でそのお腹をなでた。

「まあいいけど」

一歩がいない間、オヤカタは、ちょっとばかり暴走したらしい。

「白いご飯が食べたい！」と、日ごろダイエットにと「にこにこ弁当」の雑穀まじりのご飯を食べていたオヤカタは、にわかに自宅で白いご飯を炊き、炊飯器いっぱい、まるごとひとりで食べたらしい。

「なんじゃそりゃ」と一歩。

それ以外にも「唐揚げ百個食べたい」「ラーメン十杯杯食べたい」と、欲望のおもむくままに食べていたらしい。

「別に俺に隠れてやんなくても」

「別に隠れてない」

オヤカタはその様子をそのつどYouTubeにあげていたといって、スマートフォンでその動画を見せた。

「ほう」と一歩はそれを見る。

オヤカタがいつものダイエット動画をあげているチャンネルに、オヤカタが白いご飯や唐揚げを爆食いしている動画が並んでいた。

「な」

「なんと。いつもより再生数がいいじゃん」

これまでは、ぽっちゃりしたオヤカタが、ダイエットのために、一生懸命に走ったり、鉄棒をしたり、変なダンスを踊ったり、という運動シリーズの再生数が比較的よかったのだが、ここにきて暴飲暴食動画がそれをはるかに上回る再生数となっている。

「うん……。はじめはよかったんだけどね」

ため息をつく、オヤカタ。

「ん？」

オヤカタがいうには、白ご飯の動画をあげた当初は、「気持ちはわかる」「ダイエット少年の暴走（笑）」と反響がよかったらしいが、例のごとく、オヤカタは、食べ物をたくさん用意するものの、結局思うほどは食べられず、何度か食べ残すハメになってしまって、不評を買ったらしい。

「食べ残しするなって、炎上してさ」とオヤカタ。

「え？」

一歩がコメント欄を見ると、はじめは「暴飲暴食オヤカタ、かわいい」とのコメントも見られたのだが、たしかに最近のコメントでは、「食べモノを粗末にするな！」「親はなにしてる！」との批判が殺到していた。

「あらま」と一歩。

「どうしよう」と凹んでいるオヤカタ。

「っていうか。反動で大食い？　今までそんなにつらかった？」

「別に。でも、たまに山盛りご飯って、食べたくなるでしょ？」

「別になんない」

「ええ!?　つまんないなー！　一歩！」

「まあ、たまにジャンキーなものが食べたくなることはあるけどさ。しかしまあ、そんなに食べたいっていうなら」

一歩は、大きなご飯をつくることを提案する。

「つくる？　食べるじゃなくて？」とオヤカタ。

「つくって、食べるんだ。オヤカタがつくるんだよ。月に一回か数回か、週末にオヤカタキッチンって料理ショーを開くんだ。オヤカタが巨大な飯をつくって配信する」

「ええ？」

「どう？　俺や幸代さんも裏方で手伝うし」

「でも、そんなおっきいのつくっても、また、食べ残すだけじゃん。炎上するじゃん。炎上商法ってこと？　炎上で再生数あげるってこと？　僕はみんなを怒らせたいんじゃなくて、楽しんでもらいたいんだよ？」

「わかってる。だから批判されないように、楽しんでもらえるようにするんだよ。オヤカタは好きなだけ食べていいし、残ったご飯はみんなでシェアするとか。美味しくつくるし、最後にはみんなで美味しくちゃんといただくんだ。観客を呼んでやってもいいし、観客が来なきゃ、配信を見てくれた人のもとに配りにいってもいいし」

「ほう」とオヤカタは興味深げに話に聞き入っていた。

「見せ場は、料理をやったことないオヤカタが、どんどん美味しい料理のつくり方を覚えていくことかな。巨大メシができ上がるから見ごたえもあると思うよ？」

「ほっほう。それはいい」とオヤカタの顔がほころんだ。

「だろ？　俺たちのミッションは『食でみんなを笑顔にすること』だ。俺はみんなを健康にしたいとか、オヤカタは動画で楽しませたい、とか、重視するポイントが多少違うけど、目指すところはおんなじだ。楽しく一緒にやろうぜ」

「おう！」

一歩とオヤカタはハイタッチした。

現代建築社では、春奈が、デスクで忙しそうに仕事する桃瀬涼子の前に突っ立っていた。

「まさか、涼子先輩が新規事業に失敗して干された張本人だったとは」

春奈が小声でつぶやくと、涼子がチラリと見て、

「なに？　なにか用？」といった。

「いえ」と春奈。

春奈は涼子の様子をうかがいながら、

「……たしかに変といえば変かも」

と腕を組んで考えた。

涼子は、春奈の仕事ぶりを褒めてくれないので、春奈自身は彼女を敬遠しているが、考えてみれば、部内で一番、技術と人望のある社員かもしれない。

春奈ですらも万一、技術について困ったときは、真っ先に涼子に相談しようと思う。涼子は新しい技術についてもくわしいし、なにより部下への指示が的確だ。技術的な指示に長けているだけでなく、部下がなにに困っているか、なぜ混乱しているかなど、いち早く理解してくれる。部下どころか社外の協力会社からの信頼も厚いのだ。

だがたしかにいわれてみると、出世コースから外れている気がしないでもない。

今のシステム部の部長は、涼子より年も若いし、能力だって人望だって涼子より優れているとはいいがたい。その一方で、涼子は、大した肩書も与えられていない。

それについて緑川などは、

「まあ、桃瀬さんは、新規事業に失敗したときに編集部からシステム部に飛ばされた人だからさ。今のシステム部の部長のほうが、部歴だけは長いから。っていうか桃瀬さんはやっぱり部内では、他部署から来た本流じゃない人って感覚があるんじゃない？」といっていた。

「なにそれ。変なの。私のことを褒めてくれないのが難点だけど、涼子先輩はもっと認められていいはず！」と春奈は緑川の言葉を思い出して腹が立ち、思わずつぶやいた。

するると涼子とふと目があった。

「なんなの、さっきから？　用があるならさっさといえば？」

涼子が早くも帰り支度をしながらいう。

「あれ？　先輩、もう帰るんですか」

「あなたと同じ。私だって、仕事が終わればさっさと帰る人」

「ええ？　先輩っててっきり、仕事の鬼だと思ってましたけど？　会社の仕事が趣味なのかと」

「ホントに、なんなの？」

「すみません。ちょっと待ってください。私たち、実は今、新規事業の件で、黒田部長に邪魔されそうなんです」

「黒田部長？　広告の黒田君のこと？」

「黒田〝くん〟？？？」

「だって、同じ年だから」

「……あ。そうすか」

「なんで彼が邪魔するのよ？」

春奈は、新規事業で協力を仰ぎたかったＷＥＢ開発会社のαテックを使えず、黒田の推すシステム会社のβシステムズを使うことになり、そのせいでうまくいっていないことなどを話した。

「あー、その二社じゃ、機動力が全然違うもんね」

「そうなんですよ！　さすが先輩、わかってくれますね」

「でも、社長が決めたならしょうがないじゃない。βシステムズも使いようでなんとかなるんじゃない？」

「それが全然、埒《らち》があかなくて。ちょっと意見すると追加見積もりばっかり出されちゃって。絶対、黒田部長、あの融通の利かなさをわかってて推薦したんですよ。なんであんな足を引っ張ろうとするんですかね？　先輩だって邪魔されたんですよね？」

「私が？　なに？　なんの話？」

「昔、涼子先輩たちのやっていた新規事業のときも、黒田部長は、姑息にメンバーのモチベーション奪ったりしてたって」

「そうだっけ？」

「覚えてないんですか？」

「覚えてないし。それに彼にそんな影響力あったっけ？」

「ええ、結構なクセモノですよ！　私は嫌です！　足引っ張られて新規事業に挑戦して失敗して、評価もされずに干されるなんて！」

「は？」

「先輩だって、本当は悔しいでしょう？　新規事業に失敗して飛ばされて！　出世コースから外されて！」

「はあ？　いうわねえ」

「頑張ったって評価されない！　たくさん挑戦したら、たくさん失敗して当たり前なのに、認めてもらえない！　結果重視で『失敗』ってレッテルだけいつまでも残される！　こんな会社で誰が頑張れるんですか！　頑張っただけ損じゃないですか！　結局、会社っていわれることだけをおとなしくやってればいいってことですか！」

「あら。へえー」

「へえってなんですか？」

「私は、赤井さんっていわれた通りのことしかやらない、つまらない子だなーって思ってたんだけど。新規事業にかかわって成長したじゃない？　よかった、よかった」

「ええ？」

「会社の評価ってそんなに大事？」

「大事ですよ！　仕事したら評価してほしいです。当たり前です！」

「ああそう」

「逆に先輩はなんでそんな無頓着なんですか？」

「ええ？　うちの会社なんてもともと役職が少ないんだから、なれる人はそもそも限られてるじゃない。そんなの気にしたって仕方ないし。それに黒田君はあの役職に就くためにそれはまめに社内外で根回しだのゴマすりだの営業だの頑張ってるし。あんな不毛なこと、私には到底できない。役職より、私は好きなことだけしてるほうがいいかなあ」

「……割り切ってますね。先輩はそんな状況で、なぜそこまで仕事が好きになれるんですか?」

と春奈。

「私は私なりに会社を使ってるし」

「会社を使ってる?」

春奈はハッと矢弦の「会社人になるな、社会人たれ。会社はやりたいことをやるための乗り物や。会社を使うんや」との言葉を思い出す。

「私は会社のおかげで自分の好きなことができてるってとこがあるから。給料に不満があるわけでもないし、安定してるし、まあ多少のことをあきらめたら会社ってホントいいとこよ」と涼子。

「ええ……? あきらめっていわれても」

腑に落ちない風の春奈に、涼子はいった。

「そうだ。今から、行くとこあるんだけど、よければ来る? αテックと仕事したいっていうなら、なおのこといいかもしれないわよ?」


その半月後。

春奈たち新規事業チームは、社長たち役員の前でプロジェクトの進捗を報告することになっていた。

春奈たちはβシステムズのつくったサイトでプレゼンテーションを行うことになる。

「このホントにイケてないマッチングサイトですが……」

と春奈は、試作サイトの欠陥を赤裸々に報告する。

「フン。『イケてない』か。失敗を自ら認めるわけか。バカというか潔いというか」

黒田は、スクリーンに映し出されたマッチングサイトを見て、鼻で笑っている。

金原社長は、苦い顔でサイトを見ている。

灰田専務は、気配を消すようにして部屋の隅に居座っている。

「以上がβシステムズと作成したマッチングサイトの説明です」と春奈。

するとと黒田がいった。

「いやあ。これはひどいですね。βシステムズからも内々に話を聞いてましたが」

「βシステムズが悪いんですよ。あの会社と組んだことが本プロジェクトの失敗です」と春奈はいった。

その春奈の態度にカチンときた黒田が、

「なんだと？　自分の仕事に責任感をもてと先日もいっただろ！　他人のせいにするんじゃない！　βシステムズから泣きつかれたぞ！　おまえらの発注の仕方が悪いってな！　向こうは『ちゃんと相談してくれればいくらでも対応できたのに』と残念そうにいってたぞ」と怒鳴る。

「そうでしょうか？」と春奈はいった。

「なんだと？　なんだその責任感のなさと、いい加減な仕事ぶりは！　社長、このチームは一体、どうなってるんです？」と黒田は社長を見る。

「もういい」と社長は、呆れて春奈を見て、

「ただ君は、もう少し仕事に対して真摯に向き合うべきだ。システム部員だからといってパソコンに向かっていればいいってもんじゃないだろう？　会社にいる限り人と仕事をするわけだから『人を動かす』ってことを学ぶべきだ。人を動かすということはたしかに難しい。君はそれができていなかったことを素直に反省しなければならない」といった。

「はあ？？？」と、春奈が反論しかけると、

「まあまあ」と緑川がそれを抑える。

「でも！」と春奈。

「まだだ。反論すべきはここじゃないだろ？」と青木もそれを制する。

「……うう」と渋々黙る春奈。

「？」と不審げにそのやり取りを見ていた黒田が、「いずれにせよ、残念ながら本プロジェクトは失敗ってとこですかね？」と社長にいう。

「失敗か……」と不快な表情を浮かべて社長はいった。

そのとき、

「ちょっと待ってください。ここで、もうひとつのサイトをご紹介させてください」

と黄島がいい、青木と緑川が、別のサイトをスクリーンに映し出した。

「うん？」と社長と黒田。

「ではあらためまして、こちらの説明をしたいと思います」

春奈が姿勢を正して解説を続ける。

「もうひとつ、試作品をつくってみました。こちらは、非常にイケてるサイトです」

「なんだ?　どういうことだ?」と社長と黒田は、表示されたサイトを見る。

「これは、ユーザーとなる職人にも試しに見てもらいましたが非常に高い評価を受けました」

春奈はそのサイトの優れている点を次々に報告する。

「……いいじゃないか」と社長はサイトに見入っている。

「どういうことだ?　どうなってるんだ?」と黒田は落ち着かない様子。

隅で縮こまっていた灰田はキョトンとサイトを見ている。春奈たちからなにも聞かされていないのだ。

「これは、あるシステム会社と共同で試験的につくってみたサイトです。その会社というのが先日却下されたαテックです。同じ発注条件でしたが、作成期間も半月ほどで、βシステムズに依頼したときの八分の一のスピードで、このクオリティです」

「なんだと?」と黒田。

「αテック?」と社長。

「創業五年程度の会社ですが、非常にフットワークもよく、ものづくりに熱い会社です。βシステムズほどの老舗ではないので、信用はいただけないのかもしれませんが」

「社長が却下した会社を使ったというのか?」と黒田。

ヒヤヒヤして見ている灰田。

「事実、βシステムズは老舗で中堅かもしれませんが、本プロジェクトに関しては同社にしては金額の小さい仕事だったせいか、あまり積極的な対応をしてもらえず、数カ月ほど私たちは放置されてしまいました。それにβシステムズは、こちらの発注に対して、『そんな機能は聞いたことない』『こんなことに責任はもてない』とできない言い訳ばかりでした。なにも積極的な姿勢を見せなかったくせに、今になって『相談してくれたらよかったのに』ですって？　冗談じゃない。『相談してくれなかった、そっちが悪いんだ』って我々に責任を押しつけたいだけでしょ？」

「なんだと⁉」と黒田。

「βシステムズに信頼があるっていうのは、失敗しないからですか？　βシステムズが失敗しないのはこうして、失敗を恐れて動かないからだと思いますよ？　『失敗したら、こっちが責任を負わされる。損をする』とあの会社は、いちいちこちらが手取り足取り、細かい指示を与えないと動いてくれません。そのくせ、些細な修正指示にも、費用だけはしっかりとろうとします」

「なにをいうんだ！」と黒田はチラリと社長の顔色をうかがう。

社長はジッと話を聞いている。

「社長のおっしゃる通り、システム開発ってのは、パソコンに向かっていればいいってもんじゃありません！　どうやってこれをユーザーに役立ててもらうか、そのゴールに向かって、創意工夫を重ねるんです。当初の思惑通りにいかないことが多々あります。想定外のエラーがたくさん起きます。そのバグを何度も何度も検証しながら私たちは修正していくんです。新しいものをつくろうと思ったら、決して受け身でいてはうまくいきません。あれこれ議論も必要になります。なのにβシステムズの担当者たちはこちらがいうまでずーっと、ただのんき気に待ってるだけなんです。失敗したくないし、めんどくさいから動かない。そのくせ、文句やえらそうなうんちくや知識だけは無駄にひけらかす。ホント、βシステムズは使えないオッサン集団です！」

「おまえな！　口を慎め！」と黒田。

「一方、αテックは素晴らしいチームです！　フットワークが素晴らしい！　ビジョンを説明すれば、『こんなこともできる』『こういう機能はどうか？』と積極的に提案してくれました。見てください、このセンス！　ものづくりに対する姿勢がβシステムズとまったく違います。受け身で文句ばっかりのβシステムズに比べて、積極的に『いいものをつくろう』という熱い志と姿勢が、この結果に反映されています！　彼らからは決して『相談してくれたらよかったのに』なんてのん気なセリフも出てきません！　おかげで、たくさんの挑戦ができて私たちも多くを学んでいます」

「そんなものいいがかりだ！　なんでも後だしでつくったもののほうがうまく行くに決まってるだろ！」と黒田。

「……ふうむ」と社長はうなずいて聞いている。

ハラハラと灰田が様子をうかがっている。

黒田が慌てて、さらにいう。

「それに、勝手にαテックに頼むなんて！　それは情報漏洩じゃないのか！　新規事業という守秘すべき情報を他社に漏らしたんだ。由々しき問題だぞ！」

灰田がハッとして、固まっている。

「仕事としてお願いするつもりですが？」と春奈。

「会社はそんなこと認めてないだろ！　勝手に進めて事後報告で済むものか！　費用はどうす

るつもりだ！　そんな勝手なことに会社はカネを出さんぞ！」と黒田。

黄島が答える。

「勝手に進めて申し訳ございません。費用については、新規事業の開発費の一部をαテックでの試作品作成費に回しました。明細はこれから緑川君が配る資料にあります。αテックへの支払い費用は、実は、βシステムズに追加修正の費用として支払う予定のものでしたが、βシステムズへの追加修正依頼をいったん保留にし、αテックに試験的に依頼することにしました」

「なんだと⁉」と黒田。

資料を配り終えた緑川が、今後の費用の見積もりをスクリーンにも映し出す。

黄島が解説を続ける。

「もちろん、ここから進めるためには、別途費用がかかります。今後の見積もりは、ここに掲載した通りです。今後の維持費なども考えてみても、現状ではαテックのほうが有効だと思われます。勝手に進めたことは大変申し訳ないと思っています。ですが、我々のつくろうとしているものをつくるにはここの協力が必要だと思い、試すことが必要でした。今後はこのαテックと進めていきたいと思っています。いかがでしょうか？」

「おまえらは社長が、会社が決めたことに逆らう気か！」と激しく怒鳴る黒田。

「ふむ」と社長。

不安げな顔で見ている灰田。

「試行錯誤の結果、あらためて提案をしたいというまでです」と春奈。

「おまえは黙れ！　生意気な口きくな！」と黒田。

「……ふうむ。βシステムズがそういう結果ならば仕方がないな」と社長はいった。

「え?:」と黄島、春奈、緑川、青木は社長を見る。

「社長?:」と黒田。

「たしかにこれを見るとαテックのほうが費用対効果も高そうだ。すまなかったな。当初の君らの提案に反対したのは私の間違いだったかもしれない。悪かった」と社長。

「いいえ!:」と黄島。

「ありがとうございます!:」と春奈、青木、緑川もいう。

「社長! それでいいんですか? αテックなんてベンチャーごときに任せては、いつどうなるかわかりませんよ?:」と真っ赤になって食い下がる黒田。

「こうした結果を見せられたら断る理由がないじゃないか。とりあえず失敗したままに済ませるわけにはいかないからな」と笑みを見せる社長。

「社長! こんなものに騙されないでください! プレゼンなんて、やりようによって、どうにでもできるんです! こんなの必要以上に脚色してるに決まってる!:」と黒田は、春奈たちのプレゼンテーション資料を叩きつけた。

社長は、立ち上がって、スーツの襟を正した。

「進めてくれたまえ。予算も君らがいう通りに出そう」と社長。

「ありがとうございます!:」と黄島。

黄島や春奈たちが頭を下げようとすると、

「やあ、社長! ありがとうございます!:」と、隅にいた灰田が、意気揚々と歩み出てきた。

「は？」と春奈。

「ん？」と黄島たちも灰田を見る。

「いや、まあ新規事業というのは本当に一筋縄ではいかないものでしてねえ」

と灰田は、とうとうと語りながら、退出していく社長につきそうようにして出ていった。

「はあ!?　専務、なにもしてないよね？」と春奈。

「いたんだ。忘れてたよ」と黄島、青木、緑川も呆れて灰田を見送った。

プレゼンテーションを終えた新規事業チームの四人は会議室に残って次の作戦を練っている。

青木は、会議室を出る黒田から、「青木、後で話がある」と声をかけられたことに少し気が滅入っていた。

「大丈夫？　黒田部長、なんか文句いってきそうだけど」と春奈が尋ねるが、

「別に。大したことないよ」と答える青木。

「なんかあったらいってくれよ」と黄島もいう。

「ええ、大丈夫です」と青木。

「にしても、うまくいってよかったね」と緑川。

「ですね」と春奈。

「みんなよく頑張ったよ。赤井君がαテックと道筋をつけてくれたのも大きいし、緑川君の予算推計や青木君のプロジェクト遂行の段取りも素晴らしかった」と黄島。

「αテックとの道筋をつけられたのは、涼子先輩のおかげですけどね」と春奈はいう。

「結局、五人目の変態は、涼子先輩だったってこと?」と緑川が尋ねると、

「ええ。間違いない。涼子先輩は超変態ですから」と春奈は答えた。

春奈は半月前に、涼子に連れられて、涼子の通う社外交流会に参加した。

それはシステムエンジニアたちとの交流会で、定期的に都内の居酒屋に有志が集まって親睦会を開いているそうだ。その日はαテックの若い取締役も参加していた。

『認めてくれない』とか『理解してくれない』とか周りに期待しないで、さっさとつくりたいものをつくっちゃえばいいのよ」との涼子の後押しもあって、その場でαテックとの試作品づくりの話が進んだのだった。

「既成事実をさっさとつくれっていったのも先輩です。会社で了承をいちいちとってたらなにもできないって。涼子先輩は、まあ、ホント好きにやってるんだって、そのときよくわかりました」と春奈は緑川たちに語る。

涼子の人脈は豊かだ。

社外のシステムエンジニアとの交流会を通じて、無理なく自己研鑽をしたり、困ったときは仲間から知恵を借りたりするため、会社での仕事も自然とうまくいくようだ。

そのうえ、会社の名刺を使って会いたい建築デザイナーや職人に会ったりもするのだという。

そのおかげで格安で家のリフォームができたとも聞く。

また、それらの人脈や、かつて編集にいたこと、現在システムエンジニアであることなども存分に活かして、WEBライターの副業で月に十数万稼いでいるらしい。

「ホントに楽しそうなんですよ。あの人、基本的に『ものづくり』が好きで、システムの仕事

が自分の性にあってるっていってて。そういいつつ今じゃライティングもやってるわけだし。好きなことをかなり欲張ってやってんですよね」と春奈は素直に羨ましくなったのだった。

「そりゃ、頼もしい」と緑川もいった。

「なるほどな。桃色変態の桃瀬さんは、『ヒューマンキャピタル』という意味でも、『ソーシャルキャピタル』という意味でも、重要な存在だね」と黄島。

「ちょっとなにいってるか、わかんないんですけど？」と春奈。

「同じく。てか、戦隊シリーズにこだわりますね」と緑川。

「戦隊はともかく、とりあえず、その『ヒューマンキャピタル』『ソーシャルキャピタル』ってなんですか？」と春奈。

「『ヒューマンキャピタル』は、知識やスキルといった個人の能力を資本ととらえることだ。それに対して、『ソーシャルキャピタル』は、人と人とのつながり、信頼関係やネットワークを資本と考えるんだ。「なにを知っているか」よりも「誰を知っているか」がより重要になってくるんだ。イノベーションを推進するにはこの両方が大切だって」

「へえ。なるほど。たしかに涼子先輩は、スキルもあるし、社内外にネットワークもありますし」

「すごいね」と緑川。

「……会社からの評価は低いけど」と春奈。

「でもそこは、本人は割り切ってるわけだ」と緑川。

「そう。涼子先輩は、『会社員だからこそ、リスクも少なく、会社の力も借りて好きにやれるのよ。評価なんて気にしなければ会社っていいものよ』とかいってるけど」と春奈。

「そういえば、前の会社で新規事業をしていたとき、矢弦さんにいわれたけどな。『新規事業において、ショートタームで利益を出すのは無理な話。むしろ良質な失敗をたくさんするべき、そしてそれを成功につなげるべきだ。また、会社は、ファイナンシャルリターンだけでなく、ヒューマンキャピタルやソーシャルキャピタルなどのお金では換算できない価値で、新しい挑戦を評価すべきだ』ってね。会社もそういう評価ができるようになれば、桃瀬さんみたいな人も正当な評価を受けられるんだろうね」

「なるほど。そっか。……にしても」と春奈。

「なに?」と黄島。

「あのなにも専務の、なにもしないでうまくいったときだけ乗っかってくる感じが。やっぱり妙に腹立ちます!」と春奈。

「ホントにあの専務、どうかしてるよね」と緑川もいう。

「まあさ。せっかく楽しくやろうっていうんだから、ああいうのは極力気にしないことだよ」と黄島。

「でも上司なら本来、部下が困ってるときは助けてくれて、部下が頑張ったときはちゃんと評価してくれるもんじゃないんですか。あの人、部下が困ってるときは気配を消して、部下が成功したときは自分の成果だとしゃしゃり出て」と春奈。

「俗に『手柄は上司のもの、失敗は部下の責任』っていうからな」と青木が淡々と口を挟んだ。

「……相変わらず冷めてるね。まあ否定はできないけど」と緑川。

「なにそれ⁉　おかしいじゃない！」と春奈。

「まあまあ。この仕事に限らず『あいつはなにもしない』『成果だけもっていきやがって』なんてこと、よくあるんだけど、気にしたってプラスになることはないよ。基本『相手に期待しないこと』だ」と黄島。

「相手に期待しない？」と春奈。

「こうあってほしいとか、こうして欲しいとか期待するから腹が立つんだよ」

「えー？」

「人は変えられないからね。こう変わってほしい、認めてほしい、と相手に望むからいざこざが起きるんだ。だから、『**期待しない。自分のやるべきことをやるまでだ**』って。まあこれも矢弦さんの受け売りなんだけど」

「ええー。ちぇっ。そんなにすぐに割り切れない」と地団太を踏む春奈。

「残念な上司をもったもんだなー」と同じく不満げにいう緑川だった。

一歩の「にこにこ弁当」の週末は、平日とは別の忙しさがある。

毎週土曜は、オヤカタのYouTube用に、子ども向けの料理イベントを開くのだ。目下、オヤカタのYouTubeは絶好調だ。

だが、そのテーマは当初想定していた「巨大メシ」でなくて、今は、オヤカタが「野菜王子」として、旬の野菜を紹介し、調理をするというものになっている。

というのも、当初は、巨大料理をつくり、オヤカタの大食い企画をしたいという欲求を満たしながらも、残りのご飯をみんなでシェアする、という趣旨だったのだが、途中でオヤカタの考えが変わり、別の企画になったのだ。

一歩とオヤカタは、幸代の協力のもと、一度は、巨大な野菜ピザを焼き上げた。見栄えもよく、これをオヤカタが大食いしつつ、ギャラリーに浩太や昇太やオヤカタの友人たちを呼んで食べる予定だった。

「え？ これ、健康にもいいの？」と、そのときオヤカタは、はじめてつくった料理を、会心の出来だといわんばかりに満足そうにじっくり眺めていた。

そしてしばらく考えていたかと思うと、「……お母さんに食べさせたいな」とオヤカタはつぶやいたのだった。

それを聞いて一歩と幸代は、「いいんじゃない？」と、急遽、オヤカタの母親を店に招くことにした。

巨大メシの第一回目は、そうして、オヤカタの大食いでなく、オヤカタのお母さんや、浩太や昇太やみんなを招いて、和気あいあいと仲良くシェアをする会に終わったのだった。

それ以来、オヤカタのクッキングの目的が変わってしまったのだ。

「再生数を稼げないかもしれないけど、大食いと巨大メシをやめて、お母さんの身体にいい料理をつくりたい」とオヤカタはいい出した。

オヤカタの母親はシングルマザーでいつも忙しいうえ、食生活が偏りがちでオヤカタ同様ぽっちゃりしている。そして、高血圧で脂質異常症だそうだ。オヤカタはそんな母親のことが大好きなのだが、ときどきしんどそうにしている姿が心配なのだ。

そして、オヤカタは、「お母さんのために晩御飯をつくる」チャンネルを開設した。そこでは、オヤカタが、材料も自分で買ってきて、料理をつくるのだ。レシピは一歩や幸代が考え、動画を見た子どもが真似てつくる際の安全を考えて、極力火を使わず電子レンジで調理ができるように工夫をしたりもした。

材料を切り間違えたり、焼きすぎたり煮すぎたり、見栄えが悪かったり、毎回、ハプニングが起こるが、それが好評で、順調に視聴者を増やしている。

オヤカタにも大きな変化が起きた。料理をつくるようになってオヤカタは、好き嫌いのわがままをいわないで食べるようになったし、「これなんていう野菜?」と素材に興味をもつようにもなった。あれほどぽっちゃりしていた体形もだいぶ健康体になってきている。

一歩は、オヤカタの変化に驚き、「これが食育ってやつかもしれない」と感動した。

その後も、「にこにこ弁当」でオヤカタのYouTube番組を支えるうちに、オヤカタは野菜料理にくわしい「野菜王子」と称するまでになった。

オヤカタが、旬の野菜を紹介して調理をし、お母さんやオヤカタの仲間たちに料理を振る舞うことになっている。

これが、子どもたちや保護者たちに好評で、あるときなどは、地方紙の取材も来た。それをきっかけに、さらに反響を呼び、最近は協力したいといってくれる農家もあって、子どもたちが、自ら野菜の収穫を手伝って調理をするというイベントができるまでになっている。

おかげで「にこにこ弁当」の評判も上がり、注文は受けきれないほどに増えていた。

それよりもなによりも一歩は「自分は、人が集まる場所をつくりたいのだ」と自覚した。

「俺、やろうかな。子どもたちの集まる『子どもカフェ』を本当につくろうかな」と一歩はますます士気を高めていた。


同じ頃、現代建築社では、青木が広告営業部に戻ると、黒田が待ち構えていた。

「青木、ちょっと来い」と黒田は青木を会議室に連れて行った。

ウンザリと座る青木を見据えて、

「まずいだろ、あれは。非常にまずい。おまえならわかるよな？」と黒田はいった。

「いえ……なにがですか」と、青木は答えた。

「βシステムズを解約するって話だよ。今さらそういうわけにもいかないだろ」

「どうしてですか？　βシステムズの試作サイトに対する支払いは済んでいますし、これ以上追加修正をしないというだけのことです。契約上も特に問題ありません」

「そういう問題じゃないだろ！　向こうのメンツもあるっていってんだ！　こっちの信用にもかかわる！　βシステムズはうちに広告だって入れてるんだぞ！」と黒田。

「……それはそれ、とおっしゃってたのは部長じゃないですか」

黄島が、事前に、βシステムズを使うことに関して、「取引先のしがらみを新規事業に持ち込むことは避けたい。なにかと制約が生じるのは困る」と会社に対して念を押していたのだ。それに対して黒田は「βシステムズは、つき合いがあるといっても、そうした配慮はいらない。新規事業は新規事業として、広告は広告として適正に取引をすればいいだけのことだ」と社長の前で答えていた。

「実際はそうは済まないことは、おまえだってここにいればわかるだろ！　わかっているくせにわからないふりするんじゃねえ！」と黒田はガンッと椅子を蹴飛ばした。

「……」と青木は黙り込んで考えていた。

βシステムズを推したあんたが悪いんじゃないか！

向こうのメンツが立たないんじゃなくてあんたのメンツが立たないだけだろ！

βシステムズに便宜を図ったつもりでいたのが、中倒れになったんだからな！

βシステムズの仕事ぶりが悪いんだから、解約が当然じゃないか！

それで広告がとれなくなるって今さらいわれても知ったことか！

青木がそんなことを考えていると黒田が怒鳴った。

「どうなんだよ！」

青木は小さくため息をついた。

赤井春奈なら、自分が今考えたようなことを、相手が上司でも誰であってもかまわずそのまま口に出すんだろうな。

自分は、つい空気を読んで、先を読んで、もめるのもめんどくさいと思って、言葉を飲み込んでしまう。

声の大きいもの、力の強いものにしたがってうまくやり過ごすのが得策だと思って、上司の望む通りについ動いてしまう。一から十までいわれなくても、自分には動ける能力がある。そこに自分の存在意義を見出していたくらいだ。

でもそれじゃダメなんだ。

兵隊から卒業できない。

会社人になるな、社会人たれ。

「おまえには、ガッカリだな」と黒田はいった。

「そうですか」

「そうですか？　なんだその態度は！」と怒鳴る黒田。

「私には、黒田部長のおっしゃる意味がまったくわかりません」と青木。

「はあ？　なんだと？」

「失礼します」

「待て！　話は終わってない！」

止める黒田を無視して、青木は会議室を出ていった。

席に戻ると、黒田もほどなくして戻ってきた。

「おい、一ノ瀬、二ノ宮、三田村、今日の夜、開けておけ」

と黒田は青木をにらみつけながら部員に声をかけた。

「……」と青木は黙って席に着いた。

おそらく、自分にとってよくないことが、その飲み会で話されるんだろう。

青木には、黒田が同僚たちに「青木という男は、まったく無能で使えない奴だ」と散々にこき下ろしているところが容易に想像できた。

だが、同僚たちの反応は違っていた。

「あ、すみません、今日、得意先から声かけられてて」

「すみません、僕も、嫁が体調崩してて、子どもの面倒見なきゃならなくて」

「すみません、自分も受けたいセミナーがあって」

と次々に黒田の誘いを断り出した。

「なんだ？　じゃあ四ツ谷は？」

「あ、すみません、俺もちょっと、明日のプレゼン資料がまだできてなくて」

「なんだ、そろいもそろって！　もういい！」

黒田は不機嫌そうに席を立って出ていった。

「？　今日はみなさん、忙しいんですね」と青木が隣の一ノ瀬に尋ねると、

「そうじゃない。みんな行きたくないだけだ。黒田部長との飲み会に。どうせβシステムズの件をおまえが潰したって文句を聞かされるだけだろ？　で、おまえをつまはじきにするための姑息な手段を聞かされるんだ」

「そうだよ、バカバカしくて時間がもったいない」

「おまえが飲みにいきたいならつき合ってやってもいいぞ？　黒田をやり込めた武勇伝なら聞いてみたいからな」

と一ノ瀬や二ノ宮たちはニヤニヤといった。

「あ、そういうことですか？」

青木は安堵して笑う。

「それより、今週末の練習場所決まったから。あとでメールする!」と三田村がいい、「あ、了解です!」と青木は答えた。

青木は近頃、この同僚たちと地元の草野球チームに参加している。

青木はあの後も何度か「カフェ・カオス」を訪れて、矢弦から「人を巻き込め。仲間をつくれ」といわれていた。それで好きなことでつながるコミュニティに積極的に参加することにしたのだ。草野球チームもそのひとつだ。それが思わぬ功を奏したらしい。仲間がいると思えば仕事も心強い。

漫然と仕事をするな。
社会の役に立っているか?
目的はあるか?
仕事は好きか?
恥をかけ、
汗をかけ、
同士をつくるんや。

青木は矢弦からかけられた言葉を思い出していた。

そして、「面白くなってきたな」と自然と気持ちが明るくなっていた。

解説

ムーブメント・モメンタムを創ろう 起業のリーダーシップとは追随する勇気

起業には、人を惹きつけ、巻き込むことが重要です。

起業のアイデアの規模が大きければ大きいほど、その事業化は、起業家ひとりの手では難しいからです。無の状態から新しくムーブメントを生むにはエネルギーがいります。そういうときこそ、人と人がつながることでより大きなモメンタム（推進力）を生み出すことが有効になります。

いかに多くの人を惹きつけるか、巻き込めるかが事業立ち上げの成功要因となります。

これこそ、起業においての最も重要なリーダーシップの本質です。

良いリーダーとは？

良いリーダーの資質とはなにか？

尊敬されるリーダーの条件をあげてみると、多くの場合、特殊な知識の質や量、優れた知性・技能というよりもむしろ、ピープル・スキル、すなわち対人折衝力、人を思いやる心や態度、誠意、人間的な温かさ、などといった、人間性に起因するものが多く見受けられます。

端的にいうと、ＩＱ（知能指数）よりもＥＱ（感情指数）が重視されるのです。

ＥＱは心の知能指数とも呼ばれてきました。いかに自分や他人の感情を理解し活用できるか。

ＥＱが高い人は、自分と社会の両方に対する自覚意識が高く、自分自身を律することや、他人との関係を制御することに優れています。

そのため、人と感情レベルで結びつき、目的を統合し、進むべく方向に勢いをつけることに適しています。これこそ潮流づくりに欠かせない要素、まさにムーブメント・モメンタムを創り出す資質といえます。

起業的リーダーシップとはフォロワーシップ

実際に、ムーブメント・モメンタムはどのようにして形成されるのか？ 本文で、「裸で踊る男」の動画について紹介しました。

最初に、こっけいに踊るひとりの男がいる。

そしてそれに追随する、最初のフォロワーが現れる。

さらに、そのフォロワーに刺激され、続々と多くのフォロワーが生まれる。

踊らないほうがもったいない、といった潮流が起こる。

このように、ムーブメント・モメンタムを生むにはまず、バカを承知でも表に飛び出すリーダーが必要となります。次に、この奇妙な振る舞いをするリーダーに追随するフォロワーが不可欠となります。

そしてこの勇気ある最初のフォロワーこそが、次なるフォロワーを誘発し、潮流を生むのです。

Leadership is over-glorified. Have the courage to follow, then make it simple and easy to allow for more followers to join, if you really care!
リーダーという立場は美化されすぎている。リーダーが勇気をもってフォローすれば、多くのフォロワーが生まれ、潮流ができる。

我々は無意識のうちに、「リーダーこそが唯一完全な存在である」と教育されています。たしかにチームにリーダーは必要です。しかし、起業という状況では、リーダーよりもむしろフォロワーの役割が重要になります。フォロワーなしでは潮流は起こらないからです。

いかにして一風変わった発明者をフォローし、さらにフォロワーを増やすことができるか。それこそが最大のカギとなります。

起業的リーダーシップとは、フォロワーシップであったりするのです。

大切なのは最初の火種と火付け役

この現象はイノベーションにも似ています。

革新技術のインベンターは、多くの場合、発明時点で変人扱いされるものです。

しかし、真のイノベーションは、その後汎用性が高まり、一気に世間一般に普及します。その時点では、もはやそれを知らないことのほうが恥ずかしくなります。

非常識が常識にとって代わるのです。

「こんなことやるの?」から「これ知らないの?」に、変化するのです。起業におけるムーブメント・モメンタムの創造とは、真のイノベーション同様、「当たり前」という価値観をつくり出すことなのです。

EQというコンセプト自体、空気を読むことに普段慣れ親しんでいる日本人が得意とする分野かもしれません。

自分を律し、他人の呼吸を感じながら最適な言動を起こす。大変気をつかう作業です。日常生活や業務をするうえで、おそらく日本人ほど、他人に気をつかう国民はいないのではないでしょうか。

長所か短所かは別として、これはチャンスです。潮流を生むのに適した人材が多いということです。

問題は最初の火種と火付け役。みなの前で一風変わったことをできる人間が出てくること。その一風変わった人物に対して勇気をもってフォローすることです。

おそらくそこからフォロワーを「増やす」という作業は心配無用でしょう。いったん火がつくととてつもなく増加する日本での商品・サービスの成長傾向は、歴史的に見て明らかです。

大きな潮流がいくらでも生み出せる環境が整っています。

恥ずかしがらないで、変わったことでもなんでも、自分が信念をもって取り組んでいることを、みんなの前でやってみよう。

自信をもって披露してみよう。

あるいは勇気をもって変わったヒト・モノをフォローしよう。

人と感情レベルでコネクトしよう。

ムーブメントはそこから始まる。一点突破すればフォロワーは必ず増える。モメンタムも加速するのです。

第十三章　世界を変える日本の女性リーダーたち

「日本女性の特徴は、細やかで粘り強いところ。そして知識も実力もある。それなのにあまりに控えめで行動を起こせていない。それは大変もったいないことです。決して『教養ある傍観者』にならないでください。日本社会に変革を起こすリーダーとなり、ぜひその夢や目標を実行に移してください」

ＹＮＬＩ（Yamato Nadeshiko's Leadership Initiative）の代表で女性慈善事業家である大和《やまと》薫《かおる》は、みなへのエールとして笑顔でそういった。

そこは、アメリカのボストン市内のとあるミーティングルーム。日本から到着したばかりの美月、佐枝子《さえこ》、アズサ、夕貴《ゆうき》の日本人女性四人が耳を傾けていた。

ＹＮＬＩとは、「社会に変革をもたらす日本人女性リーダーを育成・支援する」という目的で、ボストン在住の薫代表が、日本人女性に向けて二十年ほど前に立ち上げた研修フェローシップだ。

現在はバブソン大学との連携のもと、その支援プログラムが運営されている。

美月たちは、目下、そのＹＮＬＩのメインでもある四週間のボストンプログラムに、フェロー（参加者）として、参加しているところだ。

薫代表は、日本からアメリカに移り住み、長きにわたり発展途上国や移民、低所得者の支援などの社会貢献活動を続けてきたとあって、快活でバイタリティにあふれている。美月などは、薫そのものからエネルギーを与えられている気がするほどだ。

「お金中心で物事がうまくいっていたのはふた昔前の話です。今やそれは時代遅れでやってはいけないことと思います。世界中が不安定な中、今こそ女性の底力を発揮するときです。日本ではまだ残念ながら、女性、子ども、お年寄り、また、メンタルやフィジカルにハンディキャップのある方たちの権利が、置き去りになっています。そうした日本という国の弱い立場の暮らしを、今までは、さまざまに女性たちが『縁の下の力持ち』として支援してきました。ですが、もはや『縁の下の力持ち』でいてはならないのです。社会に良い変革をもたらす『女性リーダー』として、より良い世界を築いていってください」

薫代表のその言葉が、美月らフェローたちの心に響いた。

フェローたちは、このボストンの地で、これから実地研修を受け、今後、日本の女性リーダーとなることを期待されているのだ。

彼女たちは、年齢も、それぞれに解決したい課題も、バラバラだ。三十代のジャーナリストのアズサは、ＤＶ被害者の支援活動をしている。四十代の佐枝子は、ＮＰＯの代表で、長年、貧困家庭、中卒・高卒の若者たちの就職支援をしている。美月より少し年上の三十歳でエンジニアの夕貴《ゆうき》は、ＡＩで学習障害の子どもたちの教育支援をしようとしている。そして、美月は、化学物質過敏症を抱える人たちの支援活動をしたいと思っている。四人は、年に二回実施されるＹＮＬＩの参加者募集の機会に、数十名の応募者の中から選ばれたメンバーだ。

彼女らは、これから「四週間のボストン研修」で、リーダーとなるための実地研修を受けるとともに、自身が実現したい日本社会のイノベーションについて、そのアクションプランを磨き上げていくことになっている。

薫代表の挨拶が終わった。

「……これから四週間、楽しみというかドキドキするね」

とアズサや美月らが会話していると、そばに控えていたスタッフの綾音《あやね》も声をかけた。

「しっかりリーダーとしての自信やスキル、知識を身につけていってくださいね！」

綾音は、まだ三十代そこそこの溌剌《はつらつ》とした女性で、ともすると美月らと同じフェローかと見まがってしまうが、実はこのＹＮＬＩのプログラムマネージャーとして、フェローをサポートしているのだ。

美月たちはあらためて、事前に配布されていたスケジュールを眺める。研修の主な内容は、次のようなものだ。

①ＹＮＬＩのエグゼクティブ・コーチでもあるバブソン大学の矢弦恭一教授からコーチングを受け、実現したいプランを立案し、起業家的マインドセットや行動法則について学んでいく。
②ボストン地域で実際に成功しているＮＰＯや社会起業家やインキュベーターのもとを訪れ、

実地で組織運営やファンドレイジングの手法を学ぶ。

③バブソン大学で、女性向けに特化された五日間の「女性リーダー育成コース」を受講する。

ちなみに、それぞれのメンバーが構築するアクションプランは、矢弦からコーチングを受けるだけでなく、訪問先でもそのつど、ピッチで披露することになっている。現場のプロフェッショナルから直々にフィードバックを受けブラッシュアップをしていくのだ。そうしてプランをしっかり練り上げて、日本に帰国した後は、研修生ひとりひとりにメンターがつけられ、二年のうちに日本社会でそのプランを実現していくことになっている。

ＹＮＬＩというのは、そうして手厚く、日本社会をより良く変える女性たちを、エンパワーしているのだ。

「ようこそ、ボストンへ！　ここでのプログラムや、最先端の成功事例から、リーダーとしての自信や自覚を身につけ、ぜひ自分たちのビジョンの実現に向けて、行動を起こしていってほしい」

翌日には、早速、本プログラムのエグゼクティブ・コーチであるバブソン大学の矢弦教授から、オリエンテーションがあった。

「みなさんがやろうとしている社会変革では、いきなり大きく世界を変えるような偉業を果たすのは難しい。それよりも、ひとりひとりが少しずつ行動を起こして、失敗から学んで状況を変えていく。そうしたことを、どんどん積み重ねていく。いわば、小さな一歩を繰り返し、動き続けるんや」

美月たちはうなずいて聞いている。

「『これはおかしい』『これはこうしたほうがいい』、みなさんは、いろんな不条理・不公平を目にし、自分の心が動いたことを見逃さずに、しっかりとつかんできたのだと思う。次は、小さな一歩を踏み出す。とにかく、より良い方向に小さく動いてみる。そうしてまずは小さなさざ波を起こす。そうして起こしたさざ波が、次第に他のさざ波と交わって、大きな潮流になっていくんや。自分たちの気づきで踏み出した一歩が、より良い世界をつくり上げていくことになるんや。世界に大きな変革を起こす前に、まず動いてみる。Change the World の前に、Change Your World。まずは自分に近いところから変えていこう。そうすれば世界も変わる」

矢弦はいった。

「**Change the Worldの前に、Change Your World**」

美月はつぶやいた。

「とにかく大切なのは『行動すること』。この不確かな世界で活躍していくにあたり、一番ロジカルな手段は『行動すること』や。失敗を恐れず、行動する。そして行動とともに大切なのが学び。行動を起こしたら必ず振り返る。なにも学ばず、なにも改善せず、なんてことになれば、起こしたアクション自体の意味がなくなりかねない。学びの質を高めることができるかどうかが成功のカギを握る。行動、そして学習、改善、その繰り返し。それで世界を変えていこう！」

「はい！」

美月、アズサらは一気にやる気に満ちてきた。

本プログラムは、その手厚さゆえにスケジュール的にも、とてもハードだ。

矢弦からのコーチングを受けた後、美月たちは、早速、ボストン地域で実際に成功しているNPOや社会起業家のもとを訪れる。訪問先は、ホームレスや低所得の女性のための支援機関、公衆衛生の非営利組織、エネルギー・環境問題の起業家など、実にさまざまだ。

それらの場所で、美月らは、実地で組織運営や資金調達の手法やさまざまなことを吸収していくのだ。

そして、それは連日、朝から晩まで続く。

おのおの現場で、自分のプランについてピッチをするのが特に ハードな行程だ。

「……死にそう！」と、みなの前でAIでの学習支援事業のピッチをしていた夕貴が、ピッチを終え、涙ぐんで、美月たちフェローのもとへ戻ってきた。「わかる、わかる」「私もおんなじ」とみな口々に夕貴を励ました。

現場のプロから直々にフィードバックを得られるのは、自分たちのプランをブラッシュアップするのに、これ以上にない恵まれた機会といえるのだが、長年の経験に裏打ちされた彼らのフィードバックは、とても厳しい。時に、辛辣すぎる批評を受けて、自分の無力さやプレッシャーや悔しさに苛まれて、泣きそうになったり本当に泣いてしまったりもする。研修生にとっては、とても身になるが本当にハードだ。

連日、そうして目まぐるしく、美月たちはボストンの非営利組織の経営や運営のベストプラクティスを学び続けた。

慌ただしく日々が過ぎ、三週目に入ると、今度は、バブソン大学で、女性向けに特化された五日間の「女性リーダー育成コース」を受講することになっていた。

そこでは、アメリカ各地から集まった女性リーダーたちと、Women's Leadership Programを受講するのだ。

「男子禁制やねん」と矢弦もいっていた通り、全員女性という環境の中で、コーチングやプレゼンテーションなどの実用的なスキルを学ぶとともに、それらの女性リーダーたちと、自分たちそれぞれの課題や悩み、葛藤をシェアした。そうすることで、美月たちは、自分たちひとりひとり、誰もが才能に満ちあふれていて、その強みを解放していくことが大切なのだと学び、自信を得ていった。


連日、女性リーダーとなるべく邁進するメンバーだが、あまりのハードさに「大変なところに来てしまった……！」と思うときもある。

ある夜など、ホテルで、まだ寝るわけにはいかないと、「うわー。もう……無理！」といいながらみんなで必死にピッチを見直したり、相談し合ったりしているところに、薫代表と綾音が現れて、ほがらかに発破をかけてくれた。

「大丈夫よ、みなさん。まだ笑顔が見えるもの。まだまだ頑張れる！」と明るく励ます代表に「まだまだですか!?」と美月たちは悲鳴をあげながらも、結局のところ、誰もくじけたりはしない。

そこに貴重な学びがあると実感しているからだ。

「まあまあ。でもちょっと休憩しましょうよ！」と綾音が、みんなにコーヒーを差し入れてくれた。

美月たちはつかの間のリラックスタイムを楽しみ、話に花を咲かせる。

美月は、日本の被災地の支援活動もしているという薫に、

「どうして、代表はそう日本への社会貢献活動に熱心なんですか?」と聞いてみた。

「これはみなさんと同じかもしれないけれど、『自分の居場所』を探してるのだと思うわ」と薫はいった。

「世の中には、自分自身や家族に問題を抱え、そのトラウマを乗り越えるべく、自分やその家族、友人たちを救おうと活動している人がいる。そうした人は結局、そうした活動を通して、自分の居場所を探しているのだと思うのね。そうして自分の居場所を探していることが自然と社会貢献活動につながっている。私もそう。ボストンで仕事や家庭を築いてきたけど、やっぱり生まれ故郷の日本に熱い思いがあるのね。だからだと思う」

「……自分の居場所を探している。たしかに」

美月はその言葉にハッとした。

「それはそうかもしれませんね」とアズサや佐枝子、夕貴もうなずいている。

「私が、中卒・高卒の子どもたちの就職支援をするのも、やっぱり自分も貧困家庭で、貧困で学べない、就職もできない、ワーキングプアに陥ってしまう、というループから抜け出せない、そんな社会に対してやるせない、と思っていたから。息子が同じ目にあうのは辛い。なら、変えればいいんだ、自分で、と。そう、息子のためであり、自分のトラウマの克服であり、自分の居場所はここ! という気がします」と佐枝子。

美月も、自身は過敏症ではないが、幼い頃、身体が弱く匂いや音に敏感だったことがある。他人に理解してもらえず、環境も改善せず、生きづらさを抱えていたことがあった。その後、その体質を乗り越えたが、仕事で化学物質過敏症の患者たちに遭遇し、かつての自分のトラウマを重ね「自分がやる課題」だと運命的に思ったのだった。

「この分野に、シングルマザーが多い気がするのもそういうことですかねえ。実際、自分事として、社会問題にぶち当たる人が多いというか」と自身もシングルマザーのアズサがいった。

「当事者感が強くなりますよね。いろいろハンデがあって」と学習障害の子をもつ夕貴がいった。夕貴もまたシングルマザーだ。

「なるほど」と美月はうなずいた。

「当事者感といえばさあ……。飛行機で聞いた美月さんの元カレの話、面白かったんだけど」と夕貴。

「ええ？　なになに？」とアズサ。

「いやいやここではいいです。恥ずかしいんで」と美月。

「いってよ。面白いから」と夕貴。

「ええ？　私も聞きたい！」と綾音。

「……いえ、実はここに来る前、家に泥棒が入ったかと思って」と美月は話し出した。

「泥棒？」と女性たちは驚いた。

美月がある日仕事から戻ると、家の中が信じられないくらいに散らかっていた。なぜか化粧品のキャップも空いていて、洗濯物もあさられた跡があった。

「変態が入ったんだと思って……」と通報しかけてハタと気がついた。

犯人は自分だ、と。

「ええ？　どういうこと？」とアズサ。

「私、レポートとか、調査に夢中になると、いろんなことを後回しにするんですよね。でも今までこんなにひどくなることはなかったっていうか」と美月。

「その理由が、ね」とクスクス笑っている夕貴。

「おそらく、彼氏がたまに家にいたからだと思うんですよ。私が開けっ放しにした化粧品のキャップ、出しっぱなしの調味料、彼がなんとなく習慣でつどつど片づけてたんだと思うんですよ。……お恥ずかしい」

「えええええ、美月さん、ひどい！　てか、彼氏もまめ！　よく怒らないね！」

「……どう思われてたのかなあって。あーあ」とため息をつく美月。

「そう。家事に当事者感のある男を逃したのは残念だねーって。なかなかいないよお。男の人でそんな」と笑う夕貴。

「たしかにねえ」とアズサ。

「そんなことといわれつつ、傷口に塩を塗られてここに来ました」と美月。

「おかしい！」と笑う女性たち。

「ごめんごめん。傷つけて」と謝りつつも笑ってしまう夕貴。

「きっとまたいい人見つかるわよ。私なんて結婚三度目だし」と佐枝子。

「ですかねー」と美月。

「え、だって、今日も、美月さん、バブソン大学で、シュッとした男の人に話しかけられてたじゃん。あれ、誰?」と夕貴。

「そうねそうね。まだ聞いてなかったわ」と佐枝子。

「違います違います、単に知り合いです。あのカフェ・カオスでちょっと会ったことがあるっていうだけで」

「独身? 独身?」とアズサ。

「知りませーん」と美月。

「チャンスは、つかんでいかないと〜」と綾音もいった。

「もう……だから違いますって」

と美月は、日中、バブソン大学で、隼人に会ったときのことを思い出していた。


その日の昼。バブソン大学で、女性向けプログラムを受けた後、みんなで次の訪問先に移動しようと、カフェテリアのそばを通っていた美月は、見覚えのある日本人男性に声をかけられたのだ。

「あのー。もしかして、『カフェ・カオス』にいた?」

と、その男性、隼人はいった。

美月も彼のことを覚えていた。「カフェ・カオス」で一歩に別れ話をしたときにそばにいたコンサル風の男性だ。一歩と親しい友人のように見えたが、美月の知らない顔だった。

「なぜ、ここに？　君も留学してたんだ？」

と隼人がいうので、「え？」と美月はＹＮＬＩの説明をした。

「ＹＮＬＩ？　そうなんだ。四週間、へえ〜、そんなのあるの知らなかった」

と隼人はうなずいていた。

気づくと、佐枝子たち三人は美月に手を振って「先に行って待ってるね！」と気を利かせたふうに去っていった。

「偶然だなあ。一歩もここに来てたんだ。昨日、帰ったけど」

「え？　一歩がここに？　どうして？」

驚いて、今度は美月が尋ねた。

「俺が呼んだの。遊びに来いって。あ、なに？　気になる？」

「……いえ、別に。そういうわけじゃないですけど」

正直、気にならないわけでもないが、別れようといったのはこちらだし、その後追いかけても来ない、ちょっと連絡を拒否したくらいですぐに連絡をあきらめるような一歩に、いつまでもこだわっていると思われたくない。

「そっか」

隼人が、一歩のことを勝手に話してくれるなら聞かないでもないけど、と美月は思ったが、隼人は特にくわしく話す気もないらしい。美月はちょっとガッカリした。

だが、隼人にしても、会ったばかりの美月に、立ち入ったことはいいにくいだろうし、高みを目指しているインテリは他人のことにさほど興味もないだろうし、「なんで別れたの？」なんて

下世話なこと、聞いたりもしないんだろうな、と美月が思っていると、

「ところで、なんで別れたの？　あんたたち」

と隼人はいった。

「え？　聞くんだ。それ」

「最近、知りたいことは単刀直入に聞くようにしてんだ。ピッチで習慣づいてない？　Call To Action. 要望は明確に。結局、なんで別れたのか、一歩のほうもよくわかってないみたいだしさ」

「なんでっていわれても……いろいろです」

そんなに簡単に説明できる気がしない。

だいたい、自分でもこれでよかったのかよくわかっていないし。

「倒産も起業もなにも説明してなかったから？」

「それも……あるかも」

美月は、「カフェ・カオス」で、一歩が、こちらの不安をよそに、元気そうに、楽し気に隼人と話していたことを思い出して少し腹が立った。私のことなんてどうでもいいのね、とイラッとした。

美月を目前にして、一歩は突然のことで慌てふためいたようになった。

美月が倒産のことを尋ねると、「まあ、いっても、仕方ないかなって思って」とのん気にいっていたことも気に食わない。なにか私に手伝えることがあるかと尋ねると、「ない。なーんにもないよ。俺のことなんて、心配しなくていいから！」と突っぱねたこともムカつく。

私なんて、必要ないってことね。

一歩のそばに、私の居場所なんてない。

と、美月は怒りにまかせ、別れるといってしまった。で、一歩は追いかけてこなかった。それだけのことだ。

そうしたことを思い返していると、

「一歩が連絡とれないっていってたけど？」

目前の隼人がいった。

「……私も忙しくって」

「そうなんだ。そうだよな」

「ええ、まあ」

話が途絶えてしまい、美月は「じゃ、また」と隼人に挨拶をして去ろうとすると、「なんか落ちたよ？」と隼人が、かがんでなにかを拾った。

隼人の手に、美月のクアッカワラビーのキーホルダーがあった。ペンケースのチャックの金具から外れて滑り落ちたらしい。

「あ。それ」

「あれ？　この飾り、どっかでみた。一歩のキーホルダーと同じじゃない？　この変なキャラクター、クアッカワラビー」

「クアッカワラビー知ってるんだ」

「一歩から聞いたから。あいつの好きな、笑顔で幸せを伝播させる生き物」

「そう……これ、私が大学でアメリカに短期留学するときにつくってくれたんです。クアッカワラビーの幸せが伝播するようにって。元気が出るようにって」

「手づくりか。だからどうも不細工なわけだ」

隼人は美月にキーホルダーを返した。

「にしてもさあ……」と隼人は、クスクスと笑った。

「なんです？」

「いや、こんなガラクタみたいなの、今も大事にもってるってことはさ」

「？」

「まだ好きだよね？　一歩のこと」

「！　別にそんなんじゃないです」

「いいからいいから。そうだ」と、隼人は、ポケットからなにかを取り出した。

「？」と美月が見ると、

「あいつ、ここにいるよ」

と隼人は一歩にもらったという「にこにこ弁当」の名刺を差し出した。

そこにもトレードマークのクアッカワラビーが笑っていた。

「ちゃんと話してみなよ」

そういって隼人は去っていった。

「簡単にいうけど」

……一歩のそばに、「自分の居場所」はあるのだろうか。

確認するには、もう少し勇気がいる。


ホテルのフェローたちは明日に備え、各自の部屋に戻ることとなった。

美月はふと思い出したように、ペンケースからクアッカワラビーのキーホルダーを取り出した。

その美月に、夕貴が声をかけた。

「自分の夢を実現して、いいパートナーとも、一緒になれるといいね」と夕貴。

「ですね」

その美月の手元で、「みんなを笑顔にする」クアッカワラビーが微笑みかけていた。

解説

女性リーダー育成プログラムＪＷＬＩ
We can make a difference!

本文中で、ＹＮＬＩという女性リーダー育成プログラムを仮に設定して紹介しましたが、実際には、**ＪＷＬＩ（Japanese Women's Leadership Initiative：日本女性リーダー育成支援事業）**というプログラムがあります（https://jwli.org/home/）。

日本女性をエンパワーし、日本社会に変革とイノベーションを起こすことを目指しています。

JWLIは、社会に変革をもたらす女性リーダーを育成・支援するプロジェクトとして、二〇〇六年、ボストンのフィッシュ・ファミリー財団のフィランソロピスト（慈善事業家）、厚子《あつこ》・東《とう》光《こう》・フィッシュ氏により、母国日本の女性のために立ち上げられた研修フェローシップです。二〇一七年より、バブソン大学の協力のもと、プログラムが運営されています。

例年、春と秋の二回、研修生の募集があり、選ばれたフェロー研修生たちは、ボストンで行われる四週間の強化プログラムを受け、その後、日本に帰国してから二年間にわたる研修を通じ、リーダーとなる自信とマネジメントに関するスキルや知識を身につけることができます。

二〇一九年からは、プログラムのコアである四週間のボストン研修を、三日間の合宿型研修「ブートキャンプ」（https://jwlibootcamp.org/）に凝縮し、日本語で提供するコースも発足。JWLIのスピリットであるWe can make a difference! を体感できる三日間の研修が、名古屋市、石巻市で開催されました。

第十四章　一歩、踏み出そう、踏み外そう、はみ出そう

Entrepreneurship is no snap shot. It is about iteration and continuous improvement. It is a process of act, learn, build, and repeat.
起業道とは、反復演習：行動（試行錯誤）＋学習（仮説検証）＋改善（軌道修正）の繰り返しである。

「起業を成功に導くために必要なのは、**『行動ありき』『失敗ありき』『人を巻き込む』の三原則を、ひたすら繰り返すこと**や。**三原則をもとに、行動（試行錯誤）し、そこから学習（仮説検証）し、改善（軌道修正）する。その反復演習**や」

矢弦はいった。

一歩は、その矢弦の言葉を反芻するようにつぶやいた。

「『行動ありき』『失敗ありき』『人を巻き込む』の繰り返し……ですね」

「せや。起業はスナップショットではないからな。常に変化をし続ける持続的なものや。『今あるものでやってみる』、『許容できる失敗を定めてその範囲内で精一杯やり抜く』、『さまざまな人を巻き込む』、この三原則をもとに、グルグル回す。とにかく一歩踏み出して試行錯誤して、うまくいったか、いかなかったか、その結果から学ぶ（仮説を検証する）、そして、それを踏まえて改善する（軌道修正する）。そしてまた次の一歩を踏み出す。Act, Learn, Build, and Repeat! 行動→学習→改善の繰り返しで成功につなげていくんや。一巡したのち、使える資源が増えているかもしれん、許容できる失敗の範囲が広がっているかもしれん。はたまた、仲間が増えてるかもしれん。それを踏まえて、再び次の一歩を踏み出すんや」

「ふむ。一巡したのち、資源や仲間が減ってるってことはないんですか？」

「たしかに、ヒトやモノやカネが減っていることがあるかもしれん。それでも一巡したあとには、必ず、行動から得られたプラスの『なにか』がある。それは、目に見える資源とは限らへん。情報や知見、スキルの向上だったり、『これが本当にやりたかったことか』という自己の欲求に対する気づきだったり、『あと少しお金を出せば目的が達成できるので出そう』という失敗の許容範囲が広がることかもしれん。あるいは、人と築きあげた信頼かもしれん。それも、成功に至るまでに必要なプロセスや」

「なるほど。そういうことですか」

「大切なのは、とにかく行動すること。慎重に時間をかけて考えているだけでは、知識の量は増えるかもしれんが、その事業が実際にうまくいくという根拠はなにも得られへん。そのアイデアがうまくいくかどうかは、やってみないとわからんことや。『行動』のいいところは、実行することで、それが正しいかどうかすぐに検証できることや。小さな一歩で動き続けることが大切なんや」

ふんふんと一歩がうなずいていると、

「さらに、や」

「はい」

「もっというとやな」

「カフェ・カオス」のホワイトボードに、矢弦は何やら書き出した。

一歩、踏み出そう。

一歩、踏み外してみよう。

一歩、はみ出してみよう。

矢弦はそう記した。

「一歩って俺のこと？　じゃ、ないすね。はい」と一歩。

「あんたにも、ぜひ踏み出して、踏み外して、はみ出してほしいけどな。……今まではAction trumps everything（行動ありき）といってきた。つまり『一歩、踏み出す』や」

「はい」

「そこからさらに、『一歩、踏み外してみよう』や。さらに進んだ挑戦や。失敗してみよう。質のよい学習（実践）をしてみよう。案外、失敗してみようといっても失敗できんもんなんや」

「失敗してみよう⁉　へえ」

「そしてその先に、『一歩、はみ出してみよう』や。違ったものの見方や、変わった人たち、つまり変態、変化をすることを常態とした人たちと出会える。ここからあんたの世界をもっと変えることができるんや」

「なるほど。一歩、踏み出そう。一歩、踏み外してみよう。一歩、はみ出してみよう、ですか。面白いですね」

「ぜひ、試みて、さらなる飛躍を遂げてほしいね」

矢弦は笑みを浮かべていった。


だが、その数カ月後、一歩は「にこにこ弁当」の店内で、頭を悩ましていた。

「まずい。非常にまずい……」

「野菜王子」ことオヤカタとのYouTube効果で一時期にぎわいを見せた一歩の店だったが、このところしっかりと経営不振というやつに陥っている。

「わくわくキッズ弁当」がリニューアルして、無添加・無農薬に適度にこだわり「家庭らしい美味しさ」を売りにした、「今日のマキベン」に変わったのだ。

「マキベン」という名は、家庭の食材で絶品料理をつくることでカリスマ的人気を誇る伝説の家政婦、「マキさん」がプロデュースをしていることによる。マキさん人気で大人にも子どもにも大評判だ。価格も一歩の「にこにこ弁当」より少し安い。

「うーん。これは負けたかもなあ……」

実際、「マキベン」が始まってから、確実に受注は減り続けていた。

折悪しく、「マキベン」がオープンする前に、もらいものだった厨房機器が故障してしまい、そのとき、受注が増えていたことに調子づいていた一歩は、厨房機器を買い替えたうえに、イベントで頻繁に使うようになった客用トイレも、使い勝手が悪い、とプロの手を借り、工事をしてしまったのだ。

そのときの費用も重くのしかかっている。

「バカバカだバカだ。まずい、ひじょーに、まずい！」

以前のように、「自分の商品のほうが勝ってる！」気もしない。

週末のオヤカタのYouTubeのイベントは、相変わらず続いているが、それ自体が一歩の店の収益になっているわけではない。

「……このまま減り続けるとなると」

あと、二、三カ月で完全に終わりとなる。

「あ、ダメだ。それじゃ、閉店のコストが出ないのか。ええっと……？」

隅のテーブルで計算する一歩。

「……なんだよ、終わってんじゃん！　どうすんだよ！」

イライラして、思わずコップをひっくり返した。

「あ。ダメだダメだ。うーん……」

なにより、自分のお弁当に自信がもてなくなった。いいお弁当だとは思うが、自分も「マキベン」をちょっと買いたくなるのだ。というか、買ってみた。

美味しかった。

非常に美味しかった。

マキベン、明日も食べたい！　と思ってしまったのだ。

「完敗じゃないか」と一歩。

姉も、母も、おそらくそのことに気づいてる。だが、触れてこない。

一歩を哀れむかのように、なにもいわないのだ。

「……泣く」

一歩は、テーブルに突っ伏した。

閉めるしかないのか。

オヤカタには悪いが、ここでのイベント開催は中止だ。

ここがダメでもオヤカタのYouTubeは外でもオヤカタの家でもできるかもしれない、それで勘弁してもらおう。

そんなことより、俺だ。俺はどうすんだ。

少し前は、「子ども向けのカフェ」をつくりたいと思っていた。だが、それは「にこにこ弁当」ありきの計画だった。子ども向けカフェがイケてるかどうか、正直、自信はない。

「……詰んだな」

一歩は矢弦の言葉を思い出す。

起業の三原則は、『行動ありき』『失敗ありき』『人を巻き込む』の繰り返し。一巡したのち、使える資源が増えているかもしれん、許容できる失敗の範囲が広がっているかもしれん。はたまた、仲間が増えてるかもしれん。それを踏まえて、再び次の一歩を踏み出すんや。

「……増えてる資源？　なに？」

一歩は突っ伏していた顔を横に向け、店内を見まわした。

「……」

もう少し広かったらな、と一歩は思う。

子どもたちが、気軽に立ち寄って、勉強や相談ができ、食事もできる。そうした、たまり場のような場所をつくれるのに、と一歩は考えていた。

「いやいや、だからそれだけで収益性はどうよって話……」

もう少しカネがあったら可能かもしれないが……、いや待て、結果が出るまでの運転資金などを考えると新たな開業と変わらない。

「うー……」

一歩は頬を膨らました。

壁に貼ったクアッカワラビーのイラストが目に入った。

「……」

ふと美月の「学校の先生になりたいんじゃなかったの？」という言葉を思い出した。

そういえば、以前、学校の先生になろうとしていたときもあった。

が、学校の先生よりも、今のほうが楽しい。「野菜王子」のオヤカタや子どもたちを連れて農園を訪れたときは、本当に楽しいと思った。自由に子どもたちとやりたいことをやっていることを、とてもうれしく思っていた。

なので、一歩は今になって、自分が学校の先生にならなかった理由がよくわかってきた。学校の先生だと、どうしても「模範的」でいないといけないというプレッシャーがある。それが自分には窮屈だ。自分はもっとハメを外したいし、冒険もしてみたいのだ。現にこうしていろいろ試してやってみるのが楽しくて仕方がない。

「……ダメだ」

美月のことを考えると、まだ心が痛む。

「一歩は、やりたいこととかないの？」といっていた美月に、今だったら、「人が笑顔で集う場所をつくりたい」といえる。もとはといえば、起業道の実践も、美月との結婚を考えて、一歩踏み出したことだったのに。

「世界一幸せになれますように、笑顔が伝播しますように」とかつて美月にクアッカワラビーのキーホルダーをつくったことを思い出していた。

一歩は、もう一度壁のクアッカワラビーに目をやった。

一歩のクアッカワラビーのそばには、美月がいるはずだ。

クアッカワラビーのそばでは、幸せの笑顔が伝播するはずだ。

一歩も美月も笑顔になっているはずだった。

だけど……。

「いねーし。誰もいねーし」

それを思うと「イテ、テ……」と気持ちが凹んできた。

「ダメだダメだ！　明日のことを考えないと」

一歩は自分の頬を張り、気合を入れた。

「よし。どうしよう……」

そういったまま一歩はフリーズしてしまった。

逆立ちしても走り回っても息を止めてもなんも思いつかない。

「ええ！　もう誰か助けてくださーい！　店が潰れそうです！」

やけっぱちになって一歩は思わず、ＳＮＳでつぶやいてしまった。

「……」

つぶやいたものの、ＳＮＳでつぶやくのはやばかったかな、と思い直して、一歩はすぐにそのメッセージを削除することにした。

だが、すでに一件のダイレクトメッセージが来ていた。

「わかった。明日そっちへ行く」とあった。

メッセージの主、ハンドルネーム「ＫＯＵ」には覚えがなかった。

「……冷やかし？　誰？」

一歩は首を傾げた。

現代建築社では、黄島が金原社長の前に憮然として立っていた。

そばには灰田専務もいる。

「失敗は絶対に許さんといっただろう?」と社長はもっていた新聞をデスクの上にポンと投げた。

新規事業チームのマッチングサイトが正式リリースに向けて進行している中、大手人材派遣会社のAスタッフが、建築現場と建築職人とを結ぶ似たようなマッチングサービスを始めたことが記事になっていた。

「あの……まだなにも失敗してませんが」と黄島はいった。

「大手に先を越されて勝ち目などあるか」と社長。

「ありますよ。うちは個人とリフォーム職人のマッチングサイトですし、企業と職人とのマッチングサービスは、Aスタッフだけでなく、すでにやっている会社はいくつかあります。まあ、ここほど大手のものではありませんが……、それでも競合はしません」

「そんなのん気なかまえでは困る。ここに、『Aスタッフは、職人のマッチングについては、ゆくゆくは個人ユーザー向けにも拡大していきたいとしている』とあるじゃないか」

「そういう意味では、うちが先行です。それにうちは、『子育て』『介護用』『在宅ワーク』など暮らしの多様化をテーマに特化しているのが強みです」

「そんなもの、結果が出てなきゃ意味がないだろうっておっしゃってるんだ、社長は。カネにならなきゃ意味ないだろう? と」と灰田。

「そりゃそんなにすぐは出ませんよ。だいたい、負けたなんて結果も出てません!」

「勝ち目もないじゃないか。だいたい、事前の調査が足りなかった証拠じゃないかね」と社長。

「申し訳ございません、社長。私がよくよく調査をしろと申したのですが」と灰田。

「……そりゃ、調査に半年もかけてられませんよ。バカバカしい。一応それでも、しかるべき調査はしました」と黄島。

「漏れてるじゃないか。この通り。その拙速が失敗を招いたんじゃないのか、と社長はおっしゃってる」と灰田。

「そりゃ予測不能なこともあります。失敗とおっしゃいますけど、失敗というわけじゃありません。少しずつですがベータ版のサイトで良い反応が出ています」

黄島たちのマッチングサイトは、αテックの協力のもと、ベータ版を試験的にリリースし、そのモニタリングによる検証も着実に進んでいた。

「それに、拙速に結果を求めるより、チャレンジしたことやそれがどう活かされているかで評価すべきでは？　そうでないと失敗を恐れて社員は動かなくなる」と黄島。

「なにをいっている。結果を出さないで評価できるものか。それに失敗したら責任をとるのは当たり前のことだ」と社長。

「ええ……？　挑戦すれば普通に失敗は起こりえますし、失敗は必ず『悪』とも限りません」

「……」と社長は呆れたように黄島をにらみつけた。

「バカげたことをいうと、社長がお叱りになる。というよりバカげて言葉も出ない」と灰田。

「もっとも、なにもしない方にはわからないことかもしれませんけどね」と黄島。

「そうかな？　私などはきっちり結果を出してきたけどね」と灰田。

「あなたは……（他人に乗っかっただけでしょ！）」と黄島。

社長が再び口を開いた。

「だいたい、結果で評価しなければ誰も必死にやるわけがない。私だってそれこそ昔は結果を出すためにそれはそれは死ぬ気でやったものだ。食うのも寝るのも忘れてね。今の社員にはそうした気概がない」

「そりゃ必死にやっても、大して評価されない、報われないことをみんな知ってるからですよ。それに、万が一、行動して失敗したら評価されないのでは、社員は挑戦しなくなります。失敗に寛容な環境が必要です！」

「君とはどうも話がかみ合わないようだ」と社長。

「はあ……」と黄島。

「失敗を前提にした行動など愚かだ。失敗しないように、人は努力するんだ」と社長。

「ごもっともです」と手をもむ灰田。

「それじゃ挑戦する社員がいなくなるじゃないですか！」

「結果を出さない挑戦に評価なんてできるわけないだろう！」

「ええ？　……社長は」

「なんだ」

「会社をイエスマンでそろえたいんですか？　イエスマンと挑戦する社員とどっちを評価するんですか？」

「何度もいわせるな。私は結果を出す社員しか評価しない。イエスマンでも挑戦する社員でも、結果を出せない奴はダメだ。今のところ君のチームは評価に値しない」と社長。

「……うーむ」と黄島。

「申し訳ございません。至急、善処します」と灰田は、黄島とともに頭を下げた。


「マッチングサイトを縮小しろ？　それ本気でいってます？」

春奈は、黄島に問い返した。

会議室にはほかに、青木、緑川の新規事業チームと涼子が集まっていた。

涼子には、副業ライターの経験を活かして、マッチングサイト内のブログ記事のアドバイザーになってもらうべく、打ち合わせに参加してもらっていた。

「灰田専務が、どうしても正式リリースするなら、うちの雑誌『商空間』に合わせた店舗リフォームのマッチングに特化しろって。であれば、『失敗してもまだ言い訳が利く』だと」

「なんのための新規事業なんですか？　既存に毛が生えただけじゃないですか」と緑川もいう。

「そうですよ。このところようやく『在宅ワーク』『子育て』『介護用』の感触がよくなって来てるのに。もうひとつテーマをつくろうかといってたくらいですよ？　今止めるなんて」と春奈。

「僕もそういったよ」と黄島。

「でなんて？」と春奈。

「『しょうがないだろ』だって」

「出た！　必殺『しょうがない』」

「ついでに、『余計なことはするな』『なにもしないのが得策』ともいわれたよ。はっきりとね」

「もう！」と春奈。

「じゃあ、なにも専務のいう通り、なにもしないのがいいんじゃないですか?」と青木。

「また？　やる気なしモードに戻る気?」と春奈。

「専務の許可なく進められるんだっけ?」と青木。

「そうなんだよな。社長も灰田専務に一任する、勝手に動くなといってて」と黄島。

「マジですか」と緑川。

「じゃあ……」と青木。

「だから。やる気なし男に戻んないでって」と春奈は青木にいう。

「一歩、踏み外しますか」と青木。

「え?」と黄島、春奈、緑川。

「矢弦さんがそういってましたよ。『一歩踏み出す』の次は、『一歩踏み外す』、あえて失敗してみるもいいって」と青木。

「え？　矢弦さんのこと知ってるの？　なんで、なんで?」と春奈。

「それね。『一歩はみ出そう』も、あるよね?」と黄島。

「はみ出したくはないですね、まだ」と青木。

「てか、私の話は無視？　ま、いいや、そうだ。灰田専務なんてほっといて、やっちまおうぜ。失敗して、奴を引きずりおろそう!」と春奈。

「目的そこじゃないでしょ」と緑川。

「わかってます！　灰田専務の許可を得なくてもなにかやりましょう。有志で！　人とのつながりってやつです！　ね！　やりましょうよ！　みんなでやれば怖くない！　涼子先輩も！」と春奈。

「なんで私も？」と涼子。

「いいじゃないですか！　五人の変態が会社を変えるんです！」

春奈たちはイベントを開催することを考えた。

失敗上等、極力予算をかけないで、サイトに関するイベントを行うことにした。

具体的には「在宅ワーク」などテーマに沿い、リフォーム大相談会を行うのだ。

「人が集まるかしらねー」と涼子。

「集まるメリットはなんだろう」と青木。

「職人の技を実際に見たりしたいけどね。リフォームビフォー・アフターとか」と緑川。

「それには、場所やセッティングが大掛かりになってしまうね」と黄島。

「そうですね。それだと予算も厳しいし、リフォーム会社のやる相談会や展示会のほうがいいかもしれないですしね」と緑川。

「これならでは、のメリットがないとな……」と青木。

「うーん。じゃあ『お困りごと』の解決ってのはどうでしょう。『それが知りたかった！』がわかるような情報が得られる、とか。ベータ版ユーザーの意見によると、在宅ワーク用に家の環境を変えるっていってもいろいろあるみたいで。道路が近いので車の音をなんとかしたいとか、セミの声がうるさくてリモート会議に邪魔、とか、照明も仕事によってさまざまだし。あと、古民家をリフォームしてみた失敗談とか結構来てます。意外な落とし穴があるとか、そういう情報をわかち合えたりするってのはどうでしょう」と春奈。

「なるほど、そういうリフォームよもやま話、裏話が聞ける会は面白いね」と黄島。

「そういう講演をして、職人とユーザーが語り合う懇親会もつけて」と緑川。

「なるほど」と青木。

イベントの告知は、リフォームサイトのほか、新規事業チームの公式SNSで発信し、参加してくれる職人やユーザーを募集することにした。

「ちょっと面白くなってきたから、社員にも積極的に参加してもらってもいいんじゃない？『建築業界の未来に資する』うちの会社の社員なら参加したほうがいいっていって」と涼子。

「なんですか？『建築業界の未来に……』？」と春奈。

「うちの社訓。知らなかった？」と涼子。

「知りませんでした！　そんなのあったんですね」と春奈。

「ちなみに、仲間を誘うときはビジョンがあったほうがいいわよ。もっと魅力的なキャッチにしてもいいし。『みんなでリフォーム業界を盛り上げよう』でもなんでも。単に『手伝って』というと『なんで？』って向こうは思うから。参加して楽しいって思ってもらわないと」と涼子。

「なるほど。はい！」

ある日、広告営業部の黒田は、業界誌に、大手人材派遣会社Aスタッフの運営する建築職人マッチングサイトの広告が掲載されているのを見て、「ふふん。向こうは調子がいいようじゃないか。ざまあみろ」と笑っていた。

「知名度にしろ、人材の扱い方にしろ、大手企業の向こうのほうが上だ！　実績のない分野でうちが勝てるわけないいんだ」

黒田は顔を上げ、青木を尻目に部下たちに「そういや、明日の土曜のゴルフコンペは誰が来るんだ？」と話しかけた。

すると部下たちは一様に、「え？　明日はちょっと」といって顔を見合わせた。

「なんだ、クライアントとのゴルフも大事な仕事だぞ」という黒田に、青木が「部長もどうですか。明日、やるんです。これ」とチラシを黒田に見せた。

それは、明日開催される「リフォーム大相談会」イベントのチラシだった。

「は？　なんだこれは？」

「有志でリフォーム相談会をやるんです。気軽にリフォームしたい個人と職人が実際に会場で相談し合えるっていうか。僕らはそれに行こうかって」

「なんだ？　だいたい、こんなイベント聞いてないぞ」と黒田。

「有志でやるので。仕事でなくて、やりたい人が集まります」と青木。

「こんなものにおまえら参加するのか？」と黒田は一ノ瀬を見ていった。

「ええ。まあ、実はクライアントの中にもうちのマッチングサイトを気にしてる人がいて。最新事情をキャッチしておいたほうがいいかなって」と一ノ瀬。

「遊びに行くならコンペに来い。おまえはいつも、あと一歩の押しが足りないんだ。取引先に食い込んで挽回するくらいの努力をしろ」と黒田。

「……」と黙り込む一ノ瀬。

「おまえもだ、二ノ宮」と黒田。

「……すみません、自分は明日、都合が悪くて」と二ノ宮。

「二ノ宮、ひとりだけズルいぞ！　おまえもイベント行くんだろ？」と一ノ瀬。

「おまえなー」と舌打ちする二ノ宮。

「なんだおまえら！　舐めてるのか！　三田村、四ツ谷、おまえらもだ！　わかってるな！」

と黒田。

「……自分は……といいますか、休日に、ゴルフとかしたくありません」と一番若い四ツ谷はいった。

「おお!?」と一ノ瀬、二ノ宮、三田村は四ツ谷を見た。

「一ノ瀬先輩だって二ノ宮先輩だって、三田村さんだって、青木さんだって、そんなゴルフコンペ、今どきナンセンスだといってました！　そんなことより平日に頑張って仕事をとるべきだって」と四ツ谷。

「ええ!?　四ツ谷！　おまえ！　俺を巻き込むな！」と一ノ瀬。

「**五人でやれば文化が変わる**っていったのは一ノ瀬先輩ですッ！」と四ツ谷。

「俺じゃねえ。青木がいったんだ！」と一ノ瀬。

「いいじゃないか。あの、部長、自分もそう思いますし、実はみんな……休日返上のゴルフは正直参加したくないと思っています。な、三田村」と二ノ宮。

「あ。あ、はい……まあ、そうっすね」と三田村。

「おまえら！　腰抜けが！　会社で仕事してるだけじゃできないことだってある！　コンペで

の人脈づくりだって大事なことだぞ！」と黒田。

こっちのイベントだって大事だぞ、と青木は思いつつ、やり過ごす。

「人脈づくりが大切だってことはわかります。でもゴルフが好きならまだしも自分は興味ないですし、好きでもないことに休日を返上しろと強制されるのは……違うかと」と四ツ谷はいう。

「……いうね」と見ている一ノ瀬たちに、「……って一ノ瀬先輩と、二ノ宮先輩と、三田村さんと青木さんもいってました！　五人の意見です！」と四ツ谷。

「ふざけたこといってんじゃない！　そろいもそろってヘタレか！」

黒田は怒って、机を激しく叩いた。


その週末、春奈たち新規事業チームと涼子は、「カフェ・カオス」を借り切って、「リフォーム大相談会」のイベントを開いていた。

『リフォーム裏話』という著書で有名なリフォーム専門家を招待し、講演してもらうこともあって、現代建築社の社員も多く来ていた。

講演の後は、テストサイトの相談窓口によせられた「リフォーム失敗あるある」を、パネルディスカッションする予定だ。

その間ずっと、リフォーム職人と参加者は自由に歓談できる。

春奈は「在宅ワーク」、緑川は「子育て」、青木は「古民家再生」というように特化したそれぞれの相談ブースを担当して、全体を黄島と涼子が回していると、社員も自然と手伝ってくれるようになった。

「おーい。俺たち、なんかやることある?」と一ノ瀬たち広告営業部の四人が青木のもとに来たりした。

「あ、飲み物が足りないみたいで、ちょっと裏に確認してもらっていいですか。あとは適当に楽しんでください!」と青木。

「はーい。なんか、『建築新聞』の記者が来てるみたいだぜ」と一ノ瀬はいう。

「え? そう?」と青木。

会場は、事前の告知を頑張ったためか、にぎわっていた。

事前の告知には、コンテンツづくりを以前からやりたかった春奈が、マッチングサイト宣伝用のInstagramやTwitterなど各種SNSのアカウントを駆使し、どんどん情報発信をしていった。

大手人材派遣会社が建築職人マッチングサイトを始めた影響か、そうしたサイトや建築業界の人手不足の問題などに関心をもつ業界記者も来ていた。黄島と涼子がそれに対応していた。

子育て担当の緑川も、古民家担当の青木も自分の関心分野のリフォーム相談を生き生きとこなしていた。

春奈は、青木が「地方創生」に異常に熱意があることに驚いた。青木自身、自然豊かだが過疎化の進む地方の出身で、地方でのリモートワークを推進したいらしい。

「やる気なし男とかいって悪かったかな」と春奈は反省したりした。

そしてイベントは、延べ五百人が集まり、盛況のうちに終了した。

月曜日、春奈が出社すると、涼子のもとで、黄島や青木、緑川が集まって業界紙に目を通していた。春奈たちのマッチングサイトとイベントのことが、業界新聞に掲載されたのだ。

「いい感じにニュースになってますね」と緑川。

「業界紙だけじゃないぞ。一般紙の地域欄にもだ。見て」と黄島。

「あー、やだ、これ私？　もっと見栄えよく載せてほしかったなー」と涼子がいったりと盛り上がっていた。

イベントの反響を受け、サイトの評判も上々だ。

「ね、ね、またやりましょうよ！　なにか」と春奈がいっていると、そこに黒田が現れた。

「ここにいたか。まったくあんたたちは」と黒田。

「なに？」と涼子。

「新規事業のおかげで、こっちは、βシステムズの広告がダメになっていい迷惑してるんだ」と黒田。

「知らないけど。私、新規事業チームじゃないし」と涼子。

「知らないですけど。私のせいじゃないし」と春奈。

「まあまあ。それとこれとは、ね。みなさん、穏やかに」と黄島。

黒田は五人を睨み、舌打ちして去っていった。

ある日、外出から戻った涼子が、システム部に戻ろうとすると、廊下で灰田と黒田が見合っていた。

「……なにやってんのかしら」と涼子が様子を見ていると、

「いやー、おかげさまで。正式リリースしたうちの新規事業のサイトのことが、各新聞で報じられたりとことのほか評判で。社長が『いいぞ。よくやった』としつこくて、たまりませんよ」と灰田はホクホクと笑って黒田にいった。

春奈たち新規事業チームのマッチングサイトは、イベントの成功を受け、加速度的に評判を増し、正式リリースへと至ったのだった。

「それはよかったですね。おかげでこちらはβシステムズから広告を引き上げられて今期は大いに困惑しているところです」と黒田は忌々しく灰田を睨んでいた。

「おやおや。うちの事業は影響しないと社長の前でお聞きしたように思いますが?」と灰田。

「経験豊富な専務なら、このくらいのことは見通せていたと思いますがね」と黒田。

「ふふふ。君ね」と灰田は黒田に顔を近づける。

「わかっていたとも。余計なことをするからだよ。だから足をすくわれるんだ。では、ご機嫌よう」と灰田は笑って、去っていった。

「くそッ。なにも専務め!」と黒田は吐き捨てるようにいった。

「なにあれ?」と涼子が呆れていると、

「桃瀬さん、こんにちは、βシステムズの軽部です」と声がかかった。

「あら、どうもどうも。サーバーの件ね。こっち、会議室で話しましょ」

軽部を会議室に案内する涼子。

「今のあれですね? 広告営業部の黒田部長ですね?」

「あー。御社からの広告取り下げられたんだってね」

「まあ、はい、そうらしいですね」

「それって、うちの新規事業の発注がなくなったせい？」

「と思いますけどね。まあもともと縮小しようっていってたのを、黒田さんが、新規事業で儲けさせるからって大見得切って一度解約を避けたんですが。ダメになったってことで」

「だよね」

「でもそれだけじゃなくて」

「はい？」

「こちらの新規事業案件を担当していた先輩に聞いたんですけど、黒田さん、うちの関連のＰＲ会社に転職しようと思っていたみたいですよ。それもダメになって」

「なあに、それ。彼はそんなことまで企んでたの？」

と呆れる涼子と軽部は会議室に入った。

「はい、これ仕様書です」と軽部。

「ありがとうございます。最後までわざわざごめんなさいね。転職するの今週だっけ？　引継ぎ大変なんじゃない？」

「いや、大したことないっすよ」

「でもなんでまた、自分たちで会社を興してみようなんて」

「なんていうか、刺激を受けたんすよね。これ、俺の元同僚なんですけど」

軽部がスマートフォンの画像を見せる。そこには、一歩が、小学生YouTuberの「野菜王子」と野菜農家を訪問したことを取り上げたニュース記事があった。

「ふうん。社会起業家的な人？」

「まあ子どもの食育とか子ども向けの弁当屋とかやってるみたいで」

「へえ。子ども好きなんだ」

「それは知らなかったんですけどね。料理はうまかったすよ。倒産した会社に一緒に勤めてたんですけど、そのときは、『二代目ダメ社長の腰巾着』っていわれて、いい奴だけど、お人好しでどうってことないなって感じだったんですけど、なんか知らないうちに会社も興して『子どもの食育を支える』とかってメディアにも取り上げられて、なんかすげーなって。俺もなんかやってみようかなって」

「へえ。面白いいね。いいじゃない。うまくいくといいね。また仕事で一緒にできることあったら連絡してよ」

「はい。ぜひ」と軽部は笑った。


「僕と世界を変えるビジネスをしませんか！」

隼人は、医療研究者の桜井に食い下がっていた。

隼人は起業のパートナーとして、世界最先端の技術者をスカウトしようと、アメリカであるセミナーに参加していた。そこで医療研究者の桜井のプレゼンテーションを見て、桜井の人となりに「これだ！」と強烈な興味を抱いたのだった。

「一緒に医療の未来をつくりましょう！」

隼人はセミナーを終えたばかりの桜井を早速捕まえて、パートナーになってもらえないかと口説いた。桜井の周りには同じ考えを抱いた人間が数人集まってきていたが、隼人が一番先に、桜井の前に躍り出た。

「ちょ、ビックリした。君、声が大きいね」

と隼人より一回り年上でおっとりとした桜井はいった。

会場にいた人々が、奇妙なものでも見るように、隼人と桜井を見ていた。

隼人は、先月、父親が病気で倒れるというハプニングに遭遇した。

それで、急遽日本に帰国し、父のもとに駆けつけた隼人は、そのときの検査ではじめて父が二十年来、脳に病気を抱えていたことを知ったのだった。

「こんなにハイテク化が進んでる世の中で、二十年も病気が見つからないなんてことある⁉」

隼人は衝撃を受けるとともに、医療界は想像以上にIoT／AI化が遅れていることを知ったのだった。隼人の父は無事、治癒の見込みとなったが、その出来事が、もともと「テクノロジーで社会問題を解決したい」と思っていた隼人に火をつけた。

その隼人は、早速矢弦のもとに相談に行った。

「AIで、病気の早期発見を目指したいんです。医療界のAI化は相当に遅れていて、ただ……」

隼人は迷っていた。調べてみたところ、医療界の改革には、必ずしも起業でなくてもよさそうだ。政治家や法律家になって、法律から変えていくという手もある。

「政治家でも法律家でもええ。結局は、自己理解や。行動してみて、やっぱりやりたいのは起業家じゃない、自分は大きな会社で腕を振るうほうがいい、法律をつくる側に回りたい、アートで世界に訴える、というのでもＯＫや」

そこで隼人は、政治家になることも構想してみたが、二転三転して、結局、起業の道を選んだ。再び隼人は矢弦に相談しに行った。

「テクノロジーで脳疾患の超早期発見を目指す企業を立ち上げたいんです。でも資金は五億円くらいかかりそうです。そんな事業を展開したい場合、踏み出す第一歩ってどうしたらいいんですか。資金調達はどうしたらいいんですか」

「ちなみに、誰とやるんや？」

「いえ、それはまだ」

「投資家が起業家に投資をするとき、アイデアも大事やが、見ているのは『人』や。『アイデア』があるなら、『人』を探してみたらどうや」

「そっか。そうですね」

と、隼人は仲間探しを始めた。とにかく「テクノロジーで世界を変える！　脳疾患の超早期発見を目指す！」という思いで、優秀なエンジニア、リサーチャー、研究者に会い、ビジョンを共にできそうな人を探していった。

そこで出会ったのが、桜井だった。

「あなたとなら、きっとすごい未来が築ける！」と隼人は桜井に短いピッチで自己紹介をし、堅い握手をした。

「お、おう。わかった、また連絡してよ。くわしく話を聞こうじゃないか」と桜井。

「はい！　必ず」と満面の笑みの隼人。

隼人は軽やかな足取りでセミナー会場を後にした。

「よし、俺はやるぞ」と隼人は駆け出した。

隼人は街中で、一歩に背格好がよく似た、日本人のバックパッカーを見かける。

「ビックリした。一歩かと思った」と隼人。

その隼人は、ふと思い出したようにつぶやいた。

「あいつ、そういや、彼女と会えたのかな」


一歩は、早朝から「にこにこ弁当」でソワソワしていた。

「まあ、普通、いたずらだよな」

昨日、一歩がＳＮＳで「ええ！　もう誰か助けてくださーい！　店が潰れそうです！」と血迷って一瞬つぶやいてしまった後、「わかった。明日そっちへ行く」というダイレクトメッセージが来ていたのだ。

「……来ないよね？」

一歩は店内を片づけながら、それでもちょっと外に目をやったりしていた。

だいたい、今日は日曜だし。

「そうだよ。店、休みなんだし。絶対いたずらだ。バカだな、俺」

そのとき、店先に人の気配がした。

「誰？」

一歩は、入り口のほうを見た。

するとガラスの向こうに見覚えのある顔があった。

「え?!　ええ!?」

一歩は駆け寄り、驚いて扉を開けると、その男が店内に入ってきた。

「やあ。新田君。久しぶり」

それは、轟だった。

「轟社長!?」

一歩の驚きに、とどろきスポーツの元社長、轟光太郎は、片手をあげて応じた。

「ど、どうして?　今まで、なにやってたんですか?　どうしてここに?」

矢継ぎ早な一歩の質問に、

「ええっと……なにから答えたらいい?」

轟こそが、一歩の昨日のつぶやきに返信した本人だった。

「大丈夫?　君の店のことが気になってさ」

「ええ。それより僕は、轟さんのことが気になって!　倒産してからどうしてたんですか?

というか、倒産したとき、なんで逃げたんですか?」

「逃げた……そういわれるとつらいな。そんなつもりじゃなかったんだけど」

「でも轟さん、会社にいなかったじゃないですか!」

「うん。僕は、徳川常務をはじめ、古参社員から大いに嫌われてしまってね。僕だって、社員に対して申し訳ないと思って心から詫びる機会が欲しかったよ。だが、徳川常務たちが、わざわざ僕の不在を狙って、最後の社員集会を開いてね。『おまえには詫びる資格もない』といいたかったんだろうな」

「そんな……。そうだったんですか」

「親父と一緒にあの会社を立ち上げた徳川さんたちにとっては、僕は会社を食いつぶすだけのただの害虫でしかなかっただろうからね」

「そんな。会社を立て直そうと頑張ってたんじゃないですか！」

「結果が出なかったんだから仕方ないよ。徳川さんたちはあの後、豊臣商会に移ったよ」

「ええ？　あの徳川常務が？　まさか」

「倒産のきっかけとなった『やまき』の販売代理店契約をうちから豊臣商会に切り替えるように画策したのも、実は徳川さんたちだったんだ」

「ええ？　画策って……！　徳川常務たち、あんなに敵対視していた豊臣商会に……大事な『やまき』の代理店契約ごと移ったってことですか」

「だな。それだけ嫌われたってことだな、俺は。経営者失格だよ」

「でも、社長は会社を存続させるためにいろいろ新しいことに挑戦していたわけだし。それに、新規事業なんてそんな簡単に結果が出るもんじゃないっていうじゃないですか」

「いや。結果というより、彼らを巻き込めなかったのが悪いんだな。僕は、リスクは無理してでも買って、一発逆転しようという気でやっていた。とれないリスクも、なんとかなるとかいってさ。ビジョンもなく、儲かると思ってやって、結果、借金を抱えてしまうんだ。それじゃ、さすがにみんな信用できないよな。危なくてついていけないよ」

「はあ……。それで轟さん、今はなにを」

「そう、それだ。俺ね、今、ここの社長」

轟は名刺を差し出した。そこには、「三島製餡所　代表取締役社長　轟光太郎」とあった。

「ええ？　社長？」と一歩は驚いた。

「老舗のあんこメーカーに、後継ぎがいないので来てくれないかと誘われてね。ある人の口利きで」と轟。

「ええー？　僕はてっきり、社長は会社を倒産させた後、海に沈められたとか、首を吊ったとかいう噂が立っていたくらいだから、さぞ大変な生活をしているのだと……」

「今や多くの老舗企業は、後継者がいなくて困っているみたいでね。なにも会社を倒産させたからって人生が終わるわけじゃないよ。経営経験がないより、失敗していても経験があるほうがまだいいって、行き先は意外にあるもんなんだ。もっとも、俺ももう、同じ失敗をするつもりはないけどね」

「それはよかったですけど。……しかしあんこ好きの轟社長には出来すぎた再就職先ですね」

「ああ。倒産後、ある人に出会って、『ビジョン』の大切さを教えられてね。これからは、好きなあんこを通じて、社会を豊かにしていくつもりだ」

「へえ」

「それに、その人が『リスクは許容できる範囲に抑えるんや。いきなりホームランを狙うのでなく、一歩踏み出し、学び、そこからさらに一歩踏み出すんや』というんだ。だから、俺は、もう同じ失敗はしない」

「……『踏み出すんや?』　その人、関西弁なんですね」

「うん。倒産後、俺がしょぼくれていたら、その人が『会社が潰れた?　そらおめでとう!　ピンチはチャンスや!　失敗を生かすんや!』というんだ。起業やイノベーションの支援をしている人なんだけどさ。まあ、その人が、この三島製餡所を紹介してくれたってわけ」

「む、む。気のせいかな。その口調とセリフ、聞き覚えがあるような……」

一歩の脳裏に矢弦の姿がよぎる。

「新田君、僕はあんこで世界を変えるよ!　海外では『甘い豆なんてありえない』なんていわれがちだけど、そんな言葉、俺がくつがえす!　あんこは日本の魂!　最高の健康食だからね!」

「はあ……」

一歩が、あっけにとられていると、

「と、僕の話ばっかりしてる場合じゃなかった。問題は君のほうだ」

「あ。そうなんです。思い出してくださいました?　つぶやきに気づいてくださってありがとうございます」

「実はずっと見てたからね。君の活躍を」

「ええ!　声をかけてくれたらよかったのに」

「いや、僕も必死だったんだよ。うちの製餡所に慣れるのにね。落ち着いたら君に連絡するつもりだった」

「そうだったんですね」

「で、どうなんだい？」

「ええ……と」

一歩は事情を轟に説明した。

「なるほど。そっか、弁当屋はやめてしまうのか」

「……ですね。なにか別の形で残したいとは思うんですけど。子どもが集えるカフェとか」

「子どものカフェ？」

「ええ。子どもがここで食事をとったり、勉強したり、習い事の後に迎えにくる親との待ち合わせに使ったり、ときどき、子ども料理教室といった食育イベントをやったりとか。やりたいですが、でもそれでやっていけるのかどうか」

「なるほど！　それはいいいね」

「え？」

「一緒にやらないか？　実はね。僕も新しい商品を開発して甘味処をつくろうと思ってたんだ。でもただの甘味処じゃつまらないと思っててね。そうか。子どもが集うカフェ。実は僕は、七色レインボーカラーの七種のあんこをつくっているんだ。これを世界に売りだしたいんだよ。でも、まずは日本から発信しないとなって。いや、子どもはいいね。ぜひ、食べてもらおう。合成着色料や添加物は使ってないし、コンセプトは合うと思うよ。どうだい？　一緒にやらないか？　当面の資金繰りはわかったよ。できる限りのことはする」

「え？　ホントですか！」

一歩の頭に、明るい「子どもカフェ」の光景が思い浮かんだ。

七色レインボーあんこを食べたり、勉強をしたり、食事をとりながら一歩らスタッフとおしゃべりをしたりする子どもたち。

「超、やってみたいです！」と一歩。

そのとき、「あれ？」と轟が入り口のほうを見た。

「？」と一歩。

「お客さんだよ。あ、彼女はたしか……」という轟の言葉に振り返る一歩。

「え？」と思わず一歩は声をあげた。

そこにいたのは美月だった。

「ええ？　どうして？」と一歩。

「……来ちゃいけなかった？」と美月。

「そんなことないけど。ないけど、なんで？　なんで？」と一歩。

「……昨日、見たから。お店のＳＮＳ。助けてってやつ」

「ええ？　見てくれたの！」と一歩。

「たまたま、ね」と美月。

「……僕は失礼したほうがいいかな」と轟。

「いえ、轟社長ですよね？　お久しぶりです。とどろきスポーツのイベントで一度お会いしました」

「うん。そうだよね。そっか君たちは、結婚……」

「してません」ときっぱりと美月が答えた。

「……はい」と一歩。

「あれえ？　あ？　れ？　あー。もしかして倒産のせい？」と轟。

「そ！」と一歩はうなずきかけるが、

「いえ、いろいろとありまして」と美月。

「……」と黙り込む一歩。

「お店、大丈夫なの？」と美月。

「見てくれてたんだ。で、心配してきてくれたんだ。ウソお」と心に染みる一歩。

「……僕はひとまず退散しようかな。君らも話したいことあるだろうし。これ、お土産。さっきいったうちのレインボーあんこ、食べてみて。また連絡するから」

と轟はいって、帰っていった。

「……」と一歩と美月は黙り込んだ。

「……あ、轟さんのあんこ食べてみる？」と一歩。

「え。うん」と美月。

美月と一歩はレインボーあんこを挟んで座った。

「クアッカワラビーなんだね。お店のトレードマークは」と美月は壁のロゴを見ていった。

「そう。みんな笑顔にって思って」

「そっか」

「……美月はどうしてたの？　アメリカに行くとかって」

「行ってきた」

「行ってきた？」

「仕事は、今も、シンクタンクにいるよ。シンクタンクにいながら、化学物質過敏症の人の働きやすい環境づくりをしてる。近いうち、ＮＰＯ法人にする」

「えええええ？　すごいね」

「……うん。で、一歩のほうは、お店はどうするの？」

「そうそう。それは」

一歩は、今、轟と話していたプランを美月に話す。

「へえ……それはよかったね」

美月はなぜか浮かない顔をしていた。

「え。うん。まあ」

一歩はまた迷い出した。こんなことを、まったりと話している場合じゃない。なんかいわなきゃ。なにをいうべきなんだ？

「なに、うろたえてんの？」

「ううん。なんでもない。来てくれてうれしいし」

「今日は確かめに来たんだ。気になってたから」

「確かめる？　なにを？」

「一歩のそばに自分の居場所はあるのかなって」

「居場所？」

「うん。自分で勝手に決めちゃダメかなって思って。ちゃんと聞こうって。でもなんか、大丈った。

夫そうだね。これ、美味しいし、きっとうまくいくよ」と美月はレインボーあんこを平らげていった。

「じゃ、私行くね」と美月は立ち上がった。

「待て待て待て。ちょっと待って。尋ねたなら答えをちゃんと聞いていけよ！　まったく勝手だな！」と一歩は美月の腕をつかんでいった

「……うん。ごめんなさい」と美月。

「居場所ってことなら」

「うん」

「あるよ！　めっちゃあるよ！　空けてるよ！　美月のために、特等席をね！」

と一歩は美月に面と向かっていった。

「……」と美月は一歩を見た。

「……特等席っつっても、今は大したことないけど。てか、今、俺はなにももってないし……」

そのとき、一歩の目にまだ残っている轟のレインボーあんこが目に入る。

「俺にあるのは……、轟さんと」

そのとき、スマートフォンに着信がある。

「?」と一歩は、美月と話し中なので切ろうとするが間違って出てしまう。

オヤカタからのビデオ通話だった。

「おーい。一歩。大丈夫？　昨日、変なことつぶやいてたな？　すぐ消えてなくなったけど」

「……オヤカタ？」

「励ましてやろうと思ったけど、今日、お母さん風邪引いてて行けない」

「いいよ、いいよ。もう大丈夫だから。なんとかなりそうだから」

「そっか。ならいいや。またね！」

オヤカタはプツリと通話を切った。

一歩はつぶやいた。

「……俺には仲間がいる、轟さんとか、オヤカタとか、姉や母とか幸代さんとか」

「……そうだね」と美月。

一歩は、あらためて美月に向き直った。

「それと夢がある！　ビジョンがある！　俺は子どもたちが食で笑顔でいられる居場所をつくる！　子どもの笑顔が伝播し、みんなの未来が明るくなるような居場所を。で、そこには絶対美月もいる！　絶対にね。だから」と一歩。

「……うん」という美月の手をとり、

「結婚しよう！」と一歩はいった。

解説

起業は行動→学習→改善の反復活動
小さな失敗から大きな成功をつかもう

行動から得た知見で修正を繰り返す

起業道とは、「行動ありき」「失敗ありき」「人を巻き込む」、この三原則をもとに反復演習すること、行動（試行錯誤）→学習（仮説検証）→改善（軌道修正）の繰り返しです。

三原則のひとつ目は、「今あるものでとにかくやってみる」。物事を始めるにあたって、「なにが必要なのか」という発想は抜きにして、「なにがあるのか」、その時点で自分がもっているもの、知っていること、知っている人を使ってとにかくやってみる。行動はすべてに勝ります。

このとき、「なにがしたいのか」が明確でなくても「こうしたい」という、ちょっとした思いで始めてもかまいません。走りながら「なにをしたいのか」を問い続けていけばいいのです。

ふたつ目は、「失敗ありき」。自分にとって失敗とはなんぞや？　なにをどこまでなら失っても大丈夫か？　失敗の許容範囲、すなわちリスクを指定することです。

そして三つ目に、「同志を集める」こと。人を惹きつけて賛同させること。人に上手に頼ること。ここから新たな潮流、ムーブメント・モメンタムが生まれます。

この三原則をもとに、行動→学習→改善を繰り返す。

一巡後、己の欲望に変化があるかもしれない。これが本当に自分のしたかったことなのか。社会に与えたいインパクトだったのか。やりたいことを再確認します。一巡後、資源が増えているかもしれない。許容できるリスクの範囲が広がったかもしれない。もう少し投資額を増やそうか、もう一年頑張ってみようか。事業に賛同する同志が増えたかもしれない。一巡後、ここからどんな人材が必要になるかも明らかになります。

それをもってさらに行動→学習→改善を繰り返す。

起業活動とはこの反復演習です。コアにあるのは「試行錯誤と仮説検証と軌道修正」による選択と淘汰。とにかく試行錯誤してやってみる。そこからいくつか仮説を立ててさらに行動することで検証する。その結果をもって軌道を修正する。数ある選択肢の中からうまくいかないものを排除し、うまくいくものを残していく。そうして淘汰する、研ぎ澄ますのです。

起業道はスナップショットではありません。

常に変化し続ける持続的なものです。「ロンチプランを書き上げたから、はい終了！　あとは成功するのを待つのみだ」などというのは勘違いです。行動から得た知見をもって何度も何度も修正を加えていかなければなりません。決して終わりはないのです。

だからこそ、情熱が大切です。やりたいこと、好きなことをすることが大事になります。これは成功しやすそうだから、という理由で事業を選ぶべからず。情熱をもって寝る間も惜しんで没頭できるものはなにか、で選ぶべきです。「いてもたってもいられない！」こそが起業家的マインドセットなのです。

マージナル・ゲイン「小さな失敗から大きな成功を導く」

千里の道も一歩から。大きなゴールほど小さく細分化して、そのひとつひとつを改善し、それを積み重ねれば、大きなゴールへと前進できます。

これが、マージナル・ゲインというコンセプトです。

小さいこともコツコツと積み重ねることで大きな目標を果たすことにつながります。ポイントは改善を繰り返すことです。

たとえば、あらゆる小さな失敗を故意的に繰り返し、そこからの学びを積み重ねることで少しずつ大きな目標を達成していく。そのつど、厳密に、綿密に仮説検証と軌道修正を繰り返す。さらに試行錯誤する。

やってみなければわからない。だから、やる。そして良い知らせも悪い知らせも歓迎して、そこから学び、軌道修正して、再び行動する。

そのプロセスの繰り返しこそが起業道の基本作業です。

ある一手が成功するか失敗するかにばかり気をとられず、この一手でなにを学べるか？　常にフォーカスすべきなのは、その「学び」と「改善」なのです。

新しいことに挑戦していこう！

新しいことに挑戦しよう。

みんなそう思っているのに、なぜできないのでしょうか？

「ねば、ならぬ」が多すぎるからでしょうか？　他人の思考に振り回されすぎているからでしょうか。和とハーモニーを重んじるから？　協調性の副産物？　こうした日本の美徳がことごとく足かせとなり、競争環境を生き抜くことを難しくしているように思います。

失敗への寛容度をあげて、マインドシフトしていきましょう。

BEFORE　　　　　　　　　　　　　　AFTER

しょうがない（理由なき進行）→なにがいけないのか（根本）？

めんどくさい（サボタージュ）→やってみなきゃわからない！

前例がない（組織的サボタージュ）→つくればいい！　ないからこそやるのだ

想定外は起こるべからず→サプライズこそグッドニュース！

みんなと同じに前にならえでなく、ユニークであれ、独創的であれ。

他人軸ではなく自分軸で、自分の目標に向かって挑戦する気持ちを醸成しよう。

人の価値観を押しつけられて生きるのでなく、自分のゲーム（人生）は自分がルールを創造しよう！

第十五章　トコトン楽しむ。

矢弦は、かつていっていた。

「未曽有の大災害が起きたとき、人は必死に元の通りに戻ろうとする。だがそれはもったいない。予測不能な事態が起きたのち、最ももったいないのは、そうして元の世界に戻ることや。そこにイノベーションはない。そうでなく、未曽有の事態のあとは、〝Back to the NEW Future〟。より良い未来へ戻る。新しい世界を創造するんや」

ある大安吉日の早朝。

一歩と美月はその日が結婚式のはずだが、三島製餡所の工場で、慌ただしく惣菜のパッキングと出荷作業を行っていた。三島製餡所の社員たちもいる。

そこに轟が現れ、

「あれ、一歩と美月ちゃん、なにやってんの？　君ら今日の主役だろ？」

「三カ所送り先が増えたんです！　社長も手伝ってください！」と美月。

「え？　そうなの？　参ったな」

半月前、ある地域で大地震が起こり、目下、一歩たちは被災地支援をしている。

避難所にもある程度食事は配布されたのだが、おにぎりやパンなどの主食に偏り、たんぱく源や野菜がないのだとニュース報道されていた。

それを聞いた一歩や轟らは、これは「俺らでやろう」と支援のために動き出したのだ。惣菜は、幸代をはじめとした元「にこにこ弁当」のスタッフや三島製餡所の有志でつくった。パッキングは三島製餡所の機器を使わせてもらった。

「でもさ。あと俺らでやっとくからいいよ。俺も後から行くから、とりあえず君らは支度に行きな」と轟。

「一応、時間気にしてます。あと少し」と一歩。

そのとき、惣菜パックの箱詰めをしていた幸代から声がかかった。

「美月さーん。美月さんのＮＰＯから発送する品、これでいいか確認してもらえるかしらー？」

「あ、はーい！　ありがとうございます！　今行きます！」

美月が慌てて、幸代のほうへと向かった。

轟がそれを見ていて、

「えらいよねえ。彼女、昨晩まで現地の自治体と交渉してたんだって？」というと、

「ええ。『化学物質過敏症の人は、体質的に、自治体の用意する避難所にいられないから』って。

『専用の場所を確保しなきゃ生きられないんだ』って懸命に電話で訴えてました。自治体だけでなく、学校とか公民館とかいろんなところに」と一歩は答えた。

「それで立派に場所が確保できたんだから、大したもんだ。頼もしいよ」

美月は今、化学物質過敏症の人の生活支援をするためのNPOの代表を務めている。この災害に際しても、現地の化学物質過敏症の人たちは、その体質のせいで、自治体の提供する環境や食べ物が利用できないため、美月たちがその解決に向けて動いているのだ。具体的には、専用の避難所の確保と食事のサポートだ。食事は、一歩たちのつくる無添加の食事が役に立つようで、それを活用することになっている。

「いやあ、若い人たちがこうして立派に立ち上がって助け合っているのを見ると、おじさん、なんだかグッとくる。日本の未来は安泰だな」

「……なんすかそれ」

「……それはそうと、さすがにそろそろ行ったほうがいいんじゃないか？」と轟がいっていると、社員のひとりが轟に声をかけてきた。

「ほら。迎えがきたようだぞ」と轟。

「迎え？」と一歩。

一歩と美月は慌てて外に出る。

「急げ。たしかに時間がない」と一歩。

三島製餡所から出てきたその一歩と美月の目前に高級外車が停まった。

見ると運転席に隼人。

「隼人！」

「なんで、俺のほうが先に式場に着いてんだよ。みんなに迎えに行けっていわれるし。乗って、早く」

「あ、うん」と乗り込む一歩と美月。

「すごいな、なんでフェラーリ？」

「借りたの。周りが金持ちばっかりで」

「ふうん。いいなあ。でも俺、エコカーとかのほうが乗ってみたい」

「文句いうなら降ろすよ」

その数日前、現代建築社では、

「わたしたちに、できることをやろう」

と春奈たち新規事業チームは、リフォーム職人のサイトで災害ボランティアを希望する大工や職人と、派遣先災害地とのマッチング作業を行っていた。

派遣先の情報は、あらゆる手段を駆使して入手し、テキパキと作業を進めていた。また、その様子を涼子が宣伝用のブログに載せ、支援の必要な人、また支援したい人に向けて、さらなる周知を図った。涼子は新聞・テレビ局にも自分たちの活動を知らせた。必要な人に情報が届くようにするためだ。

社長の金原は、社長室のテレビのニュースでそれを知った。

「このサイトはうちの会社じゃないか……」と驚いた。

流された映像には取材を受けている涼子の姿もあった。

その社長のもとに、灰田がメロンを抱えてきた。

「おお、灰田君、ちょ、ちょうどよかったサイトのことだが」

「そうなんです社長、サイトの協力会社のαテックから社屋移転のお知らせにメロンがついてきまして、変な会社ですね。どうします？　一応、祝い花でも送ってやりますか？」とへらへらと笑っている灰田。

「メロン？　なにのん気なことといってるんだ！　サイトのことだ！」

「へ？　サイトがどうかしましたか？」

「どうかって。リフォーム職人のマッチングサイトだよ」

「はあ……」

「なにも知らないのか？　なぜ知らないんだ！」と怒鳴る社長。

「え、ええ？」と灰田。

「君じゃ話にならん！　黄島君を呼べ！」


「お呼びでしょうか」

社長の金原が灰田と待っていると、黄島が社長室に現れた。

縮こまっていた灰田が、待っていたとばかりに、

「君だけか？　赤井くんたちも連れてくるようにといっただろう？」と小声で黄島を叱責する

が、

「いいんだ。彼女たちはそれどころじゃないだろうからね」と社長はいった。

「あの……ご用件は？」と黄島。

「君たちのこのたびの災害支援の活躍は、非常に頼もしく感じている。よくやってくれたと、とても感謝している。素晴らしいと思う」

「あ。……ありがとうございます」と頭を下げる黄島。

「しかし、わからないんだ」と社長。

「……ええっと。なにがでしょう？」と黄島。

「君たちは、他の社員となにが違うのだろうか。他の社員が受け身、指示待ち、無気力でいるのに、どうして君ら……君のチームは自主的にこれほどの行動を起こせるのだろうか。新規事業への取り組みもしかり、今度の災害支援活動においてもしかり、だ」

「ああ、そういうことですか」と黄島は眉をかいた。

社長と灰田は黄島の答えを待つ。

「私たちは、会社人として働いているわけでなく、社会人として働いています。会社の指示や評価を気にする前に、自分で考え、自分で行動し、社会に貢献したいと思っています。僕のチームは残念ながら会社の評価基準には合わないメンバーです。とにかく行動するメンバーですから失敗もたくさんします。批判もたくさん受けます。でも、そうした失敗や不当な評価を恐れて世間に迎合するよりも、自分のやりたいことを実現することが大切だと、うちのメンバーは気づいたのです」

「失敗や評価を恐れないだと?」

「そうです。ある意味、私たちは会社に大きな期待もしていないのです。会社が自分を認めてくれなければ、認めてくれるところにいけばいい。自分のやりたいことがやれる場所に行けばいいと思っているところがあります」

「なんていいざまだ。君はそもそも転職気質だからな。会社の資産を使いながら、会社への忠誠心などないんだ」と灰田がいう。

「君は黙ってろ!」と社長。

「……はい」と灰田。

「もちろん、私たちも自分たちのビジョンが会社のビジョンと一致して、会社に貢献できればとも思っています。でも自分が評価されない、活かされない環境ではいつまでここで活動を維持できるかわかりません。なので、できれば私はチームに正当な評価をお願いしたいと常々思っています。失敗の努力を認めず、結果だけをもっていく会社に、彼らが魅力を感じると思いますか?」

「……うーむ」と社長。

「特に、今は、変化が激しく、『これだけをやっていればいい』という仕事はありません。常に変化に対応し、試行錯誤が必要とされる時代です。会社は、その試行錯誤をしやすい環境であってほしいと我々は思います。そうすれば私たちも安心してチャレンジできるのですが」

「失敗を認めろと簡単にいうが……果たしてそれでうまく人が動くだろうか。前代未聞のことだ」と社長。

「前代未聞？　そうはおっしゃいますが社長」

「うん？」

「社長は一年前、私がここに来たときと同じことをおっしゃってます。社員に覇気がない。受け身でやる気がない。そんな社員に変わってほしい。でも、変わっていないのは社長も同じではないですか？」と黄島。

「……なんだと？」と社長。

「黄島君！　失礼じゃないか！」と灰田が慌てていう。

「前代未聞。でもやってみるしかないんじゃないですか？　なぜやらないか？　うまくいかないと思ってるからですか？　失敗は恥だからですか？」と黄島。

「……なにを」と社長。

「黄島君！」と灰田。

「失礼しました。社員が動かない、やる気がない理由を、社長は実はご存知なのではと思いまして」

「……」と渋い顔で黄島を見る社長。

「失敗を恐れる文化だと、行動を起こしにくくなります。それは社長だって実感なさってるのではないかと」と黄島。

「黄島君！　立場をわきまえたまえ！」と灰田。

「失礼いたしました。ぜひ、失敗を前向きにとらえていただきたいと思っています。もし、失敗を評価する仕組みを検討されるというのであれば、私はいくつか方法を提案させていただきます。……すみません、では、私はこれで」

と黄島は去っていった。

「なんでしょうね。あの態度は」と灰田は社長の機嫌をとろうするが、

「君は少し黙っててくれないかね!」と社長に怒鳴られてしまった。

「す、すいません……」とシュンとする灰田を尻目に、社長はジッとその場で考え込んでいた。

数日後、現代建築社では、社長の肝いりで、MVFなる賞が設置されることになった。部長会でそれを知った黒田は、

「MVF?」と訝《いぶか》った。

「Most Valuable Failureというんだ。最も価値のある、良い失敗をした人を表彰する制度だ」と社長がいった。

そのそばに黄島と人事部の茶谷が立っていた。

「失敗? は? どういうことです?」と黒田は黄島を睨みながらいった。

「良い失敗をするということは、それだけたくさんの挑戦をし、失敗からよく学んでいるということだ」と社長。

「社長? どうしたんです?」と黒田。

「これからはそういう挑戦に対して評価をすることにした。減点主義でなく加点主義だ。行動を起こして学ぶことで、評価する。社員には、自分の考えで、より会社のため、社会のためになることを、創意工夫して動ける人間になってもらいたいからな」

「……」と黙る黒田が灰田に目をやると、灰田は気配を消して、隅で固まっていた。

「イノベーションにつながる行動の芽を摘んではいけないと思って、わが社も考えをあらためることにした。わが社もトライ＆エラーを推奨する会社にしたい。そして会社に貢献する良い失敗をした社員には、ちゃんと評価して報いたい」と社長。

「……黄島が余計な口出しをしたのか？　社長、しかし、結果がないことには会社はうまく立ちいかないのでは」と黒田。

「黙れ！」と社長。

「は、はあ」と黒田。

「行動を起こす人間は失敗する。大事なのはその後だ。どう活かすかだ」と社長。

「いや、社長だって『結果がすべて』とおっしゃってたのでは」と黒田。

「よく考え直してみたのだ。私はこれまで『失敗を許さない』という考えできた。だが、ここにきて、それは果たして正しかったのだろうか、という疑念がわいてきたのだ」と社長。

「え？」と黒田。

「失敗を罰する。それは失敗を失敗のまま、終わらせてしまうということだった。失敗というものは、それで終わりでなく、その後に活かすことができるのだ。そのことをこのたび、社員の働きから、私はあらためて教えられた。そして自分自身を振り返ってもみた。思えば私とて、良い結果を出すまで試行錯誤の苦難がさまざまにあったように思う。それに、私のかつての仲間には、失敗を敗北として会社を去ったものもいた。それで実のところ、彼らのほうが私より劣っていたかというと、答えは否、だ。一時の失敗で、そうした未来の芽を摘んではならない。そう思い直したのだ」

「はあ……」と黒田。

「そこで、ここにいる黄島君、および人事とでよくよく検討した。たしかにこの先行き不透明な時代に、試行錯誤なしに、いい結果を生むことは難しい。ただ狙いを定めてひたすら努力すればうまくいっていた時代とは違うのだ。時代に合わせて会社も考え方をあらためなければならない、とね」と社長。

「はあ」とポカンとする黒田。

そして第一回の表彰を受ける栄誉ある社員は、春奈たち新規事業チームとシステム部の涼子だという。

「あのチームですか⁉　でもあいつらの成果はまだ売上の数字になってないじゃないですか？」と黒田。

「今の話、聞いてなかったのかね？　評価基準は売上数字ではない。売上でいえば、競合他社の台頭に予断を許さず、まだ成功ともいえない。ただの失敗に終わるかもしれない。だが、良い失敗をしたかどうか、だ。彼らは周囲の批判をものともせず、住まいの多様性というニーズに気づいて新たなサービスを生み出そうと、ここまで思い切って行動を起こしてきたのだ。そんな彼らを正当に評価するとともに、今後も頑張ってもらうべく期待したい。同じように、今後は毎期の人事評価で、今期どういう挑戦をし、うまくいったか、あるいはうまくいかなかったか、またそこからなにを学んだかをヒアリングし、評価対象としていきたい」

「ええ……と？」と戸惑う黒田。

「これからは、慣例、前例、そんなものに縛られず、**画期的なトライ**をしてくれることを望みたいね」と社長。

「社長……！　そうはいっても、保守本流で慣例にしたがうしかない現場も多いです。そうしたことに従事する社員の立場はどうなるんです⁉」と黒田。

「それはそれで従来通り頑張ってくれたまえ。別にそれを評価していないというわけではない」

「え？　ええ、そうですか」

「ただ、従来通り、だけでなく、一歩外した挑戦も評価したい。たとえば今回、新規事業チームは、大胆にも我々役員が決定したシステム会社を使って、失敗をした。そしてこのままではいけないと、我々に反旗を翻し、システム会社を選別し直した。実際にαテックと仕事をし、プロジェクトを良い方向に進展させた。そして、そのαテックとの仕事で、人を巻き込む重要性に気づいた。それがマッチングサイトのコミュニティづくりにも活かされている。そしてあの災害時のマッチングサイトの華々しい活躍は、会社の知名度と評価を上げた。今期のうちの新規採用には、これまでにないほどの応募が殺到している。これを評価しないという理由がないからな」

「はあ……」

「今後ますます、そうした挑戦や、良い失敗が増えることを期待する。そうだ、茶谷君、失敗の指標化を人事グループでプロジェクト化してみないか？　黄島君も協力してほしい」

と社長はふたりに話しかけた。

「はい。ぜひやりましょう！」と黄島と茶谷。

「くそっ……では、願わくば、新規事業の対応が癇に障って広告取引を止めたβシステムズによる収入減について、責任を私に負わせるのは止めていただけませんか」と黒田は面白くなさそうにむくれた。

黒田は次の人事で、広告営業部長を外れ、肩書だけの専任部長となることが決まっていた。

「ふむ。君ほどの人間なら、すぐに挽回してまだまだ上に行けると思うが。これからはどんどん挑戦しやすい文化にしていくつもりだからね。部下の成功は上司のもの、上司の失敗は部下のもの、といわれないようにしたい」

「……うう」と黒田が苛立ちを隠せずにいると、隅にいた灰田がニヤニヤ笑っていた。

黒田がキッとその灰田を睨むと、

「灰田君、君も降格人事としたいところだよ」と社長はいった。

「え⁉」と灰田は社長を見た。

「黄島君や新規事業のメンバーに聞いたよ。一体君の活躍はどこにあったのかね」

「あの。その……部下たちを温かく、見守って……」

「まあ。これからの活躍に期待するよ。『なにもしない』なんて知恵を部下たちにまき散らさないように注視しているからな」と社長。

声を出さず笑っている黒田と灰田の目があった。

「くそッ！」と灰田。


昼下がりのカフェテラスに正装した子どもたちが集まっている。

蝶ネクタイをしたオヤカタもいて、テラスの椅子に腰かけていた矢弦が、野菜王子だというそのオヤカタに、嫌いな野菜を聞かれて答えていた。

「らっきょが嫌い?」とオヤカタがいった。

「存在意義がわからん。でも自己主張が強い。どういうことやねん」

ただ食べられないだけだが。

「へぇえ。ちょっとついてきて、いいものつくるから」

オヤカタはカフェの店内へと矢弦を招いた。

オヤカタは手慣れたように、店の冷蔵庫から卵やラッキョウを取り出した。

そこは一歩と美月の結婚披露パーティの場。

カフェでのカジュアルな立食パーティだ。

日当たりがよく、店の奥まで広々と見通しのいい空間が広がっている。店の中央がイベントスペースとして広く使えるようになっていたり、小さな机や低い椅子があったりするのは、そのカフェが実は、一歩と轟が子ども向けにオープンさせたコミュニティスペースでもあるからだ。

以前の「にこにこ弁当」から移転し、普段は、元「にこにこ弁当」のスタッフたちと、お弁当や簡単な軽食をつくって提供したり、テーブル席を自習や待ち合わせ場所として開放したりしている。休日は子ども向け料理教室やYouTubeの収録会などのイベントを開催している。

カフェタイムには、三島製餡所のラムネ・レモン・さくら・チョコなどの七色レインボーあんこが大人気で、客足が絶えない。最近は観光の外国人客も多い。また、次なる新作をと狙う轟自ら、「実験だ」と、ちょくちょく開発中の変わり種あんこの試食イベントを開催するのも、人気の理由のひとつだ。

時には、子ども向けになにかを教えたい、子ども向け商品を販売したいという人たちの実験スペースとして、貸し出すこともある。子ども向けサービスで起業したい人たちが小商いできるようになっていた。

オヤカタは一生懸命になにかをつくりながら、

「なにか面白い話してよ」と矢弦にいった。

「おもろい話？　せやな。ウサギとカメの話、知ってる？」

「ウサギとカメ？　のろいカメと足の速いウサギが競争をする話？」とオヤカタ。

「せやせや」

「知ってるよ。足の速いウサギが油断してカメに負けるんだろ？　でも、現実じゃや、足の速いウサギはそんなにバカじゃないよね？　カメはどうやったってウサギに勝てなくない？」とオヤカタ。

「カメがウサギに勝てたんは、なにもウサギが余裕かましてたせいとちゃうで」

「え？　違うの？」

「ウサギとカメではビジョンが違うんや」

矢弦は説明する。

「ウサギはなぜカメに負けたのか。そしてカメはなぜウサギに勝てたのか。スタート地点に立ったウサギとカメ。ウサギに引き離される中、カメはなぜあきらめず歩み続けたのか？　なんでやと思う？」

「うーん。え？　なんでなんで？」とオヤカタ。

「ビジョンが違うんや」

「ビジョン？　ビジョンってなに？」

「ウサギが見てたんは、カメや。のろいカメの姿。ウサギの関心はコンペティション、競争にしか興味がなかった。だから『絶対負けへん！』とか思うけど、カメより早く行くとか遅く行くとか、結局はすべて、カメ次第やねん」

「ふうん」

「一方、カメは違う。カメが見てるのはゴール、自分の行き先だけや。実はウサギに競争を仕掛けたんはカメのほうや。カメは自らのビジョンに向かって挑んでいた。カメはウサギと競争したほうが、自分は早く目的地に着ける、そう思ったから、ウサギに競争をけしかけてん。カメにとってウサギに負けることとか、そんなことは関係あれへん。ウサギとの競争に負けたって、かめへんねん。自分の目標、望ましい未来像に到達できれば、カメはそれでええねん」

「カメって意外に考えてるんだね」

「せや。それに、そんな競争のことしか考えてないウサギと、目標に向かってひたすら挑んでいるカメやったら、人はどっちを応援すると思う？　そら、勝ち負けにこだわるウサギより、人は目標に向けて頑張ってるカメの方を応援してしまうねん。だからな。誰かに勝つとか負けるとか考える前に、ビジョンをもったもん勝ちや。競争とか、周りを気にせず、自分の好きなことをやる。そのビジョン、こうあるべき姿、というものに対して自分の価値観をピッタリ一致させた人こそ、真の威力を発揮するんや。成功者になったり、みんなに応援してもらえたり、コミュニティをつくれたりするんや」

「へええ」

「現状を嘆いているばかりじゃなく解決に向けて動き出す」

「解決に向けてって、なにをすればいいの？」

「それは自分で探す」

「ええー？」

「生きることにも、起業にも、ビジネスにも正解はない。人から教わったり、論理的に正しいと推論できることでもない。でもそう難しいことでもない。自分が夢中になれる、好きになることを見つけるだけ。そして、そこに課題を見つけ出して、解いていくことや」

「課題ってなに？」とオヤカタ。

「『もっとこうしたらいいのに』とあんたが好きに解決したい問題のことや。今の世の中、めっちゃ便利やろ？　まるで魔法の国や。あっという間に移動できたり、簡単にモノが買えたり。そんな便利な世界で、なにかする、学ぶ、ということを意識的にする人がほんまに少ない。なぜ？　どうして？　当たり前のことを受け身じゃなくて、なぜつくられたんか、どうやってつくられたんか、どうしてできないんか、疑問をもつことを忘れたらあかん」

「ふーん。ちなみに、好きなことならやってるよ？」とオヤカタ。

「そら頼もしいな！　ええことや。これから生きるのに大事なんは、**自分がなにをしたいか、自分のことをよく知ることや。なにをしたいか、その欲望がすべてのスタート。そして好奇心をもつこと。そこにある問題を解決して未来を創っていくんは自分。あとは行動あるのみ。そして**

内省、つまり、自分自身をみつめ直すこと。行動と内省を繰り返すことで自分の価値観とビジョンの解像度を高めていく。Act, Learn, Build and Repeat. そしてトコトン楽しむ！」

「アクト、ラーン、ビルドゥ、アンド、リピート、そしてトコトン楽しむ！」とオヤカタは矢弦を真似ていった。

そのとき、矢弦の後ろから声がした。

「お話中、恐縮ですが」

そこに白いタキシード姿の一歩がいた。

「おう。一歩」

「すみません。ちょっと珍しい組み合わせで、声をかけずにはいられませんでした」

「君らの登場をみんなで、ずーっと待ってたんや」

「できたよ。野菜王子特製タルタルマヨネーズ」

オヤカタはそういって、矢弦に差し出した。

「これでどんなまずい野菜やフライもすっごく美味しくなる。オヤカタスペシャル。ちょっとこのフライにつけて食べてみて」

と矢弦を促すオヤカタ。

「……うん。普通にうまい」

「へへん。そのタルタルマヨにらっきょがたくさん入ってるよ」

「え？　そうなん。マジで？　……食えるな」

「でしょ」

「……なんかいつの間にか親しくなってますね」

一歩が矢弦と話していると、ウエディングケーキが運ばれてきた。

「うわあ、素敵！」と周囲から歓声があがった。

「あ、いけない」とオヤカタはケーキに向かって走り出した。

その幸代の運んでくれた華やかなケーキは、オヤカタと幸代がつくった特製の巨大レモンケーキだ。

オヤカタは慌てて幸代の手伝いにいき、

「僕がパティシエです」とケーキのそばに立って宣伝していた。

「面白い子やな」

「ええ。料理とイラストが好きで、今、あんこを世界に普及させるために『レインボーあんこマン』ってマンガを描いてもらっていて」

「へえ。面白いチームやな」


一歩が、会場の中央に来ると、隼人と轟が話していた。

「こっちも、珍しい組み合わせ！」と一歩。

轟は隼人のたたずまいを見て、

「君、いいスーツを着てるね？　それに、なにか見たことある人だ」といっていた。

「おととい見せた新聞に載ってた人です」と一歩がフォローする。

隼人は、脳科学とＡＩで認知症をはじめとする脳疾患の早期発見のためのクラウドサービスを提供する企業を立ち上げ、先日、ライフサイエンス企業への投資を行っているベンチャーキャピタルから五億円の融資を受けることに成功したのだ。

「すごいね。よかったね」と一歩がいうと、

「いや、俺もビックリだ。ピッチで五分もしないうちに『わかりました。やりましょう』ていうんだもん」

そして、隼人は、そのベンチャーキャピタルの医療系ネットワークも駆使して、都内の病院でクラウドサービスの運用を始めるらしい。

そのとき、会場の奥から声がした。

「花嫁、登場〜！」と春奈の声が響き渡る。

一歩たちが振り返る。

ウエディングドレスの美月が、春奈に先導されて現れた。

白いドレスの美月が周りをいっそう華やがせる。

「あら、やっぱりきれいねー！」

一歩の母や姉たちもいて、大人や子どもが入り混じった会場は拍手でにぎわう。

「あれー？　新郎どこ行ったー？」と司会の春奈。

「やばい、ここここ！　すいません！」

慌てて一歩は新婦のもとに駆けつける。

一歩は美月の手をとり、新郎新婦に用意された席へと向かった。

「あれ、ちょっと緊張してきた」と一歩。

一歩は、会場に集まってくれた仲間たちの笑顔を見まわす。

あらためて思う。奇妙なめぐりあわせだな、と。

つい一、二年前まで、自分がこういうふうに、やりたいことを仕事にしたり、実社会に自らなにかを働きかけることができるなんて思いもしなかった。

「未来を自分で創る」なんてこと、考えもしなかった。

それができたのは、思い切って小さな一歩を踏み出したことと、ここにいる仲間と出会えたおかげだ。

やろうと思えばいろんなことが実現できるのだ。

「一歩、もう少し顔を上げたら？　なにか考え事してる？」と隣の美月がいった。

「あ。ごめんごめん」と一歩は姿勢を正した。

最後に、忘れないように起業道を通して得られた信条を、記録しておこうと思う。そして、これからも繰り返し、読み返してみようと思う。

それは、起業だけでなく、会社の仕事や、日常生活や部活やいろんな場面で役立ってくれるものだから！　もしかすると、これからの結婚生活でも！

ぜひ自分の仲間たちにも広げていきたい。わかち合える幸せに感謝して！

【信条五カ条】

1　Listen to others, and try new things!

他人の言葉にちゃんと耳を傾けよう。あなたを思っていってくれている。愛がある。客観的に自己理解ができるチャンス。新しい自分になれると意識して、新しいことをやってみよう。

2　No short cut. Don't go easy, or give up easily!

起業の世界、夢をかなえること、志を果たすことに近道などないのだ。そこでは瞬発力だけでなく持久力が必要になる。なにをどれだけ知っているかという知識の量より、やり抜く力が必要になる。忍耐力が試される。簡単なほうばかりに向かっていては、みんなと同じ、いつもと同じ、なにも変わらない。あえて困難な道を選ぶのもアリだ。より学ぶ機会が増えるし、達成感も増してくる。何事にも代えがたいたくさんの経験を積めるし、自信も高まる。簡単にあきらめるな！

3　No expectation, do it for you!

周りに、期待しないこと。仕事も人間関係もしかり。相手に期待すると不満が出る。こうして欲しい、こうなってほしい、こう変わってほしい、認めてほしい、相手に望むからこそいざこざが生じる。よかれと思ってしたことが余計なことに巻き込まれてしまう。だからこそ、なにも期待しない。やることをやるだけだ。

4　Secure mentors, don't hesitate to ask for help!

困ったときに相談できる助言者、メンターをもとう。迷い、行き詰まったときに自分の弱さを見せる相手がいることで、安心して学び、成長することができる。誰にも相談しないほどバカなことはない。弱さは裏返せば強さになるのだ。

5　Enjoy doing it, and make it fun!

楽しくやる！

楽しくやることも能力のひとつ。

人を巻き込んで大きなことをするなら、楽しさを伝染させること！

そして、未来への第一歩を踏み出そう！

おわりに
Back to the NEW Future――新たな未来を創造する

未曽有の出来事（百年に一度のパンデミックなど）、不確実性の高い状態、予測不能な事態に陥った後、最ももったいないのは、元の世界に戻ることです。

そこにイノベーションはありません。

大切なのは「Back to the NEW Future（バック・トゥ・ザ・ニュー・フューチャー）」。

より良い未来に戻ること、新しい未来に戻ること、すなわち新しい世界を創造することです。

そのためには、常に未来に生きる、どういう世界に生きたいかという想像力を高めることと、何事も挑戦してみることです。

誰かが助けてくれるだろうと受け身になるのではなく、自らが解決策を見出すんだというマインドセットを醸成してほしいです。

未来を創るのは他の誰でもない、あなたです。

楽しめば、自分が変わり、周りが変わり、社会が変わり、世界が変わる

起業道の本質とは、常に学び、そして変化し続けること。

その出発点は己を知ること。やりたいことがわかったら、行動を起こし、試行錯誤すること。

仮説検証し、ときには失敗しつつ、より多くを学ぶこと。失敗を克服し、軌道修正し、改善し続けること。その繰り返し。そして、その過程をトコトン楽しむこと！

経営学の学術論文を書く際に、その骨となるのが、セオリー（学説）です。学説から仮説を導き、データを用いてその仮説を検証する、それが典型的な学術論文です。起業学や経営学の分野で起こっている現象を科学的に解析・証明する。その数ある学説の中で、最も好きなものがあります。

それが、ファン・セオリー（fun theory）です。

「楽しさがつまった商品・サービスは売れる！」、あるいは、「楽しいと思ってやっていることはやがて周りの人に好影響を与え、やがて世界を変える！」というものです。

楽しいことをするということは、好きなこと・ワクワクすることをやるということ。子どもの頃を思い出してほしい。好きだから、いつまで経っても続けられる。子どものように、やりたいことに没頭し、遊び続ける。当たり前のように、誰かに止められない限りやり続ける。

そこで起こる学びは無意識的。学ぼうという意識なんてものはありません。好きこそものの上手なれ。純真であった頃に戻って、自分のやりたかったことを思い出してほしい。人が、「楽しい！」「好きだ！」と感じながらやっている想いは伝染します。

どんなに退屈な作業でも、楽しくなるように工夫することで効率が上がります。どんなに退屈な仕事でも、楽しくできる人は素晴らしい能力の持ち主です。

忙しさに関しても同じことがいえます。忙しさをむしろ楽しめるようになるとよい。忙しい、忙しいと、なにかと不平不満を口に出す人がいます。でも好きなことをやっている人にしてみれば、うれしい悲鳴です。忙しいことは良いことです。忙しいのは実はポジティブなのです。好きなことをやっていれば、当然のこと。このようなポジティブ思考を成長型マインドセットといいます。

もう一度、問う「無我夢中になることは？」

好きなことはどれほどやっても退屈しない、楽しいからです。そして前述した通り楽しさは伝染する。伝染した楽しさは感動となって、人々の思考・行動に影響する。世界を変える。

好きなことはなんですか？　たとえ無給でも、寝ずにもできることはなにか？　あなたはなに情熱をもっていますか？　考えてみてほしい。

思い当たるものがない？　今なくても構わない。好奇心をもって探してほしい。

情熱をもてるものを探すということは難しい、と一見思われがちだか、実は簡単だったりします。幼少、子どもの頃、無垢な頃を思い出して。物事の良し悪し、損得、出来るか出来ないかがわからなくても、大好きでしていたことがあるはず。思い出して！

What do you really, really, really want to do?
あなたが本当に、真剣に、心の底から、やりたいことはなにか。

再び原点に戻ります。

己を知ることから始まり、己を知ることに戻る。

起業道同様、本書もこれで終わりでなく、繰り返し読むことで新たな価値を見出してもらえればと願います。


本書で、「カフェ・カオス」という起業コミュニティがたびたび登場します。

これのモデルとなったのが、Venture Café Tokyo（ベンチャーカフェ東京）というイノベーションを支援するコミュニティです。

Venture Caféとは、世界最大級のイノベーション創出機構であるＣＩＣ（Cambridge Innovation Center ケンブリッジイノベーションセンター、起業家Tim Rowe〈ティム・ロウ〉が設立）の姉妹組織、ＮＰＯパートナーとして二〇〇九年ボストンに設立されました。以来、世界十都市に展開されています。Venture Café Tokyo（ベンチャーカフェ東京）(https://venturecafetokyo.org/）はその拡大するグローバルネットワークの中で、アジア初の拠点として二〇一八年三月にロンチしました。

東京は虎ノ門に本拠地を置き、起業家や起業家を志す者、投資家、研究者、学生など、多様な人たちが集い、これまでにない価値観を社会に対して生み出すことを目的としたコミュニティを運営しています。毎週木曜日に開催されるフラグシップ・プログラムThursday Gathering（サーステデー・ギャザリング）を中心に、国内では名古屋やつくばでのConnect プログラム等、それぞれの地域でイノベーションを加速させるさまざまなプログラムを提供しています。

Learn, Connect, Share（学び、つながり、共有すること）をモットーとして、誰もが無料で気軽に参加できる交流イベントを定期的に（毎週）行うことで、参加者同士の交流を促し、より多くの人たちが、学びや刺激、あるいは出会いを得て、良きイノベーションの輪を広げていくことを願っています。

Let's change the world together!
ともに世界を変えましょう！

参考文献

〈第二章〉

東京都創業ＮＥＴインタビュー「第五回株式会社タスカジ　和田幸子氏」（https://www.tokyo-sogyo-net.jp/interview/1712_01.html）

〈第三章〉

Joseph Luft and Harry Ingham, "The Johari Window, A Graphic Model of Interpersonal Awareness," Proceedings of the Western Training Laboratory in Group Development. University of California, Los Angeles, 1955

〈第四章〉

Global Entrepreneurship Monitor "2018/2019 Global Report"（https://www.gemconsortium.org/report/gem-2018-2019-global-report）

コーン・フェリー「エンゲージメントサーベイ２０１８（実績値）」

〈第五章〉

国際連合広報センター「持続可能な開発　２０３０アジェンダ」（https://www.unic.or.jp/activities/economic_social_development/sustainable_development/2030agenda/）

YouTube「ノーベル医学生理学賞　京大の本庶教授が受賞会見（２０１８年10月１日）」（https://www.youtube.com/watch?v=lwcr6GF7r0k）

〈第六章〉

SocialVenture Start-up Market ソーシャルベンチャー・スタートアップマーケット「スタートアップメンバー紹介：地域がつながる「おすそわけ」事業」（http://startups.etic.or.jp/archives/209/）

安部司『食品の裏側』東洋経済新報社、２０１５年

〈第七章〉

Mark S. Granovette, "The Strength of Weak Ties," *The American Journalof Sociology* 78, no.6, 1973, pp.1360-1380

Ronald S. Burt, Structural Holes: The Social Structure of Competition, Harvard University Press, 1995

URBAN LIFE METRO「アジア人起業家たちは東京再生の起爆剤となるか――多様性の街『新大久保』から考える」（https://urbanlife.tokyo/post/26481/）

〈第八章〉

東京商工リサーチ（https://www.tsr-net.co.jp/）

米国国勢調査（Census data; http://www.statisticbrain.com/startup-failure-by-industy）

〈第九章〉

Janine Willis and Alexander Todorov, "First impressions: Making up your mind after a 100-ms exposure to a face," *Psychological　Science* 77, issue7, 2006, pp.592-598

〈第十章〉

Mark Scullard and Dabney Baum, *Everything DiSC Manual*, Wiley, 2015

Yasuhiro Yamakawa, Mike W. Peng and David L. Deeds, "Rising from the Ashes: Cognitive Determinants of Venture Growth after Entrepreneurial Failure," *Entrepreneurship Theory and Practice* 39, No.2, 2015, pp.209-236

「女性トップランナー　普通の「家庭の味」がビジネスに　21世紀の食育サービス」『事業構想』２０１６年１月号（https://www.projectdesign.jp/201601/toprunner-f/002643.php）

〈第十三章〉

ＪＷＬＩ「2018 SPRING REPORT」（http://jwli.org/wp-content/uploads/2018/06/JWLI_Report_2018-Spring_FINAL.pdf）

ＪＷＬＩホームページ（https://jwli.org/home/）

「特別インタビュー　教養ある傍観者でなく行動する日本の女性を応援」『フィランソロピー』Ｎｏ．３８４／２０１８年２月号（https://www.philanthropy.or.jp/magazine/384/american.pdf）

【著者紹介】
山川恭弘（やまかわ　やすひろ）
バブソン大学アントレプレナーシップ准教授。東京大学教授。ベンチャーカフェ東京代表理事。CIC Japanプレジデント。
慶應義塾大学法学部卒業後、エネルギー業界にて新規事業開発に携わる。ピーター・ドラッカー経営大学院にて経営学修士課程（MBA）修了。テキサス州立大学ダラス校にて国際経営学博士号（Ph.D.）取得。バブソン大学では、学部、MBA、エグゼクティブ向けに、起業道・失敗学・経営戦略を教える。ベンチャー数社のディレクター・アドバイザーも務める。起業家、経営者からは、「ひとことで表すと"CHAOS"（カオス）」と回答されることが多い。スタートアップ段階、事業の天地創造段階で最も力を発揮する。教え子に限らず、起業家や起業家予備軍から助言を求める声には真摯に対応することを信条としている。

【ストーリー・構成】
大前智里（おおまえ　ちさと）
脚本家。大阪大学経済学部卒業後、東洋経済新報社勤務を経て、脚本家に転向。作品に、「松本清張ミステリー時代劇」（BSテレ東、2015年）、「マネーの天使」（読売テレビ、2016年）、「小説王」（フジテレビ、2019年）など。「山本周五郎時代劇 武士の魂」第一話大将首（BSテレ東、2017年）で日本民間放送連盟賞番組部門〈テレビドラマ番組〉優秀賞受賞。

全米ナンバーワンビジネススクールで教える起業家の思考と実践術
あなたも世界を変える起業家になる

2020年10月29日発行

著　者――山川恭弘
ストーリー・構成――大前智里
発行者――駒橋憲一
発行所――東洋経済新報社
〒103-8345　東京都中央区日本橋本石町 1-2-1
電話＝東洋経済コールセンター　03(6386)1040
https://toyokeizai.net/

装　丁…………秦　浩司
DTP…………アイランドコレクション
版　画…………廣川　毅
印　刷…………ベクトル印刷
製　本…………ナショナル製本
編集担当………黒坂浩一

Printed in Japan　ISBN 978-4-492-53422-9